Alexander Zenker

Himmelsschlüsselchen und Strandastern

Autobiographische Erzählungen

Alexander Zenker, »Himmelsschlüsselchen und Strandastern«
Books on Demand Ausgabe Juni 2002
Die Edition Octopus erscheint im
Verlagshaus Monsenstein und Vannerdat
Monse und van Endert GbR Münster
www.edition-octopus.de
© 2002 A. Zenker

Satz/Umschlag: T. v. Endert
UmschlagIllustration: Karin Noosten

Druck und Bindung:

MV-Verlag

ISBN 3-935363-97-4

Für meine Kinder:
Michael und Tobias
und meine Nichten und Neffen:
Alexander, Arne, Natalie, Annette und Berthold

Als kleinen Vorspann zunächst Angaben und Erzählungen zu Personen aus der Familie.

Ich möchte euch meine Erlebnisse von Schlegel, Kreis und Grafschaft Glatz in Niederschlesien, bis Ostfriesland erzählen, so wie ich sie zunächst als Kind und dann als Heranwachsender erlebt und empfunden habe.
Personen haben in meiner frühen Kindheit nur am Rande eine Rolle gespielt. Sie haben sicherlich Regie geführt, was ich aber nur indirekt empfunden habe.
Zur Geschichte Schlegels etwas zu sagen, ist nach meiner Ansicht vollkommen überflüssig, hierfür kann ich euch nur die »Schlegeler Chronik« von Professor Wittig empfehlen. Sie steht in meinem Bücherregal. Ein einzigartiges Werk, und es ist ein Glücksfall, dass dieser kluge und weitsichtige bekannte Theologe in unserem Dorf beheimatet war. Es gibt eine reichhaltige und empfehlenswerte Literatur von ihm und über ihn.
Mich zu den Leiden der Flucht zu äußern in Folge der Kriegsauswirkungen mach ich auch nicht, das haben bereits viele andere getan. Ich möchte nicht anklagen und jammern, sondern wie gesagt so schildern, wie ich es zunächst als Kind und dann als Heranwachsender empfunden habe. - Hin und wieder erzähle ich einige Dönches im schlesischen grafschaft-glatzer Dialekt oder auch auf ostfriesisch. Die Übersetzungen schreib' ich in Klammern daneben. Hierbei sei bemerkt, dass dadurch Witz und Sinn zum größten Teil verloren gehen.
Zu unseren Familienverhältnissen erzähl ich euch jetzt ein wenig, mehr oder weniger nüchtern, und wen dies langweilt, der lese im Vorspann meinetwegen nur das »weniger Nüchterne«: - Leider habe ich es teilweise

verpasst, meine Eltern zu Lebzeiten danach zu fragen, die natürlich das meiste gewusst hätten, vor allem aus der Zenkerrichtung, von der ich zu meiner Schande am wenigsten weiß. Aber wie gesagt, angesichts dessen, dass ihr ja gar nichts wisst, kann das schon eine Menge sein. So bleiben mir als Quelle nur Tante Eva und Onkel Hans. Von ihnen habe ich auch Tonbänder, auf denen vor allem Tante Eva ausführlich, ganz süß nach Tante Eva-Art, erzählt.

Vieles kann ich nicht mit absoluter Gewissheit sagen, da mir kompetente Quellen fehlen. - Alle drei Höfe, der Zenkerhof und die beiden benachbarten Welzelhöfe, sollen aus Strauß'schem Besitz hervorgegangen sein, daher auch eine Verwandtschaft mit beiden Welzels. Mein Urgroßvater hieß Joseph, verheiratet mit Maria, geborene Sandmann, aus Eckersdorf stammend. Der Großvater hieß ebenfalls Joseph und seine erste Frau Agnes, geborene Strauch, gestorben 1901. Aus dieser Ehe gingen zwei Töchter hervor: Martha und Lisbeth. - Tante Martha, uns allen noch in liebevoller Erinnerung, war mit Adam verheiratet, der frühzeitig verstorben ist. Tante Martha hatte zwei Töchter: Elisabeth, verheiratete Schüleke, die in Bochum lebt und drei Kinder hat (Ich geh immer vom Schreibaugenblick aus) und Margareth, verheiratete Fischer, mit zwei Töchtern und bei Göttingen lebend.

Lisbeth, die zweite Tochter, verheiratete Feller, ist früh verstorben; sie hat eine Tochter, Brunhilde, die heute mit ihrer Familie bei Braunschweig lebt und einen Sohn, der früh verstorben ist. - Emil Feller, erster Mann der früh verstorbenen Lisbeth, heiratete in zweiter Ehe Hella. Tante Hella, für uns auch noch ein Begriff und in lieber Erinnerung.

Alle Familien hielten sich sehr viel auf dem Zenkerhof auf. Brunhild beschäftigte sich sehr viel mit uns Kindern. Viele Sing- und Gesellschaftsspiele sind mir in Erinnerung.
Großvater Joseph heiratete nach dem Tod seiner ersten Frau Martha Jäckel, geb. 16.2.1877, gestorb. 7.3.1968, meine Oma, von der ich noch viel zu erzählen habe.
»Oma«, fragten wir sie immer,« wie hießan Deine Geschwester?« Und prompt leierte sie die Namen herunter: August, Anna, Pauline, Marie, Martha, Mathilde, Ernst. Ich wüßte es sonst bestimmt nicht mehr.
Mein Großvater Joseph starb sehr früh, so dass mein Vater, geb. am 11.11.1902, einziger Sohn aus zweiter Ehe, bereits mit 16 Jahren den Hof übernehmen musste. Ihm stand meine »Oma« robust und tatkräftig zur Seite. Mein Vater brachte mit seiner natürlichen, heiteren und naturverbundenen Art sehr viel fröhliches Leben in das Haus.

1932 heiratete mein Vater meine Mutter, Maria Thienelt.

Am 13.12.1934 wurde Renate, meine ältere Schwester, am 31.7.1937 ich und am 6.11.1940 Gabriele, meine jüngere Schwester, geboren.

Mein Großvater soll ursprünglich Porzellanmaler gewesen sein. Er hat in den Hof eingeheiratet und war wohl nicht sehr glücklich damit. Er hatte einige Geschwister, aber nur von einem kann ich, dank Onkel Hans, ausführlich erzählen, nicht zuletzt, weil seine Geschichte sehr viel mit der Thieneltbrauerei zu tun gehabt hat.

Mein Vater erzählte immer viel von seinen Vettern Alfred und Oswald aus Bremen. Sie waren die Söhne Oswald Zenkers, eines Bruders meines Großvaters Josephs. Die Söhne verbrachten viel ihrer Freizeit auf dem Zenkerhof in Schlegel. Ich werde euch in meinem Hauptteil noch mehr davon berichten.

Oswald, der Bruder meines Großvaters, war sehr bekannt, weil eben, wie ich schon sagte, seine Geschichte sehr viel mit der Thieneltbrauerei zu tun hat. Oswald Zenker hat in der Brauerei Franz Thienelt (Urgroßvater), später Max Thienelt(Großvater), das Brauereifach gelernt. Um seine weitere Ausbildung zum Braumeister in München finanzieren zu können, wandte er sich an seinen Schulfreund Rother, der nach Amerika aus gewandert war.

Zwischendurch einiges zum Namen Rother: Er war der Vater von Anni Rother. Tante Anni, wie wir sie liebevoll nannten, war verheiratet mit Ernst Gottschlich, einem innigen Freund meines Vaters. Vater hat ihn in seinen wunderschönen Erzählungen aus der Jugendzeit fast immer erwähnt. Onkel Ernst, wie wir ihn ebenfalls nannten, ist uns auch in liebevoller Erinnerung. Tante Anni, so Onkel Hans, nannte man in Schlegel die »Dollarprinzessin«, ob ihrer amerikanischen Herkunft. Die Familie Gottschlich war mit der Zenker und mit der Thieneltfamilie freundschaftlich innigst verbunden. Tante Anni war es möglich, aufgrund ihre amerikanischen Staatsbürgerschaft in der unmittelbaren Nachkriegszeit große Hilfe zu leisten.

Nun weiter: Rother verkaufte seine goldene Uhr, weil es ihm selbst finanziell nicht so gut ging und schickte den Erlös seinem Freund Oswald Zenker, der damit in

München seine Ausbildung zum Braumeister machen konnte.
1906 trat Oswald Zenker in die Haake - Beck - Brauerei in Bremen ein und übernahm dort eine leitende Position. Er trug damit wesentlich zur Entwicklung dieser Brauerei bei, nicht zuletzt durch die Einführung von Eismaschinen, die zu dieser Zeit eine kleine Revolution bedeuteten, da kein Natureis mehr benötigt wurde. Oswald Zenker war in der Haake-Beck- Brauerei eine Persönlichkeit. Die Entwicklung zur Großbrauerei war mit sein Verdienst. Wie schon erwähnt, die Söhne Oswalds, - Alfred und Oswald, - verbrachten viel Zeit auf dem Zenker'schen Hof in Schlegel. Aus diesen verwandtschaftlichen Gründen waren auch meine Eltern hin und wieder zu Gast in Bremen. Das maritime Flair dieser Stadt gefiel ihnen gut, nicht so sehr die kulinarischen Besonderheiten. Als mein Vater einmal Krabben vorgesetzt bekam, sagte er nur: »Die verflichta Engerlenge ass iech ne« (die verfluchten Engerlinge esse ich nicht).
Oswald Zenker hatte ein Haus in Bremen, das heute noch in seiner Uranfänglichkeit vorhanden ist. Der Sohn Peter Zenker, also ein Enkel Oswalds, hat das Haus verkauft, so dass es heute nicht mehr im Besitz der Zenkerfamilie ist.
Onkel Willi Thienelt, der die Brauerei von seinem Vater Max Thienelt (Großvater) übernehmen sollte, besuchte die Brauereimeisterschule in München und war dann zur Weiterbildung bei Oswald Zenker in Bremen bei Haake-Beck. 1928 verunglückte Onkel Willi tödlich mit seinem Motorrad. Daraufhin musste Onkel Alex, mein Patenonkel, seine Ausbildung zum Landwirt un-

terbrechen, um das Brauereifach zu erlernen. Mein Großvater Max war zu dieser Zeit Innungsmeister, und die Prüfungen fanden im Thienelt'schen Brauereiausschank statt. Nach seiner Meisterprüfung in München ging auch Onkel Alex zu Oswald Zenker nach Bremen zur Weiterbildung. Dieser bot ihm einen Braumeisterposten auf einem großen Passagierschiff der Deutschland - Amerika Linie an. Da in Amerika Alkoholverbot, die sogenannte Prohibition, bestand, wurde das Bier auf dem Schiff gebraut. Bei Befahren der amerikanischen Hoheitsgewässer wurden die Gärbottige verplomt, um dann wiederum beim Verlassen Bier aus dem Inhalt zu brauen. Diese Touren ist Onkel Alex 5 Mal gefahren. Bei seinen kurzen Aufenthalten in Amerika hat er stets schlegeler Auswanderer besucht. Als Onkel Alex seine Tätigkeit als Braumeister auf dem Schiff aufgeben musste, um den heimatlichen Brauereibetrieb zu führen, war er sehr verwöhnt und konnte sich nur mit Mühe in das Alltägliche einer Landbrauerei gewöhnen.

Dies alles eigentlich zur Person Oswald Zenkers, des Bruders meines Großvaters. Es gibt noch mehr Geschwister, aber ich kann nichts Genaues darüber berichten. Viele Zenkers aus unserem Dorf Schlegel sollen entfernt mit uns verwandt sein. Etwas werde ich noch später berichten im Zusammenhang mit Tante Ruth Klebig, einer Schwester meiner Mutter.

Zur Brauerei und Mälzerei Max Thienelt in Schlegel, Kreis Glatz, verweise ich euch auf eine Festschrift zum 300 jährigen Bestehen der Brauerei, die ebenfalls in meinem Bücherregal steht.

Ich erzähle euch nun nur noch Persönliches und Familiäres, was mir Onkel Hans und Tante Eva berichten konnten und was ich zum Teil auch selbst noch weiß:
Die Brauerei war früher eine Schlossbrauerei und gehörte dem Grafen Oskar von Pilati, der sie am 8. September 1871 für 6000 Taler an meinen Urgroßvater Franz Thienelt verkaufte. Die alte Schlossbrauerei wurde stillgelegt und gegenüber auf der anderen Straßenseite neu errichtet.
Aus der Ehe Pauline und Franz Thienelt, gest. 1889, gingen 4 Söhne hervor: Moritz, Oskar, Franz und Max, mein Großvater. Großvater Max war erst 15 Jahre alt, als seine Eltern starben. Pflegeeltern, Onkel und Tante , nahmen sich der 4 Kinder an. Es handelte sich dabei um eine Familie Simon. Frau Simon war eine Schwester von Franz Thienelts Frau Pauline.
Simon war Holzgroßhändler gewesen, wohlhabend und hatte sich bereits zur Ruhe gesetzt, als er die Pflege der vier Söhne von Franz Thienelt übernahm. Es ging Simon in der Hauptsache darum, die Brauerei so lange zu erhalten, bis Max, der sie übernehmen sollte, mit seiner Ausbildung fertig war. Man sagte, es sei eine große Leistung dieses Mannes gewesen.
Simons zogen aus diesem Grund in den Brauereiausschank, direkt neben der Brauerei (siehe Festschrift), von wo aus mein Großvater seine Lehrzeit in der Brauerei machte, die unter der technischen und kaufmännischen Leitung eines Braumeisters stand. Obwohl Max es sehr schwer hatte - er musste nach seiner Arbeitszeit in der Brauerei noch im Ausschank helfen - war er den Pflegeeltern sehr verbunden.

Nach seiner Ausbildung übernahm Großvater Max die Brauerei und heiratete 1901 meine Großmutter Gabriele, geborene Gottschalk; dieses nach einer kurzen Werbung.

Wie Onkel Hans mir in einem Dönchen erzählte, hörte mein Großvater, dass in Oberhansdorf eine Familie sei, die eine Gastwirtschaft betrieb und dass dort ein Mädchen sei; dieses zu umwerben gelüstete ihn. Mit einem Freund oder Bekannten begab er sich dorthin, um vor dem Wirtshaus artig auf eine Kontaktmöglichkeit zu warten. Dies bemerkte die jüngere Schwester der zu umwerbenden Großmutter, ging ins Haus und sagte zu ihr: »Gie ok amol naus, do setza zwe Schnackalan, die wella woas vo dir« (geh mal raus, da sitzen zwei Schnackerlen, die wollen was von dir).

Die Brauereitradition stammte nicht nur von Großvater Max her, auch die Großeltern von Großmutter Gabriele (Amama) waren um 1830 Brauereibesitzer in Rengersdorf, Grafschaft Glatz; sie hießen Weigang und hatten 4 Töchter. Eine von denen, Emma Weigang, war Amamas Mutter, die sich sehr viel in der Brauerei aufhielt, nicht zur Freude ihrer elf Enkel. Man nannte sie die »biese Großmama«, und sie wurde mehr gefürchtet als geliebt. Sie heiratete den künstlerisch begabten, ruhigen und sensiblen Besitzer der Porzelanmanufaktur Gottschalk aus Ottmachau bei Patschkau. Nach der Geschäftsaufgabe übernahm er eine Gastwirtschaft in Oberhansdorf (siehe »Schnackalan«)

Nach seinem frühen Tod übernahm seine Frau die Gastwirtschaft. Sein Bruder Paul Gottschalk, Geschäftsmann und wohlhabender Junggeselle, besaß unter anderem ein Pensionshaus in Hirschberg, am Riesengebirge, - »Villa Hirschberg«, wo Theodor Fontane einige Zeit zu Gast war und dort während seiner Krankheit den Roman »Effi Briest« vollendete. Die Schriftsteller Gerhart Hauptmann und Otte Erich Hartleben sowie der Literaturhistoriker Otto Brahm besuchten ihn dort (Siehe Fontanes Autobiographie »Meine Kinderjahre«, Seite 255-56.).

Mein Großvater musste dann seine drei Brüder auszahlen, was ihm sehr schwer viel. Die Brüder Oskar und Franz brachten das Geld durch. Moritz sollte und wollte den Brauereiausschank pachten, lernte aber zunächst Destillateur.
Bevor der Wohnteil in der Fabrik gebaut wurde, wohnten bis zur Übernahme des Ausschanks durch Moritz Großvater und Großmutter im Brauereiausschanksgebäude, in dem auch meine Mutter 1907 und Onkel Walter 1902 geboren wurden.
Meine Großmutter verpachtete den Ausschankbetrieb, weil sie aus heimischen Erfahrungen wusste, wie schwer es ist, so einen Betrieb noch nebenher zu leiten. 1907 übernahm Moritz den Brauereiausschank und legte dort den Grundstein für »Thienelts Echte Kroatzbeere«.

Da Max, mein Großvater, den Ausschank nicht an Moritz verkaufen wollte, plante dieser, hinter dem Ausschankgebäude ein Hotel mit Fabrik zu bauen, was Großvater auch nicht wollte. Es entstand dadurch ein gespanntes Verhältnis unter den Familien. Moritz baute später seine Kroatzbeerfabrik in der Konsumstraße.
Meine Mutter hatte zehn Geschwister: Bärbel 5.7.1920, Ruth 24.3.1909, Käthe 14.10.1914, Eva 16. 1.1912, Inge

14.6.1923, Walter 1902-1949, Willi 2.3.1903 - 1928, Alex 10.9.1910, Johannes 6.11.1916, und Georg 23 7.1918.
Tante Eva und zunächst auch Tante Bärbel blieben unverheiratet. Tante Ruth heiratete Kurt Klebig (Jurist), der wiederum auch mit Zenker verwandt war. Seine Mutter war eine geborene Zenker und die Schwester meines Großvaters Joseph. Tante Ruth und Onkel Kurt (verstorben), haben eine Tochter, Karin; sie wohnt bei Hannover. Tante Käthe heiratete Erich Janczik (Gemeindesekretär). Tochter Ingrid, Jahrgang 1937, ist verstorben.
Inge war behindert und starb kurz vor der Flucht. Onkel Walter (Jurist), war unverheiratet, so wie auch Onkel Willi, der wie schon erwähnt, 1928 mit dem Motorrad tödlich verunglückte. Onkel Georg (Landwirt), hat den gesamten Krieg an der Front überlebt und ist dann in der russischen Kriegsgefangenschaft gestorben. Onkel Alex, mein Patenonkel, den ich schon erwähnte, sollte die Brauerei übernehmen und ist dann nach dem Krieg im bayrischen Neumarkt St. Veit als Braumeister in der Klosterbrauerei tätig gewesen. Seine fünf Kinder leben dort in der Umgegend: Christine, Monika, Regina, Johannes und Thomas.
Während mein Großvater den ersten Weltkrieg von Anfang bis Ende hat mitmachen müssen, hatte meine Großmutter die alleinige Verantwortung für Brauereibetrieb und Familie. Eine Riesenleistung, wenn man bedenkt, dass sie bereits sechs oder acht Kinder hatte. Nicht nur für die Brauerei war sie verantwortlich, es war auch Landwirtschaft dabei, ein Betriebszweig, der nötig war, um Pferde zu halten für den Fuhrbetrieb und Rindvieh zur Futterverwertung (Treber zum Beispiel).

Ein gewisser Hartmann, der zu dieser Zeit seine Lehre in der Brauerei machte, stand Großmutter sehr zur Seite. Hartmann war dann auch Braumeister in der Thieneltbrauerei, ging dann aber, als zunächst Onkel Willi und dann Onkel Alex die Leitung übernahmen, nach Amerika. Dort braute er Bier für Al Capone zur Zeit der Prohibition und kam nach einigen Jahren mit sehr viel Geld nach Schlegel zurück.

Schlegel war eines der größten Industriedörfer in der Grafschaft Glatz und zählte ca. 4000 Einwohner. Es war zu dieser Zeit nicht üblich, dass jeder eine höhere Schule besuchte, und so ergab es sich, dass ein großes Intelligenzpotenzial unter den Arbeitern und Bauern war und auch blieb; dieses schlug sich vor allem im kulturellen und in der Hauptsache im musikalischen Leben des Dorfes nieder.

Über das kulturelle Leben in Schlegel ist wiederum in der Chronik sehr schön nachzulesen.

Ich beschränke mich nur auf den musikalischen Teil, nicht zuletzt, weil meine Eltern großen Anteil daran hatten. Die Musikalität in der Familie Thienelt kam wohl von Großmutters Seite. Es gab da einige bekannte Kirchenmusiker und Komponisten unter ihnen, die auch ab und zu das Haus Thienelt besuchten, wie zum Beispiel Professor Bruno Stein, Musikprofessor aus Breslau mit seinem Sohn Gunther, dessen Virtuosität auf vielen Instrumenten dann immer bewundert wurde.

Da war auch Ignaz Reimann, ein bekannter Kirchenkomponist, der die Jugendliebe der Mutter meiner Großmutter war. Großmama, wie sie im Hause Thienelt genannt wurde, verehrte diesen Mann noch nach seinem Tode, indem sie oft sein Grab aufsuchte, so erzählt Tante Eva.

Ignaz Reimann hat unter anderem die Christkindlmesse komponiert. Ich erwähne es, weil diese Messe jedes Jahr Weihnachten in der schlegeler Kirche gesungen wurde mit den Solostimmen meiner Mutter und meines Vaters.

Schlegel hatte einen über seine Grenzen hinaus bekannten Chor mit hervorragenden Instrumentalmusikern unter der Leitung eines sehr fähigen Dirigenten namens Wengler. Immer wieder habe ich gehört, wie man ihn verehrte und auch fürchtete.

Die herausragende Stimme war wohl die meiner Mutter. Sie hatte eine fünfjährige Gesangsausbildung und besaß eine sehr schöne Stimme, die mich als Kind schon immer beeindruckte und stolz machte. Onkel Hans, der selbst als Künstler dies wohl wissen müsste, erzählte, daß meine Mutter eine so schöne Stimme hatte, wie er sie selten gehört hatte. Sie hatte die Gabe, die tieferen baritonalen Töne mit in die Höhe zu nehmen, so wie es Caruso auch konnte. Dies kam ihm immer besonders zu Bewusstsein, wenn er in irgendwelchen Opern oder Operetten »Frauenstimmen in der Höhe herumquietschen hörte«.

Das Gesangsrepertoire meiner Mutter bewegte sich natürlich nur im klassischen Bereich. Ich kann mich als Kind und auch später noch in Ostfriesland an die bewegenden Momente erinnern, wenn sie das Ave Maria von Bach, Gounot oder Schubert sang.

Der Schlegeler Kirchenchor führte Messen und Oratorien von Mozart, Beethoven und vielen anderen Komponisten auf, in denen meine Eltern stets die Solopartien sangen. Fand so ein Ereignis statt, dann strömten nicht nur die Leute vom Dorf, sondern auch die aller Nachbarorte zusammen. Musikalische Leckerbissen gab es aber nicht nur in der Kirche; es wurden auch viele volkstümliche Gesangsspiele inszeniert. Hierfür hatte die Kirche das Steiner'sche Gasthaus aufgekauft (siehe Chronik) und zu einem Theatersaal ausgebaut mit einer großen Bühne und Orchestergraben.

Ein großes Ereignis, das alle immer wieder erwähnten, war die Aufführung der Oper Preziosa von Carl Maria von Weber, in der meine Mutter und mein Vater die Hauptrollen sangen. Wie Onkel Hans erzählte, wurde diese Oper zwölf mal aufgeführt. Die Leute kamen von Nah und Fern, von Neurode und Glatz. - Ein beliebtes Singspiel hieß »Winzerliesel«, von dem meine Eltern oft erzählten. Tante Eva erzählte mir, dass mein Vater einen sehr schönen Tenor hatte. Er und Richard Hauk, Tante Evas ehemaliger Verlobter, hätten die gleichen schönen Stimmen gehabt.

Mein Vater war ein beliebter Mann im Dorf, nicht nur wegen seiner Musikalität, er trug auch so mit seiner natürlichen und fröhlichen Art zum gesellschaftlichen Leben bei. Noch in Leybuchtpolder, hauptsächlich in den fünfziger Jahren, war er oft Mittelpunkt, wenn er seine schlesischen Schnoken (schlesischer Begriff für lustige Lieder und Geschichten) lautebegleitend vortrug. Die jungen Leute scharten sich um ihn. Diese Art von Geselligkeit kannte man nicht in Ostfriesland. Musik wurde überall gemacht, im großen und im kleinen Stil, ob in der großen Kirche oder in der kleinen Kapelle auf dem Kirchelberg, in Gasthäusern, Bauden, zu Hause in der Brauerei und auf dem Hof, ja sogar während der Flucht wurde gesungen, um die Trübsal zu mindern.

Dass mein Vater meine Mutter heiratete, war zu jener Zeit eine sehr umstrittene Angelegenheit. Mein Vater kam von einem kleinen Hof und hatte eigentlich nichts vorzuweisen als seine natürliche und beliebte Persönlichkeit. Im Hause Thienelt war man sehr skeptisch, bevor man schließlich einwilligte. Das Patriarchalische war zu dieser Zeit noch sehr ausgeprägt. Die Frauen wurden in keiner Weise gefördert. Meine Mutter aber genoss ob ihrer musikalischen Veranlagung großes Ansehen bei meinem Großvater und hatte eben einige besondere Privilegien. So sah man es nicht gern, dass sie einen Bauern heiratete.

In der Tat war es kein Aufstieg für sie, und ich denke mal, im Innersten hat sie darunter gelitten, zumindest später in Ostfriesland. In Schlegel war sie jemand wegen ihres kulturellen und familiären Umfeldes. - Wie mir Tante Eva erzählte, wollte meine Mutter, als es um die Heirat ging, für einige Zeit nach Amerika auswandern. Das wäre zu dieser Zeit eigentlich kein Problem gewesen, da sehr viele Schlegeler, auch Freundinnen von ihr, bereits drüben waren. Meine Großeltern haben ihr dies aber energisch vereitelt.

Die zunächst etwas skeptische und distanzierte Einstellung zu meinem Vater änderte sich aber rapide, als es während der Vertreibung ums nackte Überleben ging. Wäre mein Vater nicht gewesen mit seinem natürlichen Instinkt und seiner Furchtlosigkeit, hätten meine Großeltern wohl nicht überlebt.

Um noch einmal auf Amerika zurückzukommen: Es waren sehr viele Schlegeler nach Amerika ausgewan-

dert. Das war ein Segen für viele; denn nach dem Krieg bekamen viele sogenannte Care- pakete (Cooperative for American Remittances to Europe) von Bekannten, Freunden usw. - Von Rother Mariechen (nach schlesischer Art wurde der Nachname immer zuerst genannt) aus Amerika bekam Tante Eva ihre Pakete, von Appelt Grete wir und Tante Ruth von der Jokwer Gretel. Jokwer Gretel war die Tochter vom Jokwer - Schuster aus Schlegel. Von ihm erzählte Tante Eva, dass Onkel Hans als Junge sehr viel Zeit bei diesem Schuster verbracht hat. So wie viele Handwerker besondere Fähigkeiten besaßen, war auch dieser Schuster zum Beispiel Botaniker im Hobbybereich. In ausgedehnten Streifzügen durch Feld, Wald und Flur vermittelte er Onkel Hans viele Grundkenntnisse, die ihm für seinen späteren Drogistenberuf sehr nützlich waren. Meine Großmutter mütterlicherseits, Amama, wie wir Kinder sie nannten, war eine sehr feinsinnige Frau. Sie hatte eine ungemein mütterliche, liebevolle Ausstrahlung. Trotz der vielen Sorgen mit ihren elf Kindern, Weltkriegen und Krankheiten hatte sie stets ein offenes Herz für andere. In der Küche stand immer ein großer Suppentopf für die vielen Bettler, die ein und aus gingen. Man bedenke auch die schlimme Zeit um 1928 (Weltwirtschaftskrise mit hoher Arbeitslosigkeit und Unzufriedenheit, aus der Hitler 1933 das Potential zur Machtergreifung fand).
Viele nette Geschichten rankten sich um das arme Volk in der Brauerei. Meine Mutter und auch Tante Eva haben oft davon erzählt: - Ein Bettler mit Spitznahmen »Morbafella« bekam immer gekochte Kartoffeln; bevor er sie essen durfte, musste er, von den Kindern aufgefordert »Lustig ist das Zigeunerleben« singen. - Ein

Bettler namens August setzte sich immer wie selbstverständlich an den Familientisch. Großmama, so Tante Eva, die einmal zu Besuch war und dies miterlebte, fragte ganz erstaunt: »Nu sät amol, ies doas ach a Verwandter? Ihr tut ju asu, als gehärt a ahch zur Familie« (Nun sagt einmal, ist das auch ein Verwandter? Ihr tut ja so, als gehörte er auch zur Familie). Ein Bettler spielte immer Zither vor dem Haus, kam aber nie herein. Auch er wurde beköstigt. Da kamen auch viele arme Leute, die Kräuter und Tee ins Haus brachten. Sie wussten, dass Amama alle Krankheiten mit Tees und Kräutern behandelte.

Bevor ich aber meinen kleinen Vorspann zur Familiengeschichte beende, möchte ich etwas zu Tante Eva sagen, die uns allen so ans Herz gewachsen ist:
Sie ist für mich eine ganz außergewöhnliche Person. Sie gehört zu den Menschen, denen man im Leben nur ganz selten begegnet. Alle, die sie länger kennen und mit ihr zusammen waren, wissen, dass jeder Superlativ eigentlich nur stammelnder Versuch sein kann, sie zu beschreiben. Dennoch will ich versuchen, von ihr zu erzählen; denn wie bei allem, was ich geschrieben habe, kann das Wenige zumindest einmal etwas sein.
Tante Eva hatte in ihrem Leben nur soziale Aufgaben. In Schlegel pflegte sie ihre geistig behinderte Schwester Inge bis zu deren Tod kurz vor der Vertreibung. Dies hat sie mit Liebe und Hingabe getan und dafür viele Entbehrungen hinnehmen müssen.
Für uns Kinder war sie wie ein Engel, stets präsent, auch wenn sie nicht da war. Nach der Flucht hat sie meine Großeltern bis zu deren Tod betreut. Sie saß am Sterbe-

bett meiner »Oma«. In der schwierigen Zeit in Leybuchtpolder fand meine Mutter stets Trost bei Tante Eva in Wilhelmsfeld, und als meine Mutter 1983 mit dem Fahrrad tödlich verunglückte, war Tante Eva zugegen. Selbstlos hat sie alles getan, und am Ende musste sie von Sozialhilfe leben. All dieses Schwere hat ihr zu einer Größe verholfen, von der sie selbst gar nicht weiß. Erzählte man es ihr, würde sie es vehement abstreiten.

Sie ist für mich eine tief gläubige Person, die aber ihren Glauben nicht zur Schau trägt. Sie ist innerlich so stark, dass sie diese Stärke an andere ganz unbewusst weitergibt. Die vielen Entbehrungen haben ihren Blick für das Augenblickliche so geschärft, dass es ein Genuss ist zu hören, wenn sie von einem Bild, einem Vogel am Fenster oder einer Blüte am Baum erzählt. Man kann ihr alles erzählen, und für alles hat sie Verständnis; sie freut sich und sie leidet mit. Ist man eine Zeit mit ihr zusammen, geht man erfüllt mit innerer Zufriedenheit von ihr.

Es wird einem plötzlich bewusst, wie armselig Menschen sind, die ihr Glück nur im Materiellen suchen.

Sie gibt immer, ohne es zu wissen. Jung und Alt bewundern sie. Mit ihr Fahrrad zu fahren, was sie so gern tat, war immer ein Erlebnis. Aber auch jetzt, wo sie an ihr kleines Zimmerchen gebunden ist, gibt es tausend Dinge, an denen sie sich erfreut. Sie lebt absolut in der Gegenwart und lässt sich nicht von Vergangenheit oder Zukunft zermürben. Grenzen haben für sie nichts Trennendes, für alles zeigt sie, oft auch nicht unkritisch, Verständnis. Sie ist ein Mensch, der den Schatten kennt, aber alles im Lichte sieht.

Es mag etwas übertrieben klingen, aber ein östlicher Weiser würde sagen: Sie ist eine erleuchtete Person.

Kleine Einleitung

Der liebe Onkel Hans, euch allen im Gedächtnis, einer unserer letzten Zeitzeugen, sagte immer, ich solle doch mal alles aufschreiben für meine Kinder. Auf meinen Einwand, ich wisse ja so wenig, meinte er, das vermeintlich Wenige könne einmal sehr viel sein. »Nur Mut« , sagte er, »fang einfach einmal an.«
In der Tat, wenn ich überlege, ist es auch so, denn es gibt niemanden mehr, der Zeuge unserer persönlichen turbulenten Vergangenheit ist. Dies liegt natürlich an den Wirren des Zweiten Weltkrieges mit seinen üblen Folgen.
Die stetige geschichtliche und kulturelle Entwicklung eines gewachsenen Dorfes wie Schlegel in Niederschlesien, Kreis Glatz, nahm mit der ersten Evakuierungswelle im Frühjahr 1946 ein jähes Ende, und eine völlig ungewisse Zukunft begann mit einem Heute, das typisch ist für die Unvorhersagbarkeit schicksalhafter Verläufe: Als Fünfjähriger saß ich auf blühenden Wiesen, die überdeckt waren von duftenden Himmelschlüsselchen, auf schlesisch Keilaka genannt, und fünfzehn Jahre später war Ostfriesland meine Heimat, die rauhe Nordseeküste in Leybuchtpolder, und ich saß mit meinem Jagdgewehr nicht zwischen Keilaka, sondern im ostfriesischen Watt zwischen blühenden und duftenden Strandastern.
So will ich denn beginnen, mein Leben, meine vielen schönen und auch weniger schönen Erlebnisse und Eindrücke zu erzählen, mit Herz und aus dem Bauch heraus, wie man so schön sagt. Es bleibt mir auch gar nichts anderes übrig, denn ich war nun mal Landwirt und kein

Schriftsteller, drum habt etwas Nachsicht. Ich schreibe in der Gewissheit, dass ihr in der Lage seid, zwischen den Zeilen zu lesen, was ich nicht auszudrücken vermag.

Am 31. 7. 1937 erblickte ich das Licht der Welt. Wie man mir oft erzählte, soll das ein Grund zu feierlichen Besäufnissen gewesen sein. - »Der Erbhofbauer ist da«, soll es geheißen haben. - Na ja, darüber schweig ich lieber. - Meine ersten Erinnerungen habe ich an die Zeit, als der zweite Weltkrieg bereits in vollem Gange war, von dem wir Kinder zunächst aber nichts mitbekamen. Die Zeit in Schlegel habe ich wie ein Märchen in Erinnerung. Kaum etwas hat meine frühe Kindheit getrübt, bis auf Weniges, das man aber in der Fülle schöner Erinnerungen nur als normal bezeichnen kann.
Schlegel war eine einzige Märchenkulisse. Im Tal floss das Jahrwasser, unsere geliebte »Baache«, eingebettet zwischen der Wolfskoppe zur linken und dem Kirchelberg zur rechten. In lieblicher, unregelmäßiger Reihenfolge reihte sich Haus an Haus zu beiden Seiten der Baache vom Ober - bis zum Niederdorf. Am Fuß der Wolfskoppe, etwa im Mitteldorf, lag unser Hof. Hinter dem Hof verliefen die Felder in leichter Schräge bis zum Wald, der in geschlossener Dichte düster die Wolfskoppe überzog. Ihr könnt euch denken, dass der Film meiner Erinnerungen am lückenlosesten von diesem Gebiet ist. Die Natur und meine Verbundenheit mit ihr waren prägend und dominierend in all meinen Erlebnissen. Personen, egal ob Vater, Mutter, Oma oder wie nah auch immer, spielten keine herausragende Rolle in meinen frühkindlichen Erinnerungen. Sie waren

liebevolle Statisten im Panorama einer wunderschönen Natur. - Es waren dies die vier Jahreszeiten, eine jede für sich wie ein Märchenbuch mit vielen, vielen Seiten, die sich mir für immer eingeprägt haben. Noch viele Jahre im fernen Ostfriesland träumte ich von dieser Zeit, den Bergen, dem Schnee, von Wiesen und Blumen, der Baache, Bäumen und Tieren, und immer wenn ich in diesem Märchenbuch blätterte, überkam mich grenzenloses Heimweh. Noch oft werde ich das erwähnen.

Winterzeit:

Da war zunächst der Winter in seiner ganzen Pracht und Schönheit; alles war plötzlich mit Schnee bedeckt. Ich schaute zu, wie die Flocken leise im gaukelnden Flug zu Boden fielen und sich sanft aufeinander häuften. Es war ein Schneeteppich, dessen Kristalle im Sonnen - wie im Mondlicht glitzerten und funkelten wie millionen Diamanten. Es entwickelte sich ein Schneeparadies, das zu ungeahnten Aktivitäten herausforderte.

Mein Vater war ein großer Skiläufer. Er beherrschte alle Techniken, von *Christiania* bis, *Telemark* und da war es natürlich selbstverständlich, dass ich bereits mit 3,5 Jahren die ersten Skier bekam. Die wurden damals nicht so einfach im Geschäft gekauft, sondern ein Stellmacher fertigte sie aus Eschenholz an, ohne Stahlkanten und natürlich mit einer Bindung aus Lederriemen.

Die Ankündigung eines Skiausfluges auf den Kirchelberg versetzte uns in eine fieberhaft freudige Tätigkeit; denn es bedurfte zunächst einiger wichtiger Vorbereitungen. Da wir erst einmal den Berg hinauf mussten, wurden die Skier mit Steigwachs versehen. Eine geliebte Zeremonie war das, freudig und voller Ungeduld ging es vonstatten. Die Skier wurden auf Stuhllehnen gelegt, etwas Wachs darauf geträufelt und dann mit einem Bügeleisen verteilt und geglättet, so wie es heute auch noch gemacht wird. Selbstverständlich musste ich meine Skier selbst versorgen. Dann aber begann der Aufstieg, dessen Strapaze uns angesichts der Vorfreude auf die bevorstehende Abfahrt nie so recht bewusst wurde. Warm angezogen, die Skier auf dem Rücken, liefen wir erst einmal die Reichelgasse hinunter, dann über die Strasse und hinauf auf den Kirchelberg. Mein Vater zog die Spur voraus und ich tappte hinterher, von den sorgenvollen Blicken meiner Mutter begleitet, die uns vom Küchenfenster aus auf den Kirchelberg gegenüber folgen konnte. Ihre Sorge war wohl auch berechtigt, denn nicht selten kam ich mit kleinen Erfrierungen nach Haus, die sie dann immer in einer schmerzhaften Prozedur, ganz eilig und hektisch, durch intensives Einreiben mit Schnee wieder kurierte. - Lang war der Aufstieg, aber absolut nicht langweilig. So glitt ich in der Spur meines Vaters immer weiter hinauf in meinem Schnee, den ich so sehr liebte. Die Spur folgte über Felder hinauf durch tiefverschneite Wälder. Die Äste der Fichten und Tannen hatten oft schwer zu tragen an der großen Last des Schnees, und nicht selten wurde ich von einer kleinen Astlawine überschüttet. Nichts, aber auch gar nichts konnte meinen Eifer und meine Freude trüben. - Gegen Ende des langen Aufstiegs, auf dem Gipfel des Kirchelberges, sah man schon von weitem die liebliche und vertraute Kulisse der tiefverschneiten Lukasbaude, des aus rotem Sandstein erbauten Moltkeaussichtsturmes und der mit einer weißen Haube aus Schnee versehenen Kirchturmspitze der kleinen Bergkapelle.

Natürlich war die Lukasbaude unser Gipfelziel. Wir schnallten die Skier ab, schüttelten uns den Pulverschnee aus den Sachen und betraten die Baude. Ein urgemütlicher Schwall von warmer Luft, durchsetzt mit einem Geruch von Bier, Kaffee und Zigarrenrauch kam uns entgegen. Mein Vater kannte natürlich alle, und es fand eine freudige Begrüßung statt. Limonade genießend lauschte ich dem anheimelnden Gemurmel der anwesenden Gäste, nicht lange aber, dann wurde ich ungeduldig und drängelte zur Abfahrt, wohlwissend, dass dies noch einiger Vorbereitungen bedurfte. - Nun nämlich wiederholte sich die Zeremonie des Wachsens der Skier im gleichen Ritual wie in Mutters Küche, nur wurden diesmal die Skier mit Abfahrtwachs versehen. Hierfür gab es in der Baude einen extra Raum mit allen dafür vorgesehenen Requisiten. Schier unermesslich war die Freude auf die bevorstehende Abfahrt, die mich zu ungeduldigem Eifer antrieb. - Nach einer Verabschiedung meines Vaters von den anwesenden Gästen traten wir hinaus aus der wohligen Wärme der Baude in die frostklare Luft der tief verschneiten Landschaft. Die in der Sonne funkelnden und glitzernden Schneekristalle, mit ihrem unverkennbaren glasklaren Geruch, verzauberten mich für alle Zeiten. Nie werde ich diese Momente vergessen, die mir später, immer wenn ich mit Schnee in Berührung kam, zu Bewusstsein kamen. Dies sind mit die schönsten Erinnerungen aus dem Märchenbuch meiner frühen Kindheit.

Nun aber war der Augenblick gekommen, der das Ziel all unserer Vorbereitungen war. Wir schnallten die Skier an, mein Vater fuhr voraus, und ich folgte in seiner Spur. - Da gab es noch keine Pisten im heutigen Sinn. Es war ausschließliches Tiefschneefahren, was auch nur mit den dafür geeigneten Techniken möglich war. Da ich diese Techniken noch nicht alle beherrschte, war ich gezwungen, in den »Gleisen« meines Vaters zu fahren, was natürlich dazu führte, dass ich an den »Weichen« oft unweigerlich die Spur verfehlte und gnadenlos darüber hinausschoss, im watteweichen Schnee versank, ein wenig heulte, bis mich mein Vater aus dem Schnee befreite und wieder in die Spur setzte. Ich mied es immer zu dicht hinterherzufahren, da mir der pulvrige Schnee die Sicht verschlechterte.

Dieses Gleiten im federleichten Schnee versetzte mich in ein unbeschreibliches Glücksgefühl. Es war insgesamt eine Verknüpfung von vielen einzigartigen unauslöschlichen Eindrücken, die ich nie in meinem Leben vergessen werde.

In zunächst gemächlicher Fahrt fuhren wir auf Waldwegen und Schneisen bis zu einem Abhang, den mein Vater die »Tonnalahne« nannte, ein steiles Teilstück, das nur im Zickzackkurs zu bewältigen war. Wir legten eine kleine Rast ein, während mein Vater die Abfahrtsstrategie erklärte. In elegantem Telemarkstiel fuhr er einige Schwünge voraus und rief mir ermutigend zu, ihm zu folgen. Das tat ich denn auch, allerdings nicht ganz unfallfrei, wie ich schon erwähnte.

Nun, am Ende dieses Steilstückes muss ich wohl ausgesehen haben wie ein Schneeball auf Skiern. Nach einer kurzen Waldpartie gelangten wir dann auf die nicht so steilen, langgezogenen Felder, die bis zum Tal führten. Wir brauchten keine Kurven mehr zu fahren, und es machte mir viel Vergnügen, in gemächlicher Schussfahrt ins Tal zu gleiten.

Zu Hause empfing uns meine Mutter, prüfte, ob nichts an mir erfroren war, versah mich mit warmen Sachen und setzte mich zum Aufwärmen an den Kachelofen. Während meine Mutter mit meinem Vater haderte ob des gefährlichen Unterfangens an der »Tonnalahne«, schaute ich schon wieder gedankenversunken, sehnsüchtig aus dem Küchenfenster auf den schneebedeckten Kirchelberg.

Oben auf der rechten Seite des Kirchelberges waren einige Wiesenhänge, die sich vorzüglich zu Übungszwecken eigneten. Mein Vater nahm mich oft mit dorthin. Er versuchte, mir dort einiges beizubringen; dabei hatte ich Gelegenheit, sein Können zu beobachten.
Im Nachhinein möchte ich euch ein paar Techniken erklären: »*Telemark*« ist euch bekannt und heute wieder in Mode.
»*Christiania*«, kann man sagen, war wohl der Vorläufer des Parallelschwungs. Beide Skier wurden ruckartig möglichst parallel zur Seite gedrückt. Dies war nur möglich, wenn der Schnee sich zur Seite drücken ließ; gut ging das auf verharschtem Schnee.
Dann gab es noch den »*Stemmschwung*«, den aber nur wenige beherrschten. Er kam zum Einsatz, wenn Hindernisse, wie zum Beispiel Zäune, zu überwinden waren, die in einem natürlichen Gelände oft vorkamen. Man stellte sich neben das Hindernis, einen Zaun zum Beispiel, stemmte mit Hilfe der Stöcke beide Skier gleichzeitig hoch, drehte sie um 180° über den Zaun hinweg, um auf der anderen Seite zu landen, so nach Stabhochsprungart.
Dann gab es noch den »*Quersprung*«. Diese Technik war wichtig, wenn plötzlich ein Hindernis auftauchte. Für einen eleganten Telemarkschwung war es dann zu spät; man sprang senkrecht hoch und stellte die Skier quer. Springen war überhaupt sehr wichtig und oft die letzte Rettung vor plötzlich auftauchenden Hindernissen.
Mein Vater war ein sehr guter Skiläufer, im ganzen Dorf und darüber hinaus bekannt. Er erzählte oft, wie er zum Spaß über Hohlwege sprang zum Entsetzen von ah-

nungslosen Spaziergängern. Er fuhr den Hohlweg mit hoher Geschwindigkeit an, sprang dann über die Köpfe der Leute hinweg, um auf der anderen Seite talabwärts landend weiterzufahren.

Direkt links von unserem Hof war die Welzeltilke, so nannten wir den Wiesenhang, der mit unterschiedlichem Gefälle, mal flach mal steil, abwärts bis zur Baache reichte, ein herrliches Gelände, auf dem wir Schlitten fuhren und auch Skilaufen konnten. Alle möglichen und unmöglichen Kunststückchen vollbrachten wir darauf, derweil meine Eltern vom Haus aus alles einsehen und zur Hilfe eilen konnten, wenn es denn nötig war.

Im Tal floss nämlich unsre im Sommer geliebte und im Winter gefürchtete Baache, vor der wir im Winter einen Höllenrespekt hatten. Drosselten wir unser Tempo nicht frühzeitig, vor allem beim Schlittenfahren, dann schlitterten wir gnadenlos in den Bach hinein. Er war zwar sehr flach, aber nasse Füße bekamen wir allemal, und dies bedeutete immer das absolute Ende unseres Tagesvergnügens. Kurz vor dem Bach stand ein alter Birnbaum, der uns in der Not als Prellbock diente, aber wehe wir verfehlten ihn. Er sah deshalb schon recht ramponiert und gequält aus.

Ein Riesenvergnügen bereitete es mir immer, irgendwelchen Kindern, die ich nicht leiden mochte, meistens waren es Mädchen, einen Streich zu spielen, indem ich sie zu einer Schlittenpartie einlud. Sie durften dann vorn auf dem Schlitten Platz nehmen, und ich ließ es dann so richtig schön laufen. Unterwegs, wenn ich wusste, dass nichts mehr zu halten war, sprang ich ab und amüsierte mich, wie der Schlitten mit seiner ungeliebten Fracht im kühlen Nass des Baches landete. Nicht selten lief ich Gefahr, mir eine Tracht Prügel von den Eltern der betroffenen Kinder einzuhandeln.

Oftmals dauerte das Schlittenfahren bis in den Abend hinein, aber nur dann, wenn Vollmond war, dessen Licht sich durch die Reflektion des Schnees noch verstärkte. Wir mieden dann die tückische »Welzeltilke« mit ihrem Bach und nutzten das »Welzelhibala«, rechts unseres Hofes, dessen weit auslaufendes Gefälle Garant war für völlige Ungefährlichkeit und an einem Gartenzaun endete.

Wie herrlich waren diese Abende, wenn das Licht des Mondes und der Sterne den Schnee in ein Meer von funkelnden Brillianten verwandelte, und wieder nahm ich den glasklaren Geruch der frostigen Schneeluft wahr. Ihr werdet denken, das kann er so nicht empfunden haben, aber immer, wenn ich heute als Erwachsener in den Alpen gleiche Situationen erlebe, erinnere ich mich an die Kindheit in Schlegel und das unbändige Glück in und mit der Natur.

Auch hier waren Menschen immer nur liebevolle Statisten am Rande.

Da unsere Skier noch keine Stahlkanten hatten, war das Fahren auf verharschtem Schnee eine besonders waghalsige, rutschige aber äußerst interessante Angelegenheit. Wir nutzten die Gelegenheit, wenn die Sonne am Tag die Oberfläche des Schnees angetaut hatte und in der Nacht wieder anfror. - In den frühen Morgenstunden stiegen wir auf zur Wolfskoppe. Der Aufstieg begann gleich hinter dem Haus und war nicht so steil. Das war schon wichtig; denn der verharschte Schnee war fast wie Glatteis, und mit den Holzbretteln wäre nichts zu halten gewesen. Es machte einen Riesenspaß, doch mit der Tiefschneetechnik war nichts mehr anzufangen. Mangels scharfer Kanten war es denn mehr ein Eistanz, bei dem wir mindestens ebenso viel quer wie geradeaus schlitterten.

Zu erwähnen ist noch die »Nieseltilke« weiter im Niederdorf, gleich neben der Welzeltilke. Nur die Mutigsten wagten dort abzufahren, denn der Hang war sehr steil und ging am Ende scharfwinklig ins Flache über. Meistens überschlugen wir uns in diesem Winkel. Schafften wir es aber einmal, war da wieder der drohende Bach, der den kurzen, flachen Auslauf begrenzte. Fuhren wir da hinein, na ihr wisst schon, war es das jähe Ende.

Diese ganzen frühkindlichen Erlebnisse in der Märchenkulisse der verschneiten Berge Schlegels sind mir unauslöschlich in Erinnerung, und die Sehnsucht nach Schnee und Bergen war in all den späteren Jahren stets präsent. Nichts vermisste ich so sehr. Schließlich, viele Jahre später, nach langer Zeit in Ostfriesland, leistete ich mir den ersten Skiurlaub. Dieses Erlebnis ist es wert geschildert zu werden; denn ich begegnete meiner Kindheit mit all den unbeschreiblichen Glücksgefühlen, - davon aber später.

Es war da noch der Brauerteich, ein Dorado für uns Kinder, im Winter wie im Sommer. Dieser Teich lag auf dem Weg »uba rem« (oben rum), der etwas oberhalb auf der Wolfskoppenseite vom Niederdorf bis zum Oberdorf führte, auch an unserem Hof vorbei. Gleich hinter dem Teich zur Rechten war links Großvaters Brauerei. Da es zu jener Zeit noch keine Eismaschinen gab, diente dieser Teich zur Eisgewinnung. Damit das Eis zur nötigen Stärke gefrieren konnte, wurde es ständig vom Schnee

befreit. Für uns Kinder entstand dabei ein Schlittschuhlaufparadies, eine Abwechslung, die wir nicht unterschätzten, die aber in der Hierarchie der Winterfreuden nicht an erster Stelle stand, das war nun mal das Skilaufen und dann das Schlittenfahren. Auf dem Eise gab es einige Könner, die mich stark beeindruckten, wie zum Beispiel der »Schmidt Fritz«, den ich als sportliches Talent in Erinnerung habe. Er sprang auf Schlittschuhen rückwärts über zwei Stühle. Ansonsten war mir auf dem Eis immer zu viel Betrieb, es fehlte mir die Besinnlichkeit der verschneiten winterlichen Kulisse.
Einige Male wurde das Eis auf dem Brauerteich »geerntet«. Den Auftrag hierfür vergab mein Großvater an Schlegeler Bauern. Das Eis wurde zunächst mit großen Sägen in Blöcke geschnitten, mit Eispickeln an Land und dann auf bereitstehende Leiterwagen gezogen, selbstverständlich waren dies Pferdegespanne. Für uns Jungs war es ein besonderes Vergnügen, auf einem großen Eisquader durch den bereits enteisten Teich zu schippern; dieses Unterfangen scheint mir aus heutiger Sicht wegen seiner Gefährlichkeit fast unmöglich. Weder kann ich mich an irgendwelche Verbote erinnern noch daran, irgendwie Angst gehabt zu haben, aber Tante Eva bestätigte mir meine Erinnerungen und erzählte, dass sie dies als Jugendliche auch getan hätte. - Na und dann durfte ich manchmal mitfahren, wenn die Leiterwagen vollbepackt mit Eisschollen gleich um die Ecke zur Brauerei fuhren. Dort zog man die Eisblöcke auf eine Rutsche, wo sie donnernd und krachend in den finsteren, furchterregenden Eiskeller rutschten. Dieses Eis hielt sich bis zur nächsten Wintersaison.

Ebenfalls in lieber Erinnerung sind mir all die Sonn- und Feiertage.

Bevor wir uns den winterlichen Freuden im Schnee hingaben, war der Kirchgang angesagt. Ein feierliches Ritual ging vonstatten in einer häuslichen Atmosphäre, die durchzogen war von Kaffee- Sträselkucha- und Bratenduft und freudiger Aufgeregtheit meiner Eltern, deren Ursache wohl in der Verantwortung der bevorstehenden Sologesangspartien im Kirchenchor war. Von unseren Eltern an die Hand genommen stapften wir in morgendlicher, frostklarer Luft durch den in der Morgensonne glitzernden Schnee, dessen frostige Konsistenz nach jedem Stapfen einen Quietschton hinterließ. »Uba rem« ging der Weg, vorbei am Brauerteich und der Brauerei. Zur Rechten und Linken das verschneite Panorama der Wolfskoppe und des Kirchelberges, dessen Ansicht mich schon wieder in Vorfreude bevorstehender Skitouren versetzte. Ein paar hundert Meter noch und wir bogen in den Weg zur Kirche ein. In der Kirche hatte ich oft das Glück, neben meinem Vater auf der Empore zwischen dem Männerchor zu sitzen. Es war eine anheimelnde, friedliche und beruhigende Atmosphäre. In den Gesangspausen wurden eifrig murmelnde Gespräche geführt. Die Männer reichten sich Schnupftabak. In einer Mulde der Handoberfläche zogen die Priesen dicht an meinen Augen vorbei, hin zum Nachbarn, der den Seinen wohl vergessen hatte. Schnupfgeräusche und Prusten gehörten dazu wie der Duft von Kerzen und Weihrauch, der vom Altar her wehte. All dieses Geschehen wirkte ungemein beruhigend, friedvoll und in keiner Phase langweilig auf mich.

Hinzu kam die wunderschöne Musik, die mich schon damals sehr beeindruckte. Es wurden viele Messen und Oratorien vom Kirchenchor gesungen, in denen Mutter und Vater meistens die Hauptpartien sangen. Von der Empore aus konnte ich dann beobachten, wie die Leute sich umdrehten, wenn vor allem Mutters herausragende Stimme erklang, und ich war mächtig stolz. - Auf dem Heimweg drängte ich dann meist zur Eile; denn irgend welche sonntäglichen Aktivitäten im Schnee waren immer geplant. Oftmals, im Winter aber seltener, machten wir einen Besuch in der Brauerei, eine gemütliche und immer willkommene Abwechslung des Weges, doch davon später ausführlicher.

An den winterlichen, verschneiten Sonntagen kam es hin und wieder vor, dass mein Vater mich zur Wildfütterung mitnahm. Ich bekam ebenfalls einen kleinen Rucksack, gefüllt mit einem Futtergemisch. Nach den bekannten Vorbereitungsritualen stiegen wir auf zum Kirchelberg in Richtung Futterplatz, der sich auf einer großen Wiese befand, die an einen Wald angrenzte. Diesmal war also nicht die Baude unser Ziel, drum war Skifahren nur Mittel zum Zweck. Nachdem wir unser Wildfutter aber auf die dafür vorgesehene Stelle platziert hatten, war meist noch Zeit, um auf der angrenzenden Übungswiese ein wenig zu verweilen. Dann aber machten wir uns auf den Heimweg. Wie immer fuhr mein Vater voraus, und ich folgte ihm in seiner Spur. Einmal begleitete uns mein etwas älterer Vetter, dessen Fahrkünste aber nicht ausreichten um mithalten zu können. Die Folge war, dass er uns unterwegs verloren ging, zum Leidwesen meines Vaters, der noch einmal aufstei-

gen musste, um den Schaden zu beheben. Auch diese Erlebnisse um die Wildfütterungen gehören in das Märchenbuch meiner Erinnerungen.
Die Höhepunkte des Schlegeler Winters nehmen kein Ende. Ein Erlebnis, das mich ganz sentimental macht, wenn ich daran denke, sind die Pferdeschlittenfahrten. - An ganz bestimmten Sonn- oder Feiertagen, wenn alle Bedingungen stimmten - genügend Schnee unter den Kufen, sonniges Wetter, und es durfte auch klirrend kalt sein, hieß es: »Wir fahren mit dem Pferdeschlitten nach Vollpersdorf im Eulengebirge in eine gemütliche Baude.« - In freudiger Erwartung begleitete ich alle Vorbereitungen. Mein Vater holte die Lotte, unser Pferd, aus dem Stall. Sie wurde angespannt mit einem Festtagsgeschirr, das nur so glänzte und über und über mit kleinen Glöckchen versehen war; man nannte das »Schellengeläut«. Eine rege Geschäftigkeit entwickelte sich um den Schlitten herum. Wärmflaschen, etwas Proviant und warme Decken wurden in den Schlitten gepackt. Die freudige Spannung stieg ins Unermessliche, bis endlich die Aufforderung zum Besteigen des Schlittens kam. Die ganze Familie hatte darin Platz und oft noch einige Verwandte. Mein Vater stieg auf den Kutschbock in seinem unvergesslichen Bärenpelz, der ihm bis zu den Füßen reichte und den ich in meinen Erzählungen immer wieder erwähnen werde. Die Peitsche knallte, und ab ging die Fahrt. Mein Gott, mir kommen fast die Tränen, wenn ich an dieses unbändige Glücksgefühl denke. Das Pferd zog im Trab den Schlitten und bei jedem Schritt erklang das Geläut der Schellen, tsching, tsching, tsching, tsching ging es durch das Dorf, bergauf, bergab, durch tief verschneite Felder und Wälder. Das fröh-

liche Geläut der Schellen klang durch die frostklare, sonnendurchflutete Landschaft. Auf dem Kutschbock saß stolz mein Vater, seine bärenbepelzte Silhouette hob sich imposant vom schneeweißen Hintergrund ab. Nach zwei bis dreistündiger Fahrt rasteten wir in einer Baude. Das Pferd wurde ausgespannt und in einem Stall untergebracht, der extra für Gastkutschpferde vorgesehen war, so wie heute eine Garage für ein Auto. In der Baude herrschte wieder, wie auf dem Kirchelberg, eine urgemütliche Stimmung. Es roch nach Kaffee und Kuchen, die Leute plauschten miteinander, lachten, freuten sich, und immer erklang etwas hausgemacht Musikalisches aus irgend einer Ecke.

Solch ein Erlebnis war halt immer etwas Besonderes, es gab eben noch kein Fernsehen, nur wenige Autos, und die Entfernungen waren per Kutsche immer sehr weit. Sollte etwas los sein, dann war stets eigene Kreativität gefragt.

Nach einigem Aufenthalt, noch bei Tag, aber schon auf den Abend zu, wurde aufgebrochen. Fröhlich und leicht alkoholisiert stieg die ganze Bagage in den Schlitten und tsching, tsching, tsching erklang das Schellengeläut wieder durch die frostige Landschaft. Heim ging es wieder. Bis zur Nase in Pelze und Decken eingewickelt schaute ich gedankenversunken auf die vorbeiziehenden, im rötlichen Abendlicht gleißenden schneebedeckten Berge und Wälder und freute mich schon wieder auf den nächsten Tag im Schnee. Nie werde ich diese Bilder vergessen.

Wiederum viele Jahre später kamen mir diese Erlebnisse in den Sinn, wenn bei abendlichen Skiabfahrten ähnliche Licht- und Schneeverhältnisse vorkamen.

Fast schon Ritual waren die alljährlichen winterlichen Pferdeschlittenfahrten mit kleinen Schlitten. Vater oder auch ein anderer Bauer und Pferdebesitzer spannte sein Pferd vor einen kleinen Schlitten und fuhr damit einfach durchs Dorf. Jedes Kind von klein bis groß, durfte seinen Schlitten dahinter hängen, so dass oft eine Schlange von dreißig bis vierzig Schlitten entstand. Meistens ging es im kleinen Rundkurs durchs Dorf mit viel Gaudi.

Die absoluten Highlights aber fanden immer auf dem Kirchelberge statt, wobei das Skifahren immer das ranghöchste Ereignis war, aber auch an wenige, dafür aber sehr eindrucksvolle Schlittenfahrten kann ich mich erinnern: Mehrere große Schlitten, auf denen zwei Erwachsene und ein Kind Platz hatten, wurden im Rahmen eines sonntäglichen Spazierganges von Mutter, Onkeln und Tanten auf den Kirchelberg gezogen. Der Fohlerweg, auf dem wir unser Ziel ansteuerten, schlängelte sich mit unterschiedlicher Steigung - na wo wohl hin? - natürlich bis zur Lukasbaude auf dem Kirchelberg. Dort war eine ausgiebige Rast angesagt, schließlich hatten wir einen langen Aufstieg hinter uns. Den Erwachsenen war der Schlitten nur Mittel zum Zweck, ihnen war der ausgedehnte Plausch in gemütlicher Kaffeerunde das Wichtigste, während wir Kinder natürlich gern bei Malzbier und Limonade in der Runde der Erwachsenen saßen, dann doch aber ungeduldig wurden, schließlich war für uns die Abfahrt das große Ereignis. Nun aber endlich war unser Drängeln erfolgreich. Jeder nahm Platz auf seinem Schlitten, jeweils zwei Erwachsene und ein Kind und heidi heida, es begann eine für uns Kinder endlos erscheinende Abfahrt. Ich kann mich erinnern, wie ich stets vorn auf dem Schlitten saß, von einem Erwachsenen mit einer Hand festgehalten, die völlige Passivität genoss, derweil ich alles auf dem Wege Vorbeiflitzende trotz irrer und berauschender Fahrt genießen konnte. Zunächst durch den Wald, dann durch Hohlwege an einzelnen Häusern vorbei, unter der Brücke der Eulengebirgsbahn hindurch bis hin zur Dorfstraße, in der Nähe der Brauerei. Nicht selten klang dort der Tag aus.

Die Weihnachtszeit und da natürlich der Heilige Abend, wenn das »Christkind« kam, sind mir in ganz lieber Erinnerung. Meine Eltern verstanden es, eine so tolle Atmophäre zu schaffen, dass wir schon lange vorher diesem Tag entgegenfieberten.

Es begann, wie bei allen Kindern, mit dem Öffnen der Türchen unserer Adventskalender. Mit jedem Tag stieg die Spannung.

Pfefferkuchen wurde bereits lange im voraus gebacken und das ganze Haus duftete danach.

Dazu eine kleine Geschichte: Ich schlief oben bei meiner »Oma« im Zimmer. Links, gleich hinter der Tür, stand ein Kleiderschrank. Eines Abends, als meine Mutter glaubte, ich schliefe schon, sah ich, wie sie im Halbdunkeln, ohne das Licht anzumachen, ganz leise das Zimmer betrat, in der Hand ein Kuchenblech mit einem Riesenstapel Pfefferkuchen, den sie vorsichtig ganz hinten auf den Kleiderschrank stapelte ohne zu bemerken, dass ich dies beobachtete. Der Duft zog mir natürlich unwiderstehlich in die Nase. - Jeden Abend, wenn alles schlief, kroch ich aus dem Bett und holte mir ein Stück Pfefferkuchen vom Schrank von der Länge eines Kuchenbleches. Ich schlich damit unter die Bettdecke und verzehrte es genüsslich. Da ich anschließend natürlich jede Menge Krümel im Bett hatte, die mich ungemein störten, rief ich meine Oma, deren für sie typisches rhythmisches Kratzen an der Bettdecke mir verriet, dass sie noch im Halbschlaf war: »Ooma«, rief ich. »Ju woas ies`n«, antwortete sie. »Oma iech hoa Grempalan eim Bette« (Oma ich habe Krümel im Bett). - »Nä, etze här ok uuf, wu sellan die Grempalan hakomma« (jetzt hör auf, wo sollen denn die Krümel herkommen), schimpfte sie jedes Mal. Damit ich Ruhe gab, schüttelte sie mein Bettlaken aus, ohne darauf zu achten ob da wirklich »Grempalan« waren. Diese Szene wiederholte sich jeden Abend, drei Wochen lang vor Weihnachten, und als dann die Feiertage da waren, hatte ich den Pfefferkuchen aufgegessen. Erst jetzt begriff meine Oma, woher die allabendlichen Krümel in meinem Bett kamen. - Meine liebe Mutter schimpfte nie. - Viele Jahre später bestätigte sie mir diese Geschichte.

Und nun war Heiligabendtag. Der Duft von Tannennadeln, Kerzen und Kuchen brachte uns in eine fast nicht mehr auszuhaltende Vorfreude, und zu allem mussten wir dann auch noch mittags zwei Stunden ins Bett, denn an so einem Tag hatten wir »Ausgang bis zum Wekken«. »Das Christkind kommt gleich«, wurde immer wieder gesagt, als wär´s noch nicht spannend genug. Im großen Wohnzimmer, das für die Einbescherung vorgesehen war, wurden zwei Fensteroberlichter geöffnet, damit das Christkind hindurchfliegen konnte. Neugierig linsten wir durch alle Schlüssellöcher, und hier ist mir etwas in Erinnerung, dessen Beweis bis zum heutigen Tag überlebt hat. - Vom Flur aus ging eine Tür in die sogenannte »gute Stube«, das Wohnzimmer. Durch

das Schlüsselloch dieser Tür konnte ich einen hölzernen, bunt bemalten Puppenwagen stehen sehen. Darin lag eine Puppe, die meine ältere Schwester Renate bekam. Bei dieser Puppe handelte es sich um eine Schildkrötpuppe, die meine Schwester viele Jahre über die Vertreibung bis nach Leybuchtpolder gerettet hat. Hier ziert sie, für viel Geld restauriert, unser Haus. -
Nun weiter: Vor der Einbescherung gab es in feierlicher Runde die traditionelle schlesische Weißwurst mit Sauerkraut; euch allen bis in die Gegenwart vertraut. Und dann verschwanden meine Eltern in der guten Stube, um das Christkind zu empfangen mit all seinen Geschenken. Wir Kinder schlichen umher und versuchten einen Blick vom Geschehen zu erhaschen, was uns aber nur selten gelang. Dann aber erklang das Glöckchen. Wir stürmten in die gute Stube, und da stand der kunterbunt geschmückte, im Kerzenschein leuchtende Christbaum, der stets bis zur Decke reichte, darunter die vielen Geschenke. Ich denke mal, so viel Freude erlebt man nur als Kind. Die darauffolgenden Tage waren mit Spielen und Basteln ausgefüllt.
Ich erzählte bereits von den sonntäglichen Kirchgängen; der erste Weihnachtsfeiertag aber war etwas ganz Besonderes. Noch berauscht von den vielen Überraschungen des Vortages, bereitete mir der winterliche Gang zur Kirche ein - ich würde sagen - feierliches Vergnügen. Oft schneite es. Stille, der christallklare Duft des Schnees und hie und da der Geruch von Tannen und Kerzen überzogen das Dorf. In der Kirche wurde die Christkindelmesse gesungen, und wieder erklang die wunderschöne Stimme meiner Mutter; stolz und glücklich war ich.

Unvergessliche Momente

Mit zunehmend längeren Tagen wurde es wärmer, und die Sonne aperte am Schnee. Nachts fror es wieder, und der Schnee nahm eine Konsistenz an, die ideal war, um daraus Blöcke zu schneiden, aus denen wir die raffiniertesten Schneebuden bauten. Wir machten richtige kleine Hütten mit einzelnen Räumen. Es kam nicht selten vor, dass unsere Buden noch einmal von Schnee bedeckt wurden; sie wurden dann rund und sahen aus wie ein Igludorf. Unsere Fantasie kannte keine Grenzen. - Ihr werdet sicher denken: Wie ist es möglich, dass so kleine Pimpfe solches machen. - Wir waren natürlich viele Jungs, wobei immer ein paar Ältere dabei waren, deren Handlanger wir waren.
Nur zögernd, mit einigen Unterbrechungen, ging der Winter in den Frühling über. Der Schnee begann allmälig zu schmelzen, und es kam oft vor, dass der Schneematsch nachts wieder fror und die Welzeltilke in einen einzigen Eishang verwandelte, von oben bis zur unserer gefürchteten »Baache«. Wir zogen uns dann Holzschuh an die Füße und glitten die Hänge hinunter, da wo wir sonst mit Schlitten und Skiern unterwegs waren. Nur wenige wagten sich dieses halsbrecherische Unterfangen. Wir sausten mit einer affenartigen Geschwindigkeit die Hügel hinunter. Das Ganze war ein enormer Balanceakt, bei dem wir aber nur selten aus dem Gleichgewicht kamen, es sei denn ein unvorhergesehenes Hindernis stellte sich uns in den Weg. Sobald wir aber in den Einzugsbereich der berüchtigten »Baache« kamen, ließen wir uns fallen und irgendwo kamen wir »liegend zum Stehen.« Ich

kann mich nicht erinnern, jemals im Jahrwasser gelandet zu sein. Diese akrobatischen Kunststückchen auf spiegelglattem Eis sind fast unvorstellbar, wenn man bedenkt, in welchem Alter ich dies erlebte.

Frühlingszeit:

Nun begann der Frühling sich immer mehr durchzusetzen, der Schnee fing an zu schmelzen und aperte stellenweise aus, so dass bald die ersten großen freigetauten Flächen zu sehen waren. - Ach, wie hab ich diesen Übergang in Erinnerung. Von den Feldern, Wiesen und Wäldern duftete es nach Frühling. Die ehrfurchtsvolle Stille des Winters verwandelte sich in einen fröhlich singenden Frühling. Die Tiere brachen ihr winterliches Schweigen, und die Vögel sangen ihre Melodien über einer erwachenden Natur. Auf den Wegrändern und Wiesen erblühte eine Pracht verschiedenster Blumen, aus denen wir kleine Kränze und Sträuße banden. Wir überhäuften unsere Mutter damit, die sich stets darüber freute. Es war eine Jahreszeit, in der ich alles mit wachen Sinnen beobachtete. Oft schlenderte ich zum Hof hinaus, an unserem wunderschönen Garten vorbei, auf dem Wege, der an unseren Feldern entlang führte bis an den Rand des Waldes auf der Wolfskoppe. Alles beobachtete ich und hatte keine Scheu vor allem möglichen Getier, das mir über den Weg lief. Nicht nur Blumen brachte ich nach Haus zu meiner Mutter, es war auch wohl mal ein Nest mit halbwüchsigen Mäusen, die zunächst stundenlang in meinen Sachen herumkrabbelten, bevor in Mutters Küche Panik ausbrach. Meistens setzte ich sie vorher aber wieder aus, weil ich wusste, welch Schicksal sie erwartete. - Dieser wunderschöne Weg hinauf über unsere Felder in Richtung Wolfskoppe war gerade in der Frühlingszeit übersät mit einer Vielfalt bunter Blumen. Von ihm aus hatte man einen herrlichen Blick zum Dorf, auf unseren Hof und hinüber auf den Kirchelberg.

Als ich wieder einmal so versonnen den Weg fast bis zum Hinterberg bummelte, entdeckte ich ganz weit oben auf dem Berg ein großes Feld mit Huflattichblüten. Ich wusste, dass dies ein begehrter Tee in unserem Haus war und begann mit großem Eifer zu pflücken. In Erwartung der Freude meiner Mutter sammelte ich wie im Rausch und stopfte mich regelrecht damit aus. Hosenbeine, Hemdsärmel, Jacke, Mütze und Socken, alles war vollgepfropft. Als ich so vor meiner Mutter stand, erschrak sie zunächst, aber als ich dann so ein Kleidungsstück nach dem andern entleerte und vor ihr eine Unzahl von Blüten ausbreitete, war sie zu Tränen gerührt. Wenn der Schnee dann ganz verschwand, erblühten die Wiesen zu einer bunten Pracht. Eine meiner liebsten Erinnerungen, eine weitere ganz wichtige Seite im Märchenbuch meiner kindlichen Erlebnisse, sind die vielen oft nur kleinen Erlebnisse und Entdeckungen auf dem Wege »uba rem« in Richtung Niederdorf. Immer zur Frühjahrszeit spazierte ich diesen Weg wie von einem Magneten angezogen, links schauend auf die sanften von Blumen übersäten Hänge, die an ihrem Ende übergingen in den dunklen Wald der Wolfskoppe. Rechts reihten sich unregelmäßig vielerlei Häuschen und Gehöfte mit ihren herrlichen natürlichen Gärtchen, meist umgeben von einem schiefen Zaun aus Birken - oder Holzstaketen. Alles wirkte wie ein harmonisches Mit - und Ineinander. Hin und wieder wurde ich angesprochen und gefragt: »Na Alexla, wellste wieder Keilaka pflocka gien?« (Willst du wieder Himmelsschlüsselchen pflücken gehen). Kurz bevor ich mein Ziel erreichte, musste ich an einer kleinen Kapelle vorbei, so wie sie in katholischen Gegenden des öfteren am Wegesrand stehen. Nicht sehr gerne ging ich da vorbei. Die Fenster dieser kleinen Kapelle waren vergittert, und dahinter schauten mich finstere, furchterregende Heiligenfiguren an, die mich durchaus nicht beeindruckten. Hinter dieser Kapelle war denn auch noch ein Grabmal aus rotem Sandstein. Ich konnte witzigerweise aber nie umhin, mit einem kleinen Klimmzug an den Gitterstäben des Kapellenfensters einen Blick auf die Heiligenfiguren zu werfen. Nun, dies geschah praktisch alles im Vorbeigehen. Endlich aber erreichte ich mein Ziel: Vor mir, auf einer leicht hängigen Obstwiese, breitete sich ein Paradies aus: Eine Wiese, deren Grün unter einem Teppich von blühenden und duftenden Keilaken fast verschwand: »*Schloskiwiese*«.

So wie sich alle Ereignisse im Schnee in meinen Erinnerungen für immer festgesetzt haben, so waren es hier die Himmelsschlüsselchen; deren Duft ich nie vergessen werde und wenn ich auch nur den Hauch dieses Geruches irgendwo und irgendwann wahrnehme, erscheint mir das Bild der »Schloskiwiese« mit den unendlich vielen Himmelsschlüsselchen, auf Schlesisch »Keilaka« genannt. Diese Wiese war kein Tummelplatz, drum war ich oft allein da und wenn schon zu zweit oder dritt, dann waren dies ganz vertraute Freunde. Ich erinnere mich noch an die Perspektive, die man so als kleiner Mensch hat. Ich saß inmitten dieser gelben Pracht, ringsherum nur bezaubernde Himmelsschlüsselchen, die auch gleichzeitig den Horizont bildeten und über mir der blaue Himmel. Wie der Schnee für den Winter, so waren die »Keilaka« für mich, mit ihrem wunderbaren Duft, der Inbegriff des Frühlings. Unser kleiner Blumengarten, umrahmt von einem Zaun aus weißen Birkenstämmchen mit seiner natürlichen und blütenreichen Gestaltung, war weniger ein Spielplatz als ein Hort familiären Aufenthaltes. Vor allem die wunderschöne, mit wildem Wein berankte Sommerlaube, in der sonntags auch schon im Frühjahr an warmen Tagen die Kaffeetafel nach schlesischer Art hergerichtet wurde. Oft waren Onkel, Tanten, Großeltern oder andere Verwandte zu Gast. Meine Mutter servierte in weißer Schürze »Kaffee und Sträselkucha«, und für uns Kinder gab es Kernlakaffee (Malzkaffee).

Und da war noch unser großer Gemüsegarten, umrahmt von einem Holzlattenzaun, dessen Staketen in ungerader Formation angebracht, urgemütlich und gar nicht abweisend wirkten. Der Gemüsegarten war zu jeder Jahreszeit unerschöpflich mit seinen vielen Beeren- und Gemüsesorten. Er verlief von der Scheune aus spitz zu, und in der Spitze befand sich ein romantischer Ziehbrunnen.

Nun, das Frühjahr habe ich verhältnismäßig kurz, dafür aber berauschend schön in Erinnerung, und weil die Jahreszeiten sich nicht so krass unterschieden, ging das Frühjahr nahtlos in den Sommer über, der an Erlebnissen und Aktivitäten für uns Kinder ebensoviel bot wie der Winter.

Sommerzeit:

Ich fang' mal mit der für uns Kindern im Winter »gefürchteten« und im Sommer »geliebten« Baache an. »Baache« ist schlesisch für Bach, und es handelte sich um das Jahrwasser, wie es richtig hieß und wie ich es im Winterteil schon erwähnte. Ihr könnt euch denken, dass so ein schnellfließendes Bächlein, das sich durch das ganze Dorf wand, unserer spielerischen Kreativität keine Grenzen setzte. Im Frühjahr zur Schneeschmelze war es ein reißendes Gewässer. In gebührendem Abstand standen wir und guckten uns die graugrünen, dunklen dorfabwärts rauschenden Wassermassen an. Meistens war unsere Baache aber friedlich. Sie hatte an einigen Stellen ihren ganz eigenen Charakter; so wurde sie an einer Stelle aufgestaut, für uns Kinder zu gefährlich und unberechenbar. Dann aber floss sie am gräflichen Dominium vorbei, und oft beobachtete ich, wie die Arbeiter zur Feierabendzeit ihre Arbeitspferde in den Bach führten, die es sichtlich genossen, ihre von der Arbeit strapazierten Fesseln zu kühlen. Weiter floss die Baache in einer Kurve am Alkehäusel vorbei durch dichtes Gebüsch. Voller Respekt und stets in gebührendem Abstand hielten wir uns von dieser Stelle fern. Es hieß, es gäbe dort ungeahnte Tiefen, und Strudel hätten schon manchen in die Tiefe gezogen. Jeder wusste eine Gruselgeschichte von dieser Stelle zu berichten. Sicher ganz nützliche Phantastereien, die unsere Angst so schürten, dass wir nicht im entferntesten an irgendwelche Abenteuer dachten und sei es auch nur aus Neugier. - Aber dann floss das Bächlein munter, fröhlich und glasklar zunächst weiter bis zur Brücke beim Riedelbäcker. Dort

begannen wir Kinder in Aktion zu treten. Wir ließen Schiffchen schwimmen, die wir dann wetteifernd durch das halbe Dorf verfolgten. War aber mal ein besonders heißer Sommertag, stauten wir den Bach kurzerhand auf. -
Bevor ich von der Baache weitererzähle, flechte ich zum besseren Verständnis etwas ein: Wir waren bei solchen Spielaktionen meistens eine ganze Horde Jungs, auch einige Mädchen , die aber in der Spielhierarchie nie an erster Stelle standen. Bei all unseren Streichen und Spielereien kann ich mich wohl an Mädchen erinnern, aber nur beiläufig. Es sei denn, es handelte sich um die »Stahl Helga«, die aber nur deshalb ab und zu im Vordergrund stand, weil wir sie als Faktotum behandelten. An Spitznamen, wie zum Beispiel »Hampala« oder »Navekaktus«, kann ich mich bei Mädchen nicht entsinnen, nicht einmal die »Stahl Helga« hatte einen. -
Mir stets zur Seite und immer dabei war der »Beck Werner«. Er war mein liebster Freund, wohnte gleich neben uns an der Reichelgasse, und ich brauchte nur über die Wiese zu gehen, wenn ich zu ihm wollte. Der »Beck Werner« hatte einen Bruder namens »Günter«, der aber schon zur »Führungsriege« gehörte. Na und dann natürlich nicht zu vergessen unser berühmt-berüchtigter absolut oberster Häuptling, Bruder von Stahl Helga, - der »Stahl Walter«, - der einfach alles konnte und mit seinen »Heldentaten« in die mitteldörfliche Kindergeschichte eingegangen ist.
Nun aber wieder zurück zur Baache: An heißen Sommertagen also stauten wir sie einfach auf, so weit, dass uns das Wasser bis zu den Hüften reichte. So eine Tiefe war natürlich auch schiffbar. Alles was dazu dienen

konnte wurde nun angeschleppt: Wannen, Kübel, Schweinetröge und sonstige abenteuerliche Geräte. Am wackeligsten und kenterfreudigsten waren die unten runden Badewannen; in denen konnte man zwar zu dritt rudern, es erforderte aber viel Geschick und Einmütigkeit, um dieses Gefährt in Balance zu halten. - Ich hatte den absoluten »Dampfer«, einen Holzkübel, in dem zu Hause Wäsche gewaschen wurde, mit einem flachen Boden , also »kentersicher und flachwassertauglich«, wenn da nicht im Boden ein Loch gewesen wäre, verschlossen mit einem Stopfen, der entfernt werden konnte, zum Ablassen des Wassers. Ich erwähne dies so ausführlich, weil ich dazu später eine kleine Geschichte erzählen werde. Zunächst einmal ruderten wir mit selbstangefertigten Paddeln bachaufwärts bis zu der gerüchteumwobenen gefährlichen Stelle, von der ich schon erzählte, die wir natürlich nur aus respektvollem Abstand mit fantasiereichen, grausigen Vorstellungen begutachteten, um uns dann wieder langsam bachabwärts bis zu unserem Staudamm treiben zu lassen. - Wir versuchten auch im Bach zu fischen, was uns aber nie gelang. Mein Vater erzählte uns nämlich immer, dass er als Junge Forellen gefangen hätte. Er erfühlte sie mit der flachen Hand im Wasser unter irgend welchen Baumwurzeln oder sonstigen Vorsprüngen, um dann blitzartig den Fisch von unten nach oben zu ergreifen. Heute als Angler weiß ich, dass dies unter Umgehung des Seitenlinienorgans des Fisches wohl möglich sein konnte. Mangels dieser Kenntnisse blieben selbst die Älteren erfolglos.
Entschieden vielseitiger und beständiger, was unsere Spielkreativität anbetraf, war unser lieber Brauerteich.

Auch er hat einen festen Platz im Märchenbuch meiner Erinnerungen. Da es ein stilles Gewässer war, war es nicht so kalt, hatte eine konstante Tiefe und bot unendlich viele Möglichkeiten, sich in und mit ihm zu beschäftigen. So war er natürlich absolut schiffbar und ideal für unsre Armada aus Kübeln und Wannen. Es waren immer einige Kinder dabei, die kein Gefährt hatten und die uns dann anbettelten auch einmal schippern zu dürfen. - Als mir das Gebettel von der »Stahl Helga« auf den Wecker ging, willigte ich ein, sie einmal in meinem hölzernen Kübel paddeln zu lassen, aber nicht bevor ich mir einen Schabernack ausgedacht hatte, den ich euch jetzt, wie versprochen, erzähle: Wie ich bereits geschildert habe, hatte der Kübel ein Loch in seinem Boden, das von außen mit einem Stopfen verschlossen war. An diesen Stopfen band ich eine Schnur, die ich mit einer noch längeren Leine verknüpfte. Die »Stahl Helga«, freudig über mein bereitwilliges Angebot, stieg begeistert in den sonst kentersicheren Holzkübel und ruderte bis etwa in die Mitte des Brauerteiches, nichtahnend welches Unheil ihr bevorstand. Als sie nämlich in der Mitte des Teiches angekommen war, zog ich mit der Schnur den Stöpsel aus dem Kübel. Es war zu spät, als sie es merkte. Das Wasser stieg unerbittlich in dem Kübel, und das Drama nahm seinen Lauf. Während wir uns vor Lachen krümmten, versank das »Schiff« samt Besatzung im Brauerteich. Selbstverständlich retteten wir unseren Kübel; die »Stahl Helga« musste zu Fuß das Ufer erreichen.

Wie ich euch bereits erzählte, diente der Brauerteich hauptsächlich zur Eisgewinnung. Mein Großvater hatte aber auch Karpfen ausgesetzt, die so als Nebenprodukt anfielen. Karpfen gab es in der Brauerei stets zu Weihnachten, doch sie waren für uns Kinder recht uninteressant, nicht aber die vielen Goldfische, die zu Hauf in dem Teich vorkamen und die wir mit allen möglichen Tricks versuchten herauszufangen. Da wir aber immer nur auf Zufallsfänge angewiesen waren, warteten wir die Karpfenabfischperioden ab, um am Goldfischbeifang etwas abzustauben. Wir hälterten die Fische so gut es ging und trieben eifrig Handel untereinander. - Ich liebte diesen Teich ganz einfach, allein weil er unserer Spielphantasie keine Grenzen setzte, und obendrein begegnete ich ihm, jedes Mal, wenn ich »uba rem« zur Brauerei oder in die Kirche ging.

An eine etwas makabere Begebenheit erinnere ich mich noch im Zusammenhang mit dem Brauerteich, die aber von den Älteren inszeniert wurde, an der ich mich zwar nur indirekt, aber nutznießerisch beteiligte: Im Brauerteich gab es natürlich' ne Menge Frösche. Wir fingen sie, hackten ihnen die Schenkel ab und trafen Vorbereitungen für ein köstliches Mahl. Zu diesem Zwecke suchten wir uns ein Versteck, um dort eine Feuerstelle zu errichten, wo die grausige Zeremonie stattfand. Meine Aufgabe bestand darin, Zutaten wie Butter usw. zu organisieren, eine Aufgabe, die selbstverständlich mir als Bauernsöhnchen zufiel ob der allgemeinen, kriegsbedingten Nahrungsknappheit. Die meisten Kinder kamen aus ziemlich armen Familien. Meine Zutatenlieferung war deshalb begehrt und stellte mich in der Hierarchie unserer Jungenclique an eine wichtige Position. Riesige

Pfannen Froschschenkel brieten wir, und niemand zierte sich auch nur annähernd kräftig zuzulangen.
Anführer und oberster Häuptling war immer unser »Stahl Walter«. Er war der Älteste von uns allen, und ich muss sagen, dass ich mich gern an ihn erinnere. Er hatte zwar oft die verrücktesten Einfälle, war aber nie bösartig und beschützte uns vor anderen Jungencliquen. »Stahl Walter« war ein Meister im Bauen und Benutzen von Steinschleudern (Zwillen). Wir eiferten ihm natürlich nach, konnten ihm aber nicht das Wasser reichen. Ehrfurchtsvoll begutachteten wir immer seine Beute, meistens waren es Spatzen, aber auch hin und wieder ein größeres »Geflügel.« Die Köpfe seiner Beute kochte er aus und reihte sie auf einer Schnur zu einer Kette auf. Diese Trophäe trug er am Gürtel wie ein General sein Lametta. - Spatzen waren übrigens ebenfalls für uns ein beliebtes Pfannengericht und standen den Froschschenkeln nicht nach. Sie alle mit der Zwille zu erlegen, wäre zu mühsam gewesen; drum fingen wir, damit die Pfanne voll wurde, den Rest mit einer selbstgebauten, drahtbespannten Kastenfalle, die wir mit Futter unterlegten und mit Hilfe eines Stöckchens hoch stellten, an das wir eine lange Schnur banden, an der wir zogen, wenn genügend Spatzen unter der Falle saßen.
Wir führten regelrechte Pseudokämpfe gegen, heute würde man sagen, Gangs. Allerdings hatten unsere Auseinandersetzungen überhaupt nichts mit Brutalität zu tun, sie waren immer harmlosester Natur und bestanden in der Hauptsache aus Phantasie und Fluchtplänen. Es gab da die für uns berüchtigte »Timonbande«, gegen die wir oft zu »Felde« zogen. - »Timon« muß wohl der

»Stahl Walter« dieser Bande gewesen sein. - Da hieß es wohl mal: es geht gegen die »Timonbande« im Niederdorf. Treffpunkt und Kampfplatz war der Waldrand oberhalb unserer Felder auf der Wolfskoppe.
Als Gefährt diente uns meine Seifenkiste, genannt »Opel«, den ich aber bevor ich weiter erzähle, etwas genauer beschreiben will: Es war ein stabiles Gefährt, das mir der Welzel Hubert vom Nachbarhof gebaut hatte. Es hatte eine lenkbare Vorderachse, die mit Hilfe von Seilzügen über ein Zahnrad aus Eisen, das als Lenker diente, bewegt werden konnte. Die Konstruktion der Bremse war so wie bei einer Pferdekutsche und mit der Hand zu betätigen. Platz war auf dem »Opel« für zwei Kinder. In der Not, für kurze Fluchtdistanzen, hatte auch'ne ganze Horde Platz.
Also, wir schoben den »Opel« auf dem Feldweg bis an den Waldrand. Dort stellten wir ihn in »Fluchtrichtung«, und beim ersten Rascheln im Geäst sprang die ganze Bande auf die Seifenkiste. In halsbrecherischer Fahrt flüchteten wir auf dem Feldweg hinunter über Stock und Stein. War unser Ziel, die Hofeinfahrt, erreicht, fühlten wir uns in Sicherheit, doch stellten wir meistens fest, dass unterwegs einige »Kämpfer« mangels Platz und wegen des holprigen Weges verloren gegangen waren. Manche Waghalsigkeit quittierte unser »Opel«, indem er sich überschlug, und die Blessuren, die wir davontrugen, versuchten wir so gut es ging zu vertuschen, damit wir uns ja keine Verbote einhandelten. - Ach, was hatten wir für Freude an meinem »Opel«. Die vielen Feld- und Waldwege, aber auch Straßen boten schier unbegrenzte und abwechslungsreiche Abfahrtsmöglichkeiten. Nur musste das Gefährt erst ein-

mal den Berg hinauf geschoben werden; ein nicht immer leichtes Unterfangen: Dabei erinnere ich mich an eine unglaublich halsbrecherische Fahrt, und es muss eine solche gewesen sein, denn ich habe sie 1984, als ich das erste Mal Schlegel, den Ort meiner Kindheit, besuchte, nachvollziehen können.-
Unser lieber Onkel Rother, ein süßes, kleines, mageres, typisch schlesisch aussehendes Männchen, für uns Kinder immer da, unersetzlich und bereit, für uns alles zu tun, arbeitete in der Schlegeler Kohlengrube. Plötzlich fiel es uns ein, Onkel Rother einmal mit unserem »Opel« von der Kohlengrube abzuholen. Nun war da aber die zu Fuß für uns Kinder unglaubliche Strecke von ca. 4 km bergauf zu bewältigen. Mein lieber Freund, der Beck Werner, und ich überlegten, wie wir das relativ schwere Gefährt bergan auf der Strasse bis zur Kohlengrube befördern könnten. - Da kam uns die glorreiche Idee, der »Stahl Helga« ein Angebot zu machen: wenn sie uns helfe, die Seifenkiste bis zur Grube zu ziehen und zu schieben, käme sie in den Genuss, mit abfahren zu dürfen. Obwohl schon viele male von uns ausgetrickst, (siehe Schifffahrt auf dem Brauerteich), ging sie auf diesen Vorschlag ein. Wir schoben und zogen unseren »Opel« zunächst leicht bergauf bis ins Oberdorf und dann weiter an der Kreuzung rechts ab ziemlich bergauf bis zur Grube. Pünktlich zum Schichtwechsel erreichten wir unser Ziel und wir freuten uns riesig, dass Onkel Rother sich freute, der sich nach der Begrüßung mit dem Fahrrad auf den Weg nach Hause begab. - Für die arme »Stahl Helga« nahm das Schicksal aber wieder seinen Lauf. Ehe sie sich's versah, schoben der Beck Werner und ich den »Opel« nach Bob-

manier an, sprangen auf und bevor die arme »Stahl Helga« dahinter kam, waren wir auf und davon.
Da sie schreiend und heulend hinter uns her rannte, ließen wir unser Fahrzeug ungebremst laufen. Ich habe diese Fahrt in Erinnerung, als wär's gestern gewesen. In irrer Fahrt bergab fuhren wir die ca. 3 km von der Grube bis zur Kreuzung, überholten alles, was sich auf der Straße befand und als wir mit lautem Hallo an Onkel Rother vorbeisausten, hörten wir nur ein »um Gottes Willen« hinter uns herrufen. Ohne auf etwas zu achten, schnitten wir die Kurve an der Kreuzung links ab, und mit abnehmendem Gefälle rollte die Seifenkiste zunächst am Ölberg und dann an der Brauerei vorbei bis in Höhe unseres Hofes. Eine kurze Strecke die Reichelgasse hinaufgeschoben und wir waren wieder zu Haus.
Da hatten wir aber doch ein schlechtes Gewissen, ein bisschen der »Stahl Helga« wegen natürlich. Würde uns Onkel Rother verraten? - Onkel Rother kam fast jeden Abend zur Freude von uns Kindern. Er wohnte unterhalb vom Hof, auf der anderen Straßenseite. Diesmal schaute ich aber mit gemischten Gefühlen aus dem Küchenfenster. Er kam wie gewohnt, am Groschhäusel vorbei, auf einem Trampelpfad den Wiesenhang empor, direkt bis zu uns. Aber Onkel Rother lächelte nur und wäre nicht Onkel Rother gewesen, wenn er uns verraten hätte.
An irgendeinem Sommertag wurde der Misthaufen Fuder für Fuder vom Hof auf die Felder gefahren. Dazu diente ein Leiterwagen mit Holzrädern. Lotte, unser Pferd, und ein Ochse waren das Zuggespann. Da es mit vollem Wagen immer nur langsam bergauf ging zu den

Feldern in Richtung Wolfskoppe, war das die ideale Gelegenheit, mich mit meiner Seifenkiste dahinterzuhängen. Solch ein Gespann gab naturgemäß nie Anlass zu irgendwelcher Hektik, so dass mein Vater mir stets in aller Ruhe dabei behilflich war, mein Gefährt hinter den Mistwagen zu binden. In ganz gemächlichem Kriechtempo zogen Ochse und Pferd das Fuder bergan, genügend Zeit für mich, alles, was am Wegesrand zu beobachten war, wahrzunehmen, genussvoll, ausgiebig und träumerisch; angenehm stimulierte mich der Geruch des vergorenen Mists und das Schnaufen des Zuggespannes. Feldblumen, wilde Erdbeeren und bunte Gräser zogen dicht an mir vorbei, und das Panorama zur Linken und Rechten prägte sich unvergesslich in meine Erinnerungen. Oben angekommen hörte ich ein lautes »tschühü rem« meines Vaters, was ein Kommando für »links« war und das er viele Jahre später in Leybuchtpolder noch benutzte. Das Mistwagengespann steuerte links auf ein Feld, damit es aus dem Gefälle herauskam und mit laut vernehmlichem »prrr« blieb es stehen. Während mein Vater das Fuder Mist Haufen für Haufen vom Wagen zog, hatte ich genügend Zeit, zunächst meinen »Opel« abzubinden, um dann gemächlich holpernd den Feldweg hinunter bis in den Hof zu fahren. - Viele Male wiederholte sich das, doch manchmal fuhr ich nicht gleich wieder den Berg hinunter, sondern bummelte über die Felder und suchte, alles mögliche zu entdecken. Ein Anziehungspunkt war oft eine Quelle, ziemlich am Ende unsere Felder, von der meine Eltern erzählten, sie diene der Wasserversorgung. Das Quellwasser lief einfach in einen Behälter und dann durch eine unterirdische Rohrleitung zu unserem Hof.

Der Wasserdruck wurde durch das Gefälle erzeugt. - Unserem Wohnhaus, in dem auch die Stallungen waren, stand gegenüber eine große Scheune. Sie hatte ein Fundament aus rotem Sandstein und war ansonsten aus Holz gebaut. Aus zwei Etagen bestehend, lagerte in der oberen Stroh und Heu, in der unteren zur Linken Geräte, und in der rechten Hälfte von einer Wand getrennt stand eine »elektromotorbetriebene« Dreschmaschine, ihr gegenüber befand sich eine Hobelbank mit drumherumhängendem Werkzeug.

Den Elektromotor übrigens hatte mein Großvater bereits 1912 erworben, in einer Zeit, in der die Ostfriesen ihre Lichtquellen noch mit einem Kienspan erzeugten. In so einer Scheune waren unserer kindlichen Kreativität selbstverständlich überhaupt keine Grenzen gesetzt, drum bleibt mir gar nichts anderes übrig, etwas ausführlicher davon zu erzählen: Nicht selten und ziemlich respektlos zelebrierten wir in der unteren Etage, da wo die Dreschmaschine stand, Messen, so wie wir es von der Kirche her kannten und ahmten die ganze Liturgie nach. Beck Günter, der ältere Bruder von meinem lieben Freund Werner, spielte den Pfarrer. Die Hobelbank diente als Altar und ein alter Sack, beklebt mit irgendwelchem silber- und goldglänzendem Zeug, als Talar. O je, wenn das Hochwürden gesehen hätte, wäre uns sicher erst einmal klar gemacht worden, dass wir allesamt Höllenkandidaten waren, denn Jugend schützt vor Hölle nicht, was schon ungetauften Embryos passieren konnte. Wir sangen Lieder, ob die nun fromm waren, weiß ich nicht, empfingen von Beck Günter die Kommunion in Form von Kartoffelflocken, von denen Berge auf dem Boden als Viehfutter lagen. Ehrfürchtig taten wir. Zur Predigt stieg der Pseudopfarrer auf die Dreschmaschine, dort war eine regelrechte Kanzel; in ihr stand beim Dreschvorgang immer einer, der die Getreidegarben in den Dreschkorb steckte. In diese Kanzel stieg würdevoll der »Beck Günter« und hielt eine Predigt.

In meiner Kindheit spielten Tiere nur insofern eine Rolle, als ich sie in der Natur beobachtete, egal welcher Größe. Ein zahmes Tier besaß ich nie, so wie andere Kinder. Sie taten mir immer leid, weil ich wusste, dass es immer ein tragisches Ende gab. Die Mädchen dagegen kamen immer wieder mit irgendeinem Vieh angeschleppt, sei es eine streunende Katze, ein Nest voller Mäuse oder ein flügellahmer Vogel. War so ein Tier denn endlich krepiert, wurde es feierlich beerdigt. Die Kinder fanden sich alle zusammen, der »Beck Günter« spielte wieder den Pfarrer, die Andacht mit allen sakralen Zeremonien fand wieder in der Scheune statt, und feierlich wurde das Vieh zu Grabe getragen, gefolgt von einem »Zoaspel« Kinder, zeternd und heulend, so wie es sich gehörte.

Wir beerdigten einmal einen Kanarienvogel. Nichtwissend, dass so etwas in der Erde verwest, grub ich ihn einige Tage später wieder aus, um wenigstens das schöne Federkleid zu retten. Es ging mir dann aber eine Menge Illusion flöten, als ich sah, dass mir nur Maden entgegenkamen.

Die Scheune stand etwas hängig, so dass die zweite Etage von hinten genutzt wurde, vom Weg »uba rem«. Ideal für uns Kinder, denn wir fühlten uns durch die hintere Lage nicht so beobachtet. Es war sowieso erstaunlich, über welchen Freiraum wir verfügten. Hatten wir überhaupt irgendwelche Verbote zu befürchten? Es hat sicherlich solche gegeben, doch kann ich mich an keine erinnern. Diese Scheune, vollbepackt mit Heu und kleinen Strohballen, war für uns Kinder ein paradiesischer Spielort und bot allerlei Schlupflöcher, die nur wir Knirpse kannten. Durch ein Labyrinth von Höhlen und Gängen gelangten wir in die äußersten versteckten Winkel ganz oben, ich möchte mal auf ostfriesisch sagen: Hahnebalken. Dort fühlten wir uns unbeobachtet und konnten etwas tun, was wir, wenn schon zwar nicht kontrolliert, so doch aber nicht ganz unbeaufsichtigt tun durften, nämlich: Gasthaus spielen. Wir bauten aus Strohballen eine Theke mit Sitzgelegenheiten. So etwas sprach sich im ganzen Mitteldorf herum, nicht zuletzt deswegen, weil ein jeder wusste: Am Ausschank gibt's Malzbier und Limonade, etwas, das für die meisten Kinder ansonsten unerschwinglich war. Ich schleppte, zusammen mit meinem »Beck Werner« Getränke von der Brauerei meines Großvaters in unsere Heugaststätte. In der Brauerei erzählten wir etwas von Kinderfest oder so und bekamen, was wir wollten. Das Interessanteste und Abenteuerlichste aber war der Auf- und Abstieg zu der »Heukneipe«. War der Aufstieg labyrinthartig, so war der Abstieg geradezu herrlich direkt. Direkt am Ort des Geschehens war ein Loch, in das wir uns hineinfallen ließen. Die Information von uns Insidern hieß: »setza, stien, rutscha« (sitzen, stehen, rutschen). Wir rutschten dann in einem Zug von oben bis in die Tenne, ein Unterfangen, bei dem Erwachsenen die Gänsehaut gestanden hätte. Es kam zuweilen vor, dass jemand in ein falsches Loch geriet, da war natürlich immer Not am Mann. Für solche Fällen hatten wir immer ein Tau mit einem Gewicht, das wir dann in die Höhle hinab ließen, um den Verunglückten herauszuziehen. Nun, diese ganzen phantasievollen Spielchen fanden meistens statt, wenn das Wetter ungemütlich war, ansonsten war immer die Sonne Zuschauer all meiner Kindheitserlebnisse.

Irgendwelche Geschehen bei schlechtem Wetter sind mir, wenn schon, nur hintergründig in Erinnerung. Zu den wenigen zählen Begebenheiten im Gewitter, sie waren in unserem Dorf oft besonders dramatisch, da sie sich im Tal festsetzten und sich auf bizarre Art entluden. So stand ich einmal unter der Überdachung unserer Scheune und beobachtete mit Faszination die verschiedensten Blitzformen. Angst hatte ich überhaupt nicht, als plötzlich vor meiner Nase eine Karikatur von Blitz erschien, die aussah wie ein Strichmännchen. Ich war so beeindruckt von diesem Erlebnis, dass ich sofort zu meiner Mutter lief, um ihr dies zu berichten. Sie bestaunte meine Beobachtung, jedoch recht ungläubig. Da ich es bis heute so deutlich in Erinnerung habe, denke ich mal, wird es wohl ein Kugelblitz gewesen sein, mit einer gehörigen Portion Phantasie.

Und nun zur Kirmeszeit: Welch eine Freude, welch wunderschöne Abwechslung. Ein Angebot der Besonderheit, denn man bedenke nur, dies in einer Zeit, in der die Welt noch so groß, so vieles unerreichbar war. Solch ein Ereignis war zumindest für uns Kinder ganz außergewöhnlich.

Der Kirmesplatz war auf dem Gelände vor dem Vereinshaus neben der Brauerei. Da gab es Schiffschaukeln, Karussells, allerlei Buden und Sonstiges. Da wir Knirpse kein eigenes Geld in der Tasche hatten, waren dem Genuss Grenzen gesetzt, was wiederum unserem Einfallsreichtum sehr förderlich war. Wollten wir Karussell fahren, konnten wir uns eine Gratisfahrt verdienen, indem wir halfen, das Karussell einige Runden zu drehen. Tja, das wurde noch per Hand gemacht. Das Karussell hatte oben eine kleine Kuppel, in die wir klettern mussten, um zwischen etlichen Sparren das Karussell einige Runden um seine Mittelachse zu drehen. Allein das machte schon Spaß und brachte uns per Drehperiode eine Fahrt umsonst.

Eine Geschichte zur Kirmes erzähl ich euch jetzt, die uns mein Vater so oft zum Besten gab: Meine »Oma«, (übrigens nannten wir unsere Großmutter vom Zenkerhof »Oma«, die Großeltern von der Brauerei: »Amama« sowie »Apapa«) hatte einen Hühnerwagen, rein äußerlich von einem Zirkuswagen kaum zu unterscheiden. Dieses beräderte Gefährt diente als fahrbarer Hühnerstall und wurde zur Stoppelzeit auf die Felder gefahren, wo die Hühner sich von liegengebliebenen Ähren und sonstigem ernährten; also Bilderbuchfreilandhaltung. - Nun kamen aus Bremen von der Zenkerverwandtschaft (siehe Vorspann) immer die beiden Vettern von meinem Vater, Alfred und Oswald, und verbrachten ihre Ferien auf unserem Hof. Diese beiden Jungs, so mein Vater, waren wie Max und Moritz; sie machten nur Streiche. - Eines nachts, zur Kirmeszeit, schlichen sie aufs Feld zum Hühnerwagen, fingen zunächst den Hahn und sperrten ihn in einen extra Käfig. Dann schoben sie den Wagen, wahrscheinlich mit einigen Helfern, bis auf den Kirmesplatz. Den Käfig mit dem Hahn banden sie außen an den Hühnerwagen und brachten darüber ein großes Schild an, das sie zuvor angefertigt hatten, mit der Aufschrift: »Treten sie ein, hier sehen sie Zenkers Hühnerzirkus mit dem stolzen Hahn »Cäsar.« Dies ergab natürlich ein Riesengelächter im ganzen Dorf. - Der Kommentar von meiner Oma: »Näh, do hon'se men Hinnerwähn uf a Kärmesplotz gefoarn« (Nein, da haben die mir meinen Hühnerwagen auf den Kirmesplatz gefahren).

Noch ein Dönchen gleich hinterher: »Gänse hitta« (Gänse hüten) war auch manchmal meine Aufgabe, allerdings stand ich wohl in der Hierarchie bei den Gänsen weit unter meiner Oma, die das eigentlich immer machte. Das hieß, kaum hatte ich die Gänse auf ein Stoppelfeld getrieben, gab der Ganter das Rufsignal für den Start, und in geschlossener Formation flogen sie zum Hof zurück, was bei Oma nur selten vorkam. - Nun, die beiden Jungs aus Bremen, wie Max und Moritz, wurden des öfteren zu irgendwelchen Arbeiten auf dem Hof herangezogen, was sie aber meistens mit großem Einfallsreichtum zu umgehen wussten. So war auch das Gänsehüten für sie eine lästige Beschäftigung; hier aber ließen sie sich etwas Besonderes einfallen: Die Gänse wurden auf dem Hof oft mit Biertreber gefüttert, ein bei den Bauern beliebtes Abfallprodukt aus der Brauerei, woanders auch Schlempe genannt. Da das Zeug sowieso eine flüssige Konsistenz hatte, fiel es nicht auf, wenn selbiges mit Bier oder Schnaps versetzt wurde. Max und Moritz, alias Alfred und Oswald, hatten dies ersonnen, und so wurde es auch ausgeführt. Die ausgiebige Bierfete bekam den Gänsen aber nicht gut; jedenfalls, als denn meine Oma nach einiger Zeit den Stall betrat, lagen alle Gänse besoffen, betäubt, wie tot im

Stall verteilt herum. »Näh, do sein´ mer die Luder Gänse olle verrackt«, zeterte und schimpfte »Oma« ganz jämmerlich. - Um den Schaden wenigstens etwas zu begrenzen, wurden die Gänse alle gerupft, damit die Federn zumindest gerettet waren. Anschließend landeten alle vermeintlich toten Tiere auf dem Misthaufen. - Als die Gänse aber ihren Rausch ausgeschlafen hatten, watschelten sie alle wieder an den Futtertrog zum Katerfrühstück, splitternackt und sichtlich frierend. »Näh, a su woas, sat ok amol die verflichta Gänseluder laba ju nooch olle« (Na so was, seht mal, die verfluchten Gänseluder leben ja noch alle), so Oma in zwiespältiger Freude.
Ob die Gänse überlebt haben, wurde nie erzählt. Auf jeden Fall hatten Alfred und Oswald das Problem »Gänse hitta« für geraume Zeit gelöst.
Regelmäßig zur Oster- und Kirmeszeit hatten wir auch unser eigenes Karussell. - Gleich hinter unserem wunderschönen Garten auf der Wiese neben dem Klarapfelbaum rammte mein Vater eine Leiterwagenachse in die Erde. Auf diese Achse wurde ein großes, hölzernes Wagenrad gesteckt und wiederum auf diesem Wagenrad wurde eine lange Leiter festgebunden, fertig war unser Karussell. Wie auf dem Kirmesplatz, nur nicht in luftiger Höhe, musste jemand dicht an der Wagenachse schiebenderweise das Ganze zum Drehen bringen, und die Kinder saßen verteilt auf der Leiter, je weiter außen um so teurer die Plätze, wegen des zentrifugalen Schleudereffektes. - Mm, na gut, lass ich's mal so stehen.-
Tja, das wurde natürlich von uns straff organisiert, wie ein Kirmesrummel aufgezogen, mit einem Riesengaudi.

Ich, als Kassierer, saß auf dem Klarapfelbaum, einen Stahlhelm an einer langen Schnur befestigt, ließ ich wie einen Klingelbeutel herunter, wenn einer bezahlen musste. Unter dem Baum stand jemand, der die Karten verkaufte in Form irgendwelcher Papierschnitzel. An einem Tisch ganz in der Nähe saß einer und drehte unsere über alles geliebte »Schwoabaleier«, deren Musik weithin hörbar die Kinder vom halben Dorf anlockte. - Ach, war das ein herrliches Kinderleben.
Die Schwoabaleier, mein Gott, bei dem Gedanken an dieses geliebte Requisit aus vergangener Zeit kommen mir fast die Tränen. Dieses Wort zu übersetzen wäre höchst desillusionierend: Schwabenleier? Ne,ne. - Die »Schwoabaleier« war eine Art Grammophon. Sie funktionierte so etwa wie eine Drehorgel, nur konnte man auf dieses Gerät Platten legen, wie auf einen Plattenspieler. Diese Platten hatten kleine herausragende Stifte, denen durch Drehen Töne entlockt wurden. Es waren die verschiedensten Melodien. Natürlich war das Drehen Handarbeit. - Und es war eine Stimmung auf der Wiese. Kinder kamen aus allen Richtungen, und wenn der Tag um war, hatte ich die Hosentaschen voller Geld. -
Um das Ganze zu organisieren, bedurfte es natürlich zunächst der Hilfe meines Vaters zur Grundausstattung. Dann aber trat die gesamte »Führungsriege« unserer Kinderclique in Aktion, allen voran - na wer schon? der »Stahl Walter«. Dazwischen, wie immer die »Stahl Helga« als Faktotum, die zu linken mich immer wieder reizte. So gab sie mir einmal 10 Mark in Papier und fragte, wie oft sie dafür auf unsrem Leiterkarussell fahren dürfe. Wohlwissend, dass dies sehr viel war, nichtwissend

aber wie viel, durfte sie dafür drei Mal hintereinander auf das Karussell. - Wahrscheinlich hätte sie für das Geld unser ganzes »Unternehmen« kaufen können; über die Herkunft dieses Betrages machten wir uns natürlich keine Gedanken.
Nun aber noch einmal zurück zu unserer »Schwoabaleier«: Dieses Relikt aus vergangener Zeit hatten wir richtig lieb gewonnen. Sie wurde von uns gepflegt, und war die Leiersaison, sprich Kirmeszeit, beendet, nahm sie wieder ihren Platz ein auf dem Boden auf einem Sims gleich neben dem Schornstein. Dort wartete sie, zwischendurch stets unbenutzt, auf ihrem Einsatz zur nächsten Kirmeszeit.
Als ich die Stätte meiner Kindheit 1984 das erste mal wieder aufsuchte, war mein erster Gang auf den Boden. - Die »Schwobaleier« war nicht mehr da. -
Meine Sommererlebnisse nahmen schier kein Ende. - Die winterlichen Pferdeschlittenfahrten mit Schellengeläut haben natürlich einen ganz unbestritten vorderen Platz im Märchenbuch meiner Erinnerungen, und wenn ich eine Parallele ziehen sollte, dann würde ich sagen: Die Kutschfahrten im Sommer waren auch nicht zu verachten, ganz besonders dann, wenn es an einem besonders schönen Tag hieß: Wir fahren nach Wünschelburg ins Freibad.
Warum hatte dies einen so besonderen Reiz? Nun, unsere »Feuchterlebnisse« im Dorf waren mehr abenteuerlicher Art, drum war dieses organisierte Baden in einem zudem wunderschönen Ausflugsort, in einer für uns Kinder riesengroßen, quellklaren Wasserfläche etwas ganz anderes. Allein die Ankündigung versetzte uns in aufgeregte Freude. Wieder holte mein Vater die Lot-

te aus dem Stall und spannte sie vor die Kutsche. Behände, mit fröhlich wuschpriger Geschäftigkeit wurde der Wagen mit Allerlei bepackt und dann ging es trab, trab, trab in einer wunderschönen Landschaft unserem Ziel entgegen.
Bevor wir jedoch das Bad in Wünschelburg erreichten, mussten wir zu Fuß an einem Rinnsal entlanglaufen, das uns das Bad bereits ankündigte. In freudiger Erwartung des Anblicks der zunächst noch nicht einsehbaren großen Wasserfläche holte ich mir schon einmal Appetit, indem ich in dem kleinen Wasserlauf herumplatschte.
An eine Begebenheit erinnere ich mich noch ganz genau, weil es der schönste Wünschelburgtag für mich war: Es war eine Kutschfahrt in das Freibad geplant, an der ich nicht teilhaben sollte, aus welchen Gründen auch immer. Es wurde mir tunlichst alles verheimlicht, jedoch ohne Erfolg, denn mein Gespür sagte mir: Die fahren nach Wünschelburg und nehmen mich nicht mit. Als die Kutsche dann ohne mich losfuhr, stand ich hinterm Haus und weinte wohl jämmerlich dem davonfahrenden Wagen hinterher. Nie werde ich die Enttäuschung vergessen, aber auch nie die maßlose Freude, als meine Eltern auf der Dorfstraße umdrehten, zurückfuhren und mich mitnahmen.

Ein wenig muss ich noch vom Kirchelberg erzählen: Der Fohlerweg, auf dem wir im Winter mit dem Schlitten fuhren, war die Wegeverbindung vom Dorf, unter der Eulenbahnbrücke hindurch, hinauf bis zum Gipfel. Dort stand die Lukasbaude, neben ihr der Moltketurm, ein Aussichtsturm aus Schlegeler rotem Sandstein, wie ich

schon im Winterteil erzählte. Ein kleines Stückchen weiter unten, etwas im Wald versteckt, stand das niedliche, anheimelnde und kunstvoll ausgestattete Kleinod des Dorfes: die Bergkapelle. Sie machte auf mich einen geheimnisvollen, mystischen aber zutraulichen Eindruck. An dem Kirchel war ein kleiner Anbau, in dem der Einsiedler wohnte, dem Franziskanerorden angehörend. Dieser Einsiedler hatte einen langen Bart und trug eine Kutte. Er gehörte einfach zum Bild der Bergkapelle. Er hatte die Aufgabe, das Kirchlein zu pflegen und zu bewachen. Viele Geschichten rankten sich um ihn, und wie Tante Eva erzählte, soll dort des öfteren eingebrochen worden sein. Dann läutete der Einsiedler Sturm, damit ihm Dörfler zu Hilfe eilen konnten.
Zu erreichen war die Kapelle zum einen über den Fohlerweg und zum anderen auf dem Kreuzweg, der in Serpentinen durch einen niedrigen Mischwald führte. Seine Stationen waren kleine Kunstwerke, kunstmalerisch gestaltet von einem weit über die Grenzen hinaus bekannten Künstler namens Hausschild (siehe Chronik Wittig). An besonderen Feiertagen stieg man den Kreuzweg empor zur Kapelle. An jeder Station, und es waren für meine kindlichen Begriffe sehr viele, blieb alles stehen und betete, vorweg natürlich der Pfarrer. Man müsste meinen, dass es für mich langweilig war, aber ich war noch zu klein, um beten zu müssen; man hatte mir noch nicht eingebläut, was Hölle, Gott und Teufel waren, und so bildeten für mich Gott und die Natur noch eine Einheit. Das betende Gemurmel der Leute hatte etwas meditativ Beruhigendes für mich. Ich schaute versonnen in die vertraute Natur. Mir noch keiner Schuld bewusst, hatte ich genügend Zeit, mir das

herrliche Panorama unterhalb des Kreuzweges bis zum Dorf und hinüber zur Wolfskoppe unauslöschlich einzuprägen.

Die Echtheit dieser Bilder bestätigten sich, als ich es nach ca. 40 Jahre wiedersah, was mich übrigens tief beeindruckte.

Es war ein kurzer Mischwald, in dem sich der Kreuzweg emporschlängelte, und an vielen Stellen hatte man einen wunderschönen Blick über das Tal, den Fohlerweg mit seinen in unregelmäßiger Formation stehenden Häuschen, das Dorf mit dem vertrauten Bild von der Brauerei und unserem Hof und im Hintergrund die Wolfskoppe. Auf halbem Weg zum Dorf auf der Kirchelbergseite führte die Trasse der Eulengebirgsbahn. Sie gehörte einfach zum Dorfbild, und ich werde noch ausgiebig von ihr erzählen. Nicht selten sah ich die Dampflokomotive, wie sie keuchend und schnaufend ihre Waggons, vollbeladen mit Kohl, dahinzog.

Am Ende des Kreuzweges gingen alle in die Kapelle. Der Kirchenchor machte festliche Musik, und wieder war es die Stimme meiner Mutter, die ich so klar in Erinnerung habe. Nach der Kirche war der Gang in die Lukasbaude natürlich unausweichlich, er gehörte ebenso dazu wie das Besteigen des Moltkeaussichtsturmes, von dessen Spitze wir so schön weit kucken konnten.

Nun aber, wie angekündigt, noch ein paar Dönches zur Eulengebirgsbahn, von allen liebevoll »Eule« genannt. Die Trasse dieser Bahn verlief von Niedersteine bis Silberberg, am unteren Drittel des Kirchelberges entlang. Sie transportierte in der Hauptsache Kohle von der Schlegeler Grube nach Niedersteine zu einem großen Elektrizitätswerk, das unter anderem auch Berlin mitversorgte. In ganz früher Zeit, als Bus- und Autoverkehr noch selten waren, beförderte sie auch Personen, aber nur dritter und vierter Klasse. Die dritte Klasse hatte Holzbänke und in der Vierten musste man stehen. Die Leute fuhren von Schlegel nach Mittelsteine und von da per Umsteiger nach Glatz, ca. 12 km. Wie gesagt, die »Eule« gehörte zum Dorfbild, und viele Geschichten rankten sich um sie. So erzählte Tante Eva, dass es eine Beleidigung war, benutzte man in Gegenwart Bediensteter den Spitznamen. Sie tat es einmal, indem sie fragte, ob die »Eule« zu einer bestimmten Zeit fahre. Daraufhin bekam sie von einem selbstbewussten Schaffner in eindeutiger Formulierung zu hören: »Die *Eulengebirgsbahn* fährt dann und dann«.

Wir Kinder bestaunten einerseits respektvoll dieses dampfende Ungetüm, andererseits gab sie auch Anlaß für Gespött und Streiche. Die »Eulapuffe«, wie wir Kinder sie nannten, fuhr stets in gemächlichem Tempo, ja sie fuhr zum Teil so langsam, dass wir uns an die Puffer des letzten Wagens hängen konnten. Fuhr sie bergauf, schnaufte sie gewaltig und blieb fast stehen. Hatte sie die Steigung überwunden, wurde sie immer schneller. Wir verspotteten unsere »Eule«, indem wir ihr Schnaufen nachäfften, bergauf ganz langsam gesagt: »Halft mer schärja, halft mer schärja, halft mer schärja« (helft mir schieben). Und dann auf der Höhe angekommen zunächst ein ausgedehntes, erholsames: »Pfffffff« und dann gemächlich wieder Fahrt aufnehmend, zunächst langsam gesagt und dann immer schneller: »Giet schonn besser, giet schonn besser, giet schonn besser, giet schonn besser«. (geht schon besser) - Und natürlich legten wir Geldmünzen auf die Schienen, und da die EULE ganz langsam darüber fuhr, entstanden besonders schön plattgedrückte Exemplare; Verluste hielten sich in Grenzen. - Ach, es war so herrlich. - Wenn wir sie pfeifen hörten, war immer noch genügend Zeit bis zu den Schienen, denn es dauerte doch eine Ewigkeit, bis sie den Berg erklommen hatte. War sie denn vorbeigefahren und zog gemächlich weiter, dann hatten wir noch lange den Duft des Kohlen- und Wasserdampfes in der Nase.

Mein Vater erzählte viele Witze und Geschichten, die sich um die »Eule« rankten, aber nicht nur lustige: - So hatte die »Eule« sowieso schon immer bergauf zu kämpfen; als sie dann noch in eine Millionenschar von Kohlweißlingsraupen geriet, die auf der Wanderschaft eines angrenzenden, zum Dominium gehörenden Kohlfeldes die Schienen überquerten, drehte die Eule sage und schreibe durch und musste stehen bleiben, bis die Lokbesatzung durch Sandstreuen den Aufenthalt beenden konnte (Zum besseren Verständnis: Mangels Insektiziden, die es natürlich zu jener Zeit noch nicht gab, kam es vor, dass sich in manchen Jahren der Kohlweißling zu Millionen vermehrte und dann in Scharen auf Wanderschaft ging (kroch) und dann auch wohl mal die Schienen überquerte).

Da war ein »Kinscher Oswald«, der viele Dönches geprägt hat und mein Vater gab sie oft zum Besten. Leider weiß ich nur noch wenige zu erzählen: - Kinscher Oswald fuhr mit einer vollbeladenen Schiebkarre über die holprigen Bahngleise. Da er damit wohl Schwierigkeiten hatte, kam ihm inzwischen die »Eule« in die Quere, die zwar alle Kraft nutzen musste, um ihre schwere Kohlenfracht zu ziehen, aber immer noch genügend

Dampf hatte, um gottserbärmlich zu pfeifen. Kinscher Oswalds Kommentar: »Nu här ock uuf zu pfeifa, iech wa derr dei Wähnla schon ne empfohrn« (Nun hör auf zu pfeifen, ich werde dir deine Wägelchen schon nicht umfahren).
Da die »Eule« nie ganz ernst genommen wurde, rächte sie sich auch wohl mal: Da war der »Hahnel Artur«, von dem meine Eltern erzählten, dass in jedem seiner Sätze - »schön, schön«- vorkam. Eines Tages wurde sein Vater von der Eule überfahren. Als Hahnel Artur das erfuhr, sagte er: »Schön, schön, trauriger Fall«.
Vielleicht fällt mir ja zwischendurch noch etwas Eulenbezügliches ein, aber ich möchte zunächst bei den Dönches bleiben: - Es sollte eine neue Dorfglocke angeschafft werden, weswegen man eine Sammelaktion im Dorfe machte. Auch der »Kinscher Oswald« wurde gefragt, ob er etwas spenden wolle; doch seine lakonische Antwort lautete: »Nä, iech gar nischt, woas wälter'n met 'ner Glocke? Tutt ock pfeifa, die Eule on die Schlegeler Grube pfeifa ju a« (Nein ich gebe nichts, was wollt ihr mit `ner Glocke? Tut och pfeifen, die Eule und die Schlegeler Grube pfeifen ja auch).
»Doas äne mol a« (Das eine mal auch), so begann mein Vater immer seine Schnoken zu erzählen: Die Schlegeler Kohle hatte den Ruf, dass sie schlecht brannte, sie wurde auch zum größten Teil für das Kraftwerk in Niedersteine genutzt. Ganz minderwertige Schlammkohle lag in Halden und fing oft an zu schwelen. Schlegeler Bürger konnten für den Hausbrand, wahrscheinlich für billig Geld, diese Kohle erwerben. »Kinscher Oswald« hatte sich ebenfalls mit seinem hölzernen, handgezogenen Leiterwägelchen auf den Weg gemacht, um sich von

dieser Kohle zu holen. Als er damit durch das Dorf zog und die Leute ihn auf die schwelende Kohle aufmerksam machten, sagte er nur: »Ju, ju, do satt`er amol, do häßt`s emmer die Schlegeler Kohle briet ne, oaber´s wat gor ne lange tauan, on iech hoar bloos nooch die Deichsel ei der Hand« (Ja,ja, da seht ihr mal, da heißt es immer, die Schlegeler Kohle brennt nicht, aber es wird gar nicht lange dauern, und ich hab bloß noch die Deichsel in der Hand).

Und ein anderes mal: Wie vielerorts, so war es auch in Schlegel üblich, dass nach der Beerdigung das Fell versoffen wurde. Als dies einmal der Fall war, hatte man einen, der wohl zu viel gehabt hatte, auf die Trage gelegt, um ihn nach Hause zu bringen. Als »Kinscher Oswald«, an der Strasse stehend, diese alkoholisierte Prozession beobachtete, sagte er: «Na, waan hoter`n do, ihr brängt woll die Leiche wieder miete« (Na, wen habt´ern da, ihr bringt wohl die Leiche wieder mit).

So wie die »Eule« das Dorfbild prägte, so gehört zu den akustischen Erinnerungen das Geläut der verschiedenen Glocken. Zu jeder Tageszeit bimmelte und läutete es von irgendwo her. Es war gemütlich, anheimelnd und einfach nicht wegzudenken. Wir Kinder hatten aber auch dafür gleich wieder eine witzige Parodie bereit: - Die Dorfkirchenglocken hatten tiefere Töne, die Glocken der Bergkapelle klangen etwas höher, und da war noch das Glöcklein vom Krankenhaus, das für die höheren Frequenzen zuständig war. - Reihte man die verschiedenen Tonarten hintereinander, so entstand daraus folgendes, melodisch vorgetragenes Reimchen: Die tiefere Dorfkirchenglocke sagte: »Mich kremmerts, mich kremmerts, mich kremmerts« (mich kratzt es). Die

Bergkapelle antwortete in einem etwas höheren Ton: »Nu wu denn, nu wu denn, nu wu denn«. (na wo denn). Und die Krankenhausglocke ganz hoch: »Om Pimpala, om Pimpala, om Pimpala« (am, na wo wohl).

Und so ging der Sommer dahin. - Oft schlenderte ich ziellos den Feldweg hinaus, links und rechts das geliebte und vertraute Panorama; alles beobachtete ich aufmerksam und ich glaube, dass mein oft besinnliches Verhalten in der frühen, bewussten Kindheit dafür verantwortlich ist, dass dieser Erinnerungsfilm fast lückenlos ist. Den Beweis hierfür habe ich mir 1984 selbst erbracht. - Ich spielte mit Steinen, deren vielfältige Formen und Farben meiner Phantasie freien Lauf ließen. Junge Äste schnitt ich von Bäumen und machte mir eine Flöte daraus, so wie mein Vater es mir gezeigt hatte. Und immer wieder war es das, was der Augenblick mir bot, seien es bunte Gräser, die vielen Blumen am Wegesrand, wilde Erdbeeren und auch all das Kleingetier, mit allem war ich befreundet, nichts war mir fremd und vor nichts hatte ich Angst. Wenn eine Biene auf einer Blüte saß, packte ich sie an den Flügeln und amüsierte mich, wie sie versuchte, sich mit ihrem Stachel zu wehren, dann ließ ich sie wieder fliegen. -
All meine frühkindlichen Sinneseindrücke sind mir wohl auch deshalb so voll bewusst, weil ich mein ganzes Leben immer wieder daran erinnert wurde. Bei dem Duft von Himmelsschlüsselchen denke ich an die Schloskiwiese. Komme ich mit Schnee in Berührung und rieche ich ihn, was bei meinen späteren Skifreunden, so ich es erwähnte, stets ungläubig zur Kenntnis genommen wurde, läuft automatisch der Schlegeler Winter-

film. Nehme ich den Pilzgeruch war, bin ich im Wald auf der Wolfskoppe. Der Geschmack und Geruch von wilden Erdbeeren erinnert mich immer an den Wegesrand zu unseren Feldern und vieles mehr. Noch viele Jahre nach der Vertreibung waren diese Sinneseindrücke der Auslöser immer wiederkehrenden Heimwehs, das sich noch lange, mehr in latenter Form, in nächtlichen Träumen fortsetzte, bis es sich viel später, nach einem Wiedersehen der Stätten meiner Kindheit, in liebe Erinnerungen verwandelte. Warum wohl? - Ich weiß es nicht.

Oft schaute ich meinem Vater bei der Feldarbeit zu. Er hatte vor seinen Ackergeräten immer ein Pferd - Ochsengespann. Der Ochse war oft widerspenstig, legte sich einfach hin, wenn er keine Lust mehr hatte und war mechanisch wie akustisch nicht zu bewegen wieder aufzustehen, trotz inbrünstigen Fluchens meines Vaters, der es zu guter Letzt mit Feuer versuchte. Aus diesem Grunde hatte er immer eine alte Zeitung in der Tasche, die er dem Ochsen unter den Schwanz legte und anzündete. Blitzartig stand der Ochse wieder auf den Beinen.

Wurde es mir zu langweilig, spazierte ich weiter bis an den Waldrand der Wolfskoppe. Allein traute ich mich aber nicht weit hinein, auf die Gefahr hin, ich könnte mich verlaufen. Ich liebte diesen Wald aber sehr, denn er war stets unser Ziel, wenn es hieß: Heute gehen wir Pilze suchen. Es war immer ein freudig aufregendes, kleines Abenteuer, und nie werde ich diese Pilzgänge vergessen. An einem geeigneten Tag, es waren immer Erwachsene dabei, starteten wir, bestückt mit Henkelkörben und Proviant, in Richtung Wolfskoppe. - Ach,

wie war das schön. - Ich war immer so begeistert und suchte mit einem Eifer, der die Erwachsenen in Erstaunen versetzte, bekam ich doch stets Lob für jedes gefundene Exemplar. Ganz schnell entwickelte ich mich zum Pilzexperten mit einer Nase für die besten Standorte. - Und ich hörte: »ah« und »oh« und - » guckt mal, da hat er schon wieder.......«, das spornte meinen Ehrgeiz zusätzlich an. -
Diese herrlichen Erlebnisse sind mir ebenso deutlich im Gedächtnis wie vieles andere. Auch hier hat die Natur und ihre prägenden Eigenschaften so großen Anteil an meinen Erinnerungen, sei es der Geruch von Pilzen, der Duft von Tannen, Kräutern und vielem anderen. - Als wir jahrzehnte danach einmal in Schweden so viele Pilze fanden, tat ich dies in Erinnerung an die Schlegeler Zeit mit kindlicher Begeisterung und habe alle damit angesteckt. - Ich kann mich erinnern, dass ich oft gefährliche Exemplare auf der Wolfskoppe sammelte. Es waren Schirmpilze, und heute als Erwachsener steht mir die Gänsehaut, wenn ich daran denke, wie unbedarft wir damit umgingen, denn sie waren leicht mit Knollenblätterpilzen zu verwechseln. Wir liefen durch Hochwald und Dickichte, und natürlich gab es auf irgendeiner Lichtung die wohlverdiente Pause mit Malzbier und »Putterschniete« (Butterschnitte).
Deutlich sind mir die köstlichen Pilzmahlzeiten im Gedächtnis, in gebratenem Zustand, aber auch und ganz besonders die Pilzsuppe. Leider habe ich auch hier verpasst, meine Mutter danach zu fragen, wie sie zubereitet wurde.
Der Kirchelberg auf der anderen Straßenseite war für uns Kinder etwas umständlicher zu erreichen und des-

halb nicht alltäglicher Spielplatz. Es gab dort reichlich Himbeeren, Blaubeeren und Kroatzbeeren, die an vielen Stellen zu finden waren. Vom Himbeerenpflücken war ich nicht so begeistert, aber auch hier erinnere ich mich an einige Einzelheiten, die ich ganz klar vor Augen habe. An den Ästen der Himbeerbüsche und sonstigem Gestrüpp hingen Unmengen Wespennester. Dies waren kugelartige Gebilde von unterschiedlicher Größe, und wieder ist mir so klar bewusst, dass ich nie Angst hatte vor dieser Wahnsinnsmenge Wespen.
Hierzu muss ich euch eine Geschichte erzählen: - Von unserem Hof aus führten zwei Wege links und rechts an der Scheune und am Gemüsegarten vorbei bis zum Weg »Uba rem«. Am Ende der linksseitigen Hofausfahrt, auf der anderen Seite des Weges, stand das Ginzelhaus. In diesem Haus wohnte unter anderem auch der »Stahl Walter«, sicher auch noch andere. Präzise erinnere ich mich aber an den alten »Ginzel«. Er war ein alter, bärtiger, verdrehter Mann, stets mit rauchender Pfeife im Mund. Wir Kinder mochten ihn gar nicht, weil er uns immer wegscheuchte, wenn wir ihm begegneten. Da wir aber wegen seines unberechenbaren Verhaltens uns nicht trauten, ihm so direkt einen Streich zu spielen, ließen wir uns etwas ganz Kurioses einfallen. Mit von der Partie war natürlich der »Stahl Walter«, der ja im gleichen Haus wohnte und über die Örtlichkeiten genau Bescheid wusste. Zur Abendzeit marschierten wir auf den Kirchelberg zu der Stelle, wo sich die vielen Wespennester befanden. Wir suchten uns ein besonders schönes Exemplar aus, so etwa von doppelter Fußballgröße, begutachteten zunächst die Größe des Ein- und Ausfluglochs, um dann den dafür geeigne-

ten Stöpsel anzufertigen, mit dem wir das Loch verstopften. Ganz vorsichtig nahmen wir das Nest vom Ast und wanderten damit zum Ginzelhaus. Wir schlichen zu einem geöffneten Fenster, legten eine zuvor selbstgefertigte Leiter an, kletterten hoch, hängten das Wespennest an den Fensterrahmen, zogen den Stöpsel aus dem Flugloch und verschwanden schleunigst. Aus einem Versteck in gebührender Entfernung sahen wir feixend und voller Schadenfreude, wie das Chaos seinen Lauf nahm. Die Wespen, vom Transport in völliger Aufruhr, schwärmten natürlich sofort aus und gingen zum Angriff über, ein gelungener Streich, und wir konnten ihn live genießen. Na ja, ein wenig schlechtes Gewissen hatten wir schon, selbstverständlich dass das rauskam, aber zu keiner Zeit hatten wir Angst vor den Wespen. Hier wieder die Natürlichkeit, wie wir mit solchen Dingen umgingen. Mit was? - Mit den Wespen natürlich. Mit dem Streich auch,- klar.

Oft hatte ich als Kind Wünsche, die weder ich selbst, noch Erwachsene mir erfüllen konnten. Es mangelte nicht an gutem Willen, sondern schlicht daran, dass ich noch zu klein war. Dennoch bin ich doch im Nachhinein erstaunt, mit welchen Fertigkeiten ich bereits als Knirps vertraut war, egal ob zu Lande, zu Wasser oder auf Eis und Schnee. Ich hab's ja erzählt und werde noch einiges berichten.

Hin und wieder begleitete ich meinen Vater auf die Wiesen, wenn er Futter für das Vieh mähte, und schaute zu, wie er mit gekonnten Schwüngen die Sense hin und her bewegte. Es war ein ästhetischer Genuss zuzusehen, wie das Gras sich Schwad für Schwad in geordneter Formation hinlegte. Von Gras allein kann man eigentlich gar nicht sprechen, es war mehr eine Kräuter- und Blumenwiese, deren frischer Schnitt herrlich duftete, aber nicht nur das: es faszinierten mich diese gleichmäßigen, rhythmisch eleganten Bewegungsabläufe, und ständig bettelte ich meinen Vater an: »Papa, konnste mir ne a äne kläne Sense macha?« »Nu mei Jongla, watt ok nooch a wing, wenn de wascht grisser sein; kriechste a äne,« antwortete mein Vater (Papa, kannst du mir nicht auch eine kleine Sense machen? - Nun, mein Junge, warte noch ein wenig, wenn du größer bist, bekommst du auch eine). Da ich mit dem Zeitbegriff noch nicht klar kam, stellte ich nach kurzer Zeit erneut die gleiche Frage, in der Hoffnung, ich wäre in der Zwischenzeit größer geworden.

Im Dorf gab es einige ältere Jungs, die Ziegenböcke vor kleine Wagen spannten. Das war natürlich für mich der Traum aller Träume. Diese Gespanne unterschieden sich von Pferdegespannen nur insofern, als sie eben kleiner waren, ansonsten kutschierten sie komplett durch die Gegend. Das war fast wie ein Auto auf vier Beinen. Auch da bettelte ich meinen Vater ständig an, er möge mir ein Ziegenbockgeschirr besorgen, den Ziegenbock hatten wir selbst. Ein Geschirr hatte mir mein Vater besorgt, doch diesmal scheiterte das Ganze nicht nur an meiner Größe, sondern auch an der Störrigkeit des Ziegenbocks. Einige Jungs und ich versuchten, unseren Bock zu bändigen: ein vergebliches Unterfangen. Das Vieh erwies sich als sehr ausdauernd, was Bockigkeit betraf, und jeder Versuch nahm ein chaotisches Ende.

Zu einem Pferde- oder auch Ziegenbockgespann gehörte eine Peitsche. Die Peitsche war der Taktstock des Kutschers, er dirigierte mit ihr das Gespann. Je lauter sie knallte, oft in rhythmischer Folge, umso imposanter das Ganze. War ein Ziegenbockgespann zustande zu bringen für mich vergebliche Müh', dann war der Wunsch, eine Peitsche zu besitzen, schon erheblich eher zu realisieren. Eine Peitsche war fast ein Kultrequisit für uns Kinder. Der wichtigste Teil war die Peitschenschnur, bestehend aus einem dünnen, elastischen Lederriemen mit einer Quaste vorne dran; dies wurde nicht gekauft, sondern organisiert. Ich ging dann zum »Hermann Sattler« ins Dorf; er war der Vater von Tante Hedel, eine Freundin von Tante Eva (für uns waren enge Freunde unserer Familie ebenfalls Onkel und Tante). Wenn ich die Werkstatt vom »Hermann Sattler« betrat, umgab mich ein angenehmer Geruch von Leder. Werkelnd saß er stets auf einem Schemel, unterbrach, wenn ich eintrat, für einen Moment die Arbeit und schaute, den Kopf leicht nach unten gesenkt, über seine Brille in Erwartung meines Wunsches - der kam denn auch prompt: »Hermann Sattler, kenna se mer ne äne Peitsche macha?«

»Nu jo Jongla«, sagte er dann, »wat ok nooch a wing« (warte noch ein wenig). Das tat ich natürlich gern, denn die Werkstatt war so anheimelnd, und ich hielt mich gern ein wenig darin auf. Hermann Sattler holte dann ein großes Stück Leder hervor, schnitt einen langen Streifen davon ab, machte an einer Seite eine Öse und befestigte auf der andern eine Quaste. Mit einem freundlichen Lächeln überreichte er mir die Peitsche mit den Worten: »Nu Jongla, etze konnste oaber Peitscha knolla«. Selig zog ich von dannen. Dass so etwas einen Preis haben könnte, kam mir nicht in den Sinn. - Ich schnitt mir dann einen langen, elastischen Weidenstock, an dem ich meine Peitsche befestigte, gab sie meinem Vater, der sie mir zunächst »einknallte«, damit Leder und Quaste elastisch wurden. Nun, ich hatte jetzt meine Peitsche, das Ziegengespann aber blieb Wunschtraum.

Zu unserem Weg »Uba rem« muß ich noch ein wenig erzählen. Wie Tante Eva mir bestätigte, hatte dieser Weg keinen anderen Namen. Ich habe zwar schon viel von ihm berichtet, doch finde ich es schon wichtig, die ganze Strecke noch einmal zusammenhängend zu schildern mit allem, was da angrenzte. Da ob unseres Alters der Radius unserer Spielaktivitäten, vor allem der alltägliche, noch ziemlich begrenzt war, lag es nahe, dass diese Verbindung von uns am meisten genutzt wurde, und mir deshalb so viele Einzelheiten noch bewusst sind. Dieser Weg begann ziemlich weit unten im Niederdorf, von der Hauptstraße abzweigend, zunächst steil bergan und verlief dann parallel zur Straße, - ich glaube, fast bis ins Oberdorf. Rechts des Weges lagen am Anfang Felder und Wiesen, angrenzend die bewaldeten Hänge der Wolfskoppe, und links gab es viele kleine Gehöfte und Häuschen, die sich mit ihren schönen und schiefen Holzzäunen unregelmäßig, gemütlich aneinander reihten. Dann ging es vorbei an der kleinen Kapelle und der angrenzenden Schloskiwiese mit den wunderschönen Himmelsschlüsselchen, wovon ich bereits ausgiebig berichtet habe.
Dann kam das Welzelgehöft, unser rechter Nachbar. Hier ist es der »Welzel Hubert«, der einen festen Platz in meinem Kinderfilm hat. - Warum? - Er hat mir doch die Seifenkiste, meinen heißgeliebten »Opel« gebaut. - Und da war die Welzeltilke, unser lieber Dreh- und Angelpunkt vieler Wintermärchen. -

Übrigens, auf den Welzelhof kam immer ein Verwandter, ich weiß nicht mehr, wie er hieß, der sich stets über mein Fluchen amüsierte; für jeden Fluch bekam ich »en Biema« (zehn Pfennig). Das durfte aber kein so dahingesagter Larifarifluch sein, nein, es musste ein richtig von Herzen kommender, Grafschaft Glatzer Zenkerfluch sein, dessen Urvater aller Flüche, - na wer wohl war? Richtig, - mein Vater. Oh wie gut, dass ich das »heilige Sakrament der Kommunion« noch vor mir hatte, sonst wäre ich das gefundene Fressen für den Teufel gewesen.

Kurz erwähnen will ich die vielen Bäume, die mir so klar vor Augen sind und die ich 1984 alle, fast alle, wiedergesehen und begrüßt habe: zum Beispiel mehrere große Linden gegenüber von Welzels Hof, inmitten ein großes Kreuz.

Dann kamen die beiden Schrägeinfahrten zu unserem Hof, Ausgangspunkt aller Missetaten, - gleich darauf war rechts das Ginzelhaus, Zielpunkt unseres Wespenstreichs - wisst ihr ja. Dann unmittelbar neben unserem Hof, nach einer Wiese, führte links ab unsere liebe, holprige Reichelgasse. Zur Linken dieser Gasse wohnte in einem niedrigen, alten, gemütlichen und von einem herrlich schiefen Holzlattenzaun umgebenen Häuschen mein liebster Freund - »Beck Werner«. - Und unten, kurz vor der Einmündung zur Straße, standen links einige große Linden. O je, diese Linden. - Immer, wenn ich etwas ausgefressen hatte, hieß es: »Na, wenn der Papa erst von der Jagd kommt.« Da er meistens auf der Dorfstraße von links oder rechts kam, die Flinte über dem Rücken, unseren Treff an der Leine, versteckte ich mich hinter den dicken Linden, so um den Baum wandernd, dass er mich nicht sehen konnte. Diese Taktik verhalf mir zu etwas Aufschub, war ich doch nicht der ersten Zorneswelle ausgesetzt. - Gegenüber wohnte auch eine Familie Zenker: der Felix, im Alter meiner jüngeren Schwester Gabriele, die Christel, so alt wie Renate, meine ältere Schwester, alles Spielkameraden und fast immer dabei. Zenker Helmut, der Älteste, so meine Eltern, kam einmal bei uns zur Tür herein, pflanzte sich vor mir auf und sagte: »Na Alex, wel mer wieder ei a Brauerteich`n Taucher macha gien?« (Wollen wir wieder in den Brauerteich einen Taucher machen gehen). - Rechts der Reichelgasse war unser Welzelhibala, beliebter und ungefährlicher Rodelplatz im Winter. Welzelhibala deswegen, weil der andere Welzelhof daran angrenzte. Da wohnte unter anderem auch der »Welzelpate«. Beide Welzels, links und rechts, waren irgendwie mit uns verwandt, so sagt Onkel Hans. Leider habe ich nie Zeit gehabt zu solch besinnlichen Schreibmomenten wie im Augenblick, denn meine Eltern hätten es genau gewusst.

Oft war ich auf dem Welzelhof, und das hatte seinen Grund: Jede Woche wurde auf dem Hof Brot gebacken. Wenn ich in die Küche kam, bot sich mir ein urgemütliches Bild. Rechts in der Mitte stand ein riesiger Kachelofen, drumherum eine Bank, die sogenannte »Uwabanke«. Auf ihr saß der »Welzelpate«, würdevoll, freundlich, mit Bart und langer Pfeife. In der Mitte des Ofens waren zwei eiserne Flügeltüren, aus denen es genüsslich nach frischbackenem Brot roch.

»Na Alexla«, sagte der Welzelpate, » setz dich ok hie, `s tauert nooch a wing«. Ich setzte mich auf einen Küchenstuhl und wartete geduldig, bis es endlich so weit war. Die eisernen Flügeltüren öffneten sich und mit Hilfe einer langen, hölzernen, flachen Schaufel kamen die herrlich duftenden frischen Brote zu Tage. Für mich war immer ein kleines zweifaustgroßes Brotchen, nicht Brötchen, dabei. Mm, alle Leckereien der Welt hätte ich dafür stehengelassen. Damit mir niemand etwas abspenstig machen konnte, lief ich zu einem versteckten Ort, um diese Köstlichkeit zu verzehren.

Vor dem nächsten Hof »Uba rem« zur Linken stand ein großer Kastanienbaum, mir darum so lieb in Erinnerung, weil seine Kastanien unersätzliches Spielzeug waren für das ganze Jahr. Es gab fast nichts, was wir daraus nicht hätten anfertigen können. - Noch einige weitere Höfe reihten sich links des Weges, die in das Panoramabild meines Gedächtnisses passen. Dann aber kam zur Rechten unser Brauerteich, Spiel- und Aufenthaltsort im Sommer und im Winter; ich hab euch ausgiebig von ihm erzählt. Gleich hinter dem Brauerteich war die Brauergasse eine Verbindung zur Hauptstrasse, linker Hand erst einmal der riesige zur Brauerei gehörende Garten, ihr könnt nur ahnen, wie schön der war, und mein letztes Wort darüber hab' ich noch nicht gesagt. Praktisch prägte die Brauerei die ganze linke Seite. Rechts der Gasse reihte sich ein Haus an das andere, die ich wiederum nur als Panorama im Gedächtnis habe. Weiter »Uba rem« weiß ich nicht mehr viel, nur dass ziemlich am Ende, da wo die Gasse zur Kirche abzweigte, rechts der Friedhof, der sogenannte neue, sich befand und dann eben am Ende der Gasse zur Hauptsraße unsere aus rotem Sandstein erbaute Kirche. Der Weg bis dorthin ist mir durch die allsonntäglichen Kirchgänge so vertraut.

Bevor ich die letzte Seite im Märchenbuch meiner unbeschwerten Kindheit, nämlich den Herbst aufschlage, erzähl ich euch noch ein wenig von unsrem Hof und der Brauerei:
Wie schon gesagt, bestand der Hof aus einer großen Scheune und einem gegenüberliegenden Wohnhaus, unter dessen Dach sich auch die Stallungen befanden. Im Wohnteil war unten eine große Stube, die nur zu Festlichkeiten genutzt wurde, wie zum Beispiel Weihnachten, aber auch das Schweinschlachtfest fand in ihr statt, von dem ich noch ausführlich erzählen werde. Angrenzend an die »gute Stube« war ein kleines Wohnzimmerchen mit Blick auf den Blumengarten und zum Kirchelberg. Die Küche zierte ein großer, schöner Kachelofen mit Zentralheizung. Zwischen kleiner Wohnstube und Küche war eine Verbindungstür, in der eine Schaukel hing. Ich kann mich an diese besinnliche Schaukelei so gut erinnern. Meine »Oma« saß hinter mir und stieß mich an, dabei sang sie: »Hohe Lohe, doas Korn ies reif, die Miehle pfeift, es wan nooch verza Wocha sein...«. Das ganze in einem meditativen, monotonen Schaukelton vorgetragen. - »Oma, mehr schockan«, sagte ich dann, und sie stieß mich kräftiger an. Ich forderte sie so lange dazu auf, bis ich den oberen Teil der Heizung einsehen konnte mit all seinen »technischen Besonderheiten« wie Uhren, Ventilen usw., die ich sonst nie zu Gesicht bekam. - Von der Küche aus ging es zur »Kumorke«, eine Art Waschküche, so wie das ostfriesische »Kadenhaus«, - von dort war eine Verbindung zu den Stallungen.
Fand eine Festlichkeit statt oder war's auch nur ein sonntäglicher Nachmittagsbesuch, dann herrschte eine be-

tuliche, gemütliche Atmosphäre. Mutter und Tanten liefen eifrig in weißer Schürze umher und sorgten auf einem weißgedeckten Tisch für eine typisch schlesische Kaffeetafel, nach der das ganze Haus roch. Wir Kinder lauschten dem herzlichen und anheimelnden Geplauder der Gäste und waren stets in die Runde einbezogen mit »Kännlakaffee und Sträselkucha«.

Es gab fast keine unliebsamen Gäste, außer einem, den ich nicht leiden konnte, - es war der »Herr Inspektor vom gräflichen Dominium«, ein strenger Herr in Reiterhosen, stets zu Pferd, die Reitpeitsche in der Hand, mit der er mir immer mehr oder weniger wohlwollend auf verschiedene Körperteile klopfte, jedenfalls fühlte ich mich nicht getätschelt. Da ich mir als Kind selten etwas gefallen ließ, was mir übrigens später in Ostfriesland sehr zugute kam, ich aber in diesem Fall meinen Zorn zügeln musste, blieb mir nichts anderes übrig, als mir einen getarnten Racheakt auszudenken. - Als dann eines guten Tages der Herr Inspektor wieder einmal zu Besuch war und mit meinem Vater fachsimpelnd vor der Haustür stand, sah ich die Stunde der Vergeltung gekommen. Ich füllte ein Eimerchen mit staubigem Sand, schlüpfte zwischen den Beinen der fachsimpelnden Herren hindurch, im Flur die Treppe empor zu einem kleinen Fensterchen, genau über der Haustür und den Köpfen der ahnungslosen Männer und schüttete den ganzen Eimer Sand auf den Kopf des Herrn Inspektors. Der Genugtuung auf dem Fuße folgte die Angst vor Strafe, die aber blieb aus, denn dass ein Kind so etwas absichtlich machen könnte, hielt man für ausgeschlossen, - das konnte nur ein Versehen beim Spielen gewesen sein.

Samstags war Reinigungstag. Wir wurden alle in ein und demselben Sud gebadet. Von der Badewanne aus, die neben dem Kachelofen in der Küche stand, konnte ich schon von weitem durch das Küchenfenster sehen, wenn mein lieber »Onkel Rother« die Welzeltilke zu uns empor stieg. Er gehörte zum samstäglichen Reinigungsritual einfach dazu, saß immer freundlich lächelnd auf der Küchenbank und trug wesentlich zur Verkürzung der Badeprozedur bei, nicht zuletzt deswegen ,weil wir wussten, dass er uns anschließend Geschichten erzählte. Außerdem war da noch meine stetige Uneinsichtigkeit, mir die Ohren waschen zu lassen, wofür »Onkel Rother« immer eine Patentlösung parat hatte: So kam er einmal plötzlich auf mich zu, als ich mich gerade wieder einmal weigerte, guckte zunächst staunend in mein Ohr und zeigte mir dann ein Kleeblatt: »Guck amol, woas aus denn Ohrn rausgewachsa ies!« (Guck mal, was dir aus den Ohren rausgewachsen ist). Das brach meinen Widerstand endgültig, was meine Mutter natürlich sofort und gründlichst nutzte. Dann aber setzte ich mich auf Onkel Rothers Fuß, und während er mich schaukelte, erzählte er uns die unendliche Geschichte von den Streichen seines Affen, der einmal sein Haustier war.

Vom Flur aus führte eine Treppe nach oben. Dort befand sich das Schlafzimmer meiner Eltern und ein kleines Zimmer mit Blick zum Kirchelberg, in dem »Oma« und ich schliefen. Im Flur dieser Etage stand ein Räucherofen, und eine Treppe höher war der Kornboden, wo das Futtergetreide lagerte und vieles andere. Am Giebel war eine kleine Luke mit einem Getreideaufzug, handbetrieben versteht sich, und ich erinnere mich, dass

ich verschiedentlich die Aufgabe hatte, eine Kettenschlinge um Getreidesäcke zu legen. Das Ganze zog dann mein Vater nach oben. Übrigens war der Boden auch die Lagerstätte unserer »Pseudohostien«, sprich Kartoffelflocken.
Einige lustige Begebenheiten und Jungenstreiche, unser Haus betreffend, muß ich noch eben erzählen: - In der kleinen Stube unten gleich rechts neben der Tür stand ein Schreibtisch mit einem riesengroßen Radio darauf und einer riesengroßen Schublade darin, so jedenfalls aus meiner, unserer Kindesperspektive. In der Schublade befand sich die gesamte Buchführung meines Vaters, das nehme ich so mal an, weil es später in Leybuchtpolder auch nicht anders war. - Eines guten Mittags, als mein Vater auf dem Sofa sein Mittagsschläfchen hielt, was er nicht ohne den Lärm des eingeschalteten Radios konnte, dessen Musik hinter frequentalen Quietschtönen nur zu erahnen war, nutzten wir, der »Beck Werner« und ich, die Gunst der überlauten und deshalb verhältnismäßig gefahrlosen Situation, um unserem Drang, Briefträger zu spielen, freien Lauf zu lassen. Wir räumten unbemerkt die gesamte Schubladenbuchführung aus, die nur aus losen Blättern und Briefen bestand, machten uns damit auf den Weg und verteilten, so nach Briefträgerart, das ganze Geschreibsel im gesamten Dorf. Meinem Vater fiel das erst auf, als die Leute so nach und nach bezahlte und unbezahlte Rechnungen nebst sonstigem höchstprivatem Papierkram wieder zurückbrachten. - Die Leute amüsierten sich köstlich. - Meinen Eltern aber war es äußerst peinlich. An eine Strafe kann ich mich nicht erinnern. Ebenso kann ich mich nicht erinnern, dass auf unserem

Hof jemals der Ziegenbock fehlte. Dieser Bock war wie ein Haustier, nur mangelte es ihm an jeglicher Disziplin. Seine schlaue Dreistigkeit ging auf keine Kuhhaut und brachte meine Eltern nicht selten zur Verzweiflung. Er scheute sich nicht, auf der Suche nach Fressbarem sogar in die intimsten Bereiche des Wohnhauses vorzudringen, obwohl er immer Strafe zu erwarten hatte. Solche Aktionen startete er so blitzartig, raffiniert und schnell, dass er fast nie dabei erwischt wurde. - Als mein Vater einmal, Fürchterliches ahnend, der exkrementalen »Lakritz - Lorberlan - Fährte« des Ziegenbocks folgte, endete die Spur an der Schlafzimmertür meiner Eltern. Mein Vater öffnete langsam die nur angelehnte Tür und sah, was er nicht für möglich hielt: Der Ziegenbock, wahrscheinlich enttäuscht, dass er an diesem Ort nichts Fressbares fand, hatte es sich in den Ehebetten gemütlich gemacht. Den Augenblick des Wutschocks ausnutzend stob der Ziegenbock blitzartig mit einem Satz an meinem Vater vorbei, durch die Tür, in das Zimmer meiner Oma, um dann im hohen Bogen durch das geöffnete Fenster in die Tiefe zu springen, - Tiefe deshalb, weil es der erste Stock war, mit einem darunterliegenden Abhang. Die anfängliche Schadenfreude meines Vaters war nur von kurzer Dauer, denn er nahm an, dass der Bock den Sprung in die Tiefe wohl nicht überlebt hatte. Aber als er aus dem Fenster schaute, graste »doas verfluchte Oos« friedlich am Wiesenhang.

Unseren Nutzgarten hab' ich zwar schon einmal erwähnt, doch muss ich, weil ich ihn so liebte und er zum Bild des Hofes einfach dazugehörte, noch ein wenig von ihm erzählen: Selbst wenn ich mich wiederhole, er war umgeben von einem herrlich schiefen Lattenzaun, der seiner eigentlichen Aufgabe, nämlich einzäunend grenzhaft zu wirken, überhaupt nicht gerecht wurde. Im Gegenteil, er wirkte einladend und passte sich der ihn umgebenden nichtlinearen Landschaft an. Dieser Gemüse- und Beerenobstgarten war ein einziges Schlaraffenland für mich, schier unerschöpflich in seiner Vielfalt, und aus meiner kindlichen Perspektive war alles riesig, vor allem waren es die Himbeeren, die ich wie einen Urwald in Erinnerung habe. Zur gegebenen Zeit waren dort so viele Maikäfer zu finden. Sie waren ein herrliches Spielzeug. Es gab leicht farbliche Unterschiede unter ihnen, nach denen wir sie benannten, - Schornsteinfeger, Müller usw. Zeitweilig war die Plage so groß, dass uns die Eltern mit Milchkannen in den Wald schickten, um Maikäfer zu sammeln, die an das Federvieh auf dem Hof verfüttert wurden. - Nun, zu guter Letzt, als wäre alles noch nicht schön genug, bildete ein romantisches Ziehbrünnele in der Ecke des spitzzulaufenden Gartens den krönenden Abschluss.

An eine aus heutiger Sicht unglaubliche und ziemlich ekelhaft erscheinende Situation erinnere ich mich, die ich aber damals als, na, vielleicht nicht gerade lustig, aber schon ganz selbstverständlich empfand: An der einen Seite des Wohnhauses hatten meine Eltern einen nagelneuen, für die damalige Zeit modernen Hühnerstall errichtet oder errichten lassen. Im neuen Hühnerbesatz brach aber plötzlich die Hühnerpest aus. Das Kuriose: mein Freund Beck Werner und ich bekamen den Auftrag, Hühner zu schlachten. Sicherlich haben wir sie nicht alle geschlachtet, doch an einige Enthauptungen erinnere ich mich schon noch genau, vor allem an den Schleim, der den Hühnern aus dem Schnabel lief.

Nun aber zur Brauerei: Das gesamte Gelände war riesengroß und bestand für mich nur aus märchenhaften Höhepunkten. Egal von welcher Seite man kam, Freude kam immer auf, wenn ich mich ihr näherte. Kam ich »uba rem«, kündete der Brauerteich bereits von der naheliegenden Brauerei. Ein Stückchen weiter links grenzte schon der große, wunderschöne Garten an den Weg. Dann ging es links die Brauergasse hinunter an den Stallungen vorbei. - Stallungen zur Brauerei gehörig, wie das? - Fast alle Brauereien hatten damals Landwirtschaft dabei, der Pferdehaltung wegen, da das Bier noch per Kutsche über Land verteilt wurde. Die Kuhhaltung war wegen des anfallenden Trebers ein willkommener Nebenverdienst.

Das Hauptgebäude, die Fabrik mit Wohnteil, grenzte zur Linken der Brauergasse an die Dorfstrasse, die Einfahrt aber war von der Gasse aus. Überall roch es herrlich nach Bier, Malz und Treber. Von der Dorfstraße aus gab es ebenfalls viele vertraute Anzeichen, wie zum Beispiel ein langes Rohr, das aus einer an die Straße angrenzenden Mauer der Brauerei herausragte, aus dem der Biertreber auf die darunterstehenden Pferdewagen floss - und das roch so herrlich; rund um das ganze Gebäude waren die typischen Brauereigerüche. -

Vom Brauereihof aus ging man rechts an einem kleinen Vorgarten vorbei in den Wohnteil. Dort herrschte stets eine emsige, gemütliche Atmosphäre; Tanten, Onkel und Großeltern wirkten geschäftig umeinander. - Da war zunächst mein Großvater, Apapa, wie wir Kinder ihn nannten, der patriarchalische Mittelpunkt des Ganzen, würdig, freundlich und respekteinflößend. - Amama, unsere Großmutter, im Range, wenn ich es einmal so sagen darf, wohl an zweiter Stelle, war immer lieb, freundlich und stets darauf bedacht, dass alles in größter Harmonie verlief. - Von den Tanten war natürlich Tante Eva der unumstrittene Mittelpunkt. Ansonsten, würde ich sagen, hatten für mich auch hier alle Personen nur eine Randbedeutung; sie waren Figuren in einem Märchen: Alle habe ich wie gute Geister in Erinnerung, die zu einem unvergesslichen großen Ganzen beitrugen.

Viele Festlichkeiten fanden in der Brauerei statt. Da gab es immer wunderbares Essen in großer Familienrunde, und für uns Kinder waren Malzbier und Limonade in so einem Kreis nicht wegzudenken.

An ganz besonderen Tagen im Sommer fand etwas statt, das ich nachzeichnen könnte: Tante Bärbel, wuschprig, rührig und immer in Bewegung, war der Mittelpunkt dieses Geschehens: sie machte Eis, ja, richtiges Speiseeis. Warum ich das so betone? Eis konnte man damals noch nicht an jeder Ecke kaufen, es war wirklich etwas Außergewöhnliches, und die Rarität dieses Ereignisses war's wohl auch, weshalb die gesamte Zeremonie des Eismachens so große Beachtung fand. Schon die Ankündigung versetzte mich in eine freudige Achtsamkeit. Die Eismaschine sah aus wie eine Wäscheschleuder. In diesem zylinderartigen Gefäß war ein Einsatz mit etwas Platz drum herum, der mit Eisstückchen aus dem Eiskeller der Brauerei und etwas Viehsalz ausgefüllt wurde. In dem Einsatz befand sich der, ich möchte sagen, Eissud. Die Zubereitung dieses Suds erforderte sehr viel Arbeit - so Tante Eva - , er wurde gekocht und mit Früchten versehen, wobei ich mich nur an Erdbeeren erinnern kann. Und dann die eigentliche Zeremonie des Eisherstellens: Der Sud mit den Erdbeeren in dem Einsatz wurde dann von Tante Bärbel von Hand gedreht, und zwar machte sie das immer vor der Küche unter der Treppe. Wir Kinder standen drum herum und bestaunten das Wunder des Eismachens mitten im Sommer. Dieses holpernde, mahlend scheuernde Geräusch, verursacht von den Eisstückchen und dem Viehsalz, ist mir ebenfalls unvergesslich und gehört in das Märchenbuch meiner Erinnerungen. - Und dann wurde der zunächst flüssige Sud immer steifer bis er schließlich und endlich die Konsistenz von Eis annahm. Von allen Seiten war »ah« und »oh« und »mm« zu hören. Es war ein wundervolles Eis, das beste natürlich von der ganzen Welt.

Nach dem kulinarischen Teil zogen alle um in die angrenzende Wohnstube zum gemütlichen Abschluss. - Übrigens, zu den Tanten gehörte auch »Ingele«, sie war geistig behindert, saß immer auf einem fahrbaren Stuhl und gehörte für uns Kinder einfach dazu. - Nach Kaffee und Kuchen und ausgiebigem Plausch folgte stets der musikalische Teil. Tante Eva setzte sich an das Klavier und begleitete meine Mutter zu klassischen Liedern. Alles lauschte ihrer wunderbaren Stimme, alle waren wir beeindruckt und stolz. Hatte meine Mutter einiges aus ihrem Repertoire gesungen, spielte Tante Eva lustige Kinderlieder und forderte uns Kinder zum Mitsingen auf. - Ich sage euch: In der Brauerei gab es nur »high lights«, nur Freudiges und Schönes hab ich in Erinnerung.

Um in den Garten zu gelangen, ging man zunächst über den Hof und dann durch die Stallungen. Auf dem Weg war aber ein kleines Hindernis zu bewältigen: Zum tierisch lebenden Inventar gehörte ein Pfau, den wir zärtlich Pfaufi nannten, obwohl er es gar nicht verdient hatte; denn er war bösartig und betätigte sich als Wegelagerer. Er sah zwar sehr schön aus, doch konnte dies seine Hinterhältigkeit nicht wettmachen. Stets aus dem Hinterhalt griff er nämlich an, sprang auf die Schultern und versuchte, uns - na, zumindest einen Schreck einzujagen. Irgendwann musste er das mit dem Leben bezahlen. Nach dieser Hürde aber entschädigte uns ein kleines Paradies. Ich finde zu wenig Superlative, um diesen Märchengarten mit seiner Vielfalt bunter Blumen zu beschreiben. Aus meiner kindlichen Perspektive schien er mir unendlich. Inmitten dieser Pracht stand eine von wildem Wein umrankte Sommerlaube, ein Hort der Freude im Rahmen familiärer Zusammenkünfte. Festlich war immer der Tisch gedeckt. Tanten mit weißer Schürze schwirrten betulich umher und sorgten, dass es an nichts fehle. Als würdigen und liebevollen Mittelpunkt sehe ich Amama und Apapa vor mir. Hin und wieder waren auch ein oder mehrere Onkel zugegen, kriegs- und berufsbedingt war das aber nicht die Regel. - Es gab Kaffee und »Sträselkucha«, Malzbier und Limonade. Es wurde musiziert, geplauscht und gelacht. - Der prachtvolle Blumengarten verlief sich in einen großen Obstgarten mit einem romantischen Brünnele, - so ist's mir im Gedächtnis.

Ein weiteres Ereignis, an das ich mich gut erinnere, waren die Kinderfaschingsfeste in der Brauerei. Eine ganze Menge Kinder waren da zugegen, Cousinen, Vettern und andere, die alle nicht zu meinen täglichen und liebsten Spielkameraden gehörten. Es waren sicher gut gemeinte, organisierte Kinderfeten, die für mich aber nicht in das Märchenbuch meiner Kindheit gehören. Warum wohl? Sicher deshalb, weil hier schon etwas Gängelei dabei war und dieses Erlebnis nicht der eigenen Kreativität entsprang und vor allem nicht in meiner geliebten freien Natur stattfand mit den benachbarten, aus einfachen Häusern stammenden Freunden. Ich habe immer wieder erwähnt, dass in meiner frühen Kindheit Erwachsene nur am Rande eine Rolle gespielt haben; das trifft natürlich mehr oder weniger auch auf meine Eltern zu. Ich erwähne ja auch immer wieder Vater und Mutter, zwar ungenau, doch ist daraus zu ersehen, dass sie der Kern und die Seele allen Geschehens waren. Vor meinem Vater hatte ich hin und wieder Angst, aber nur wenn ich etwas ausgefressen hatte. Angst vor meiner Mutter hatte ich nie. Ich fand immer Schutz und Zuflucht bei ihr, wenn ich Strafe von meinem Vater zu erwarten hatte; drum ist es nicht verwunderlich, dass ich immer versuchte, meiner Mutter eine Freude zu machen, sei es, dass ich ihr Blumen pflückte oder Heilkräuter sammelte und vieles andere. Sie konnte sich so unendlich über etwas freuen. Meine Schwestern Gabriele und Renate waren natürlich stets zugegen, doch könnte ich fast nichts Genaues von ihnen erzählen, wie gesagt fast: So erinnere ich mich an eine von mir bereits geschilderte Wünschelburgfahrt, bei der meine kleine Schwester in einem unbeaufsichtigten Moment fast ertrunken wäre; das ist aber auch schon alles. Von Renate weiß ich schon etwas mehr, sie ist ja auch drei Jahre älter als ich. Eine lustige Begebenheit werde ich noch erzählen.

Herbsteszeit:

Die Tage wurden kürzer, es kündigte sich der Herbst an. Er war ähnlich kurz wie das Frühjahr, aber nicht so berauschend schön wie der Frühling mit seinem zauberhaften Blütenreichtum und Düften. Dennoch gehört auch er in das Märchenbuch meiner Kindheit.
Es war eigentlich noch Spätsommer, hie und da gab es aber schon herbstliche Vorboten. Die Getreideernte war beendet, und ausgedehnte Stoppelfelder prägten die Landschaft. Ochsen- und Pferdegespanne, die die Felder noch bearbeiteten, sorgten dafür, dass dieses Bild für längere Zeit erhalten blieb. - Ein ganz besonderes Erlebnis stand in Aussicht: Das Kartoffelfeuer.
Nun müsst ihr wissen, dass zu jener Zeit, als noch alles per Hand gemacht wurde, die Felder auch noch nicht so unkrautfrei waren, wie es heute üblich ist unter Einsatz von Herbiziden. Die Folge war, dass eine Unmenge Kartoffelkraut und vor allem Quecke anfielen. Dieses ganze Kraut wäre störend gewesen bei der späteren Bearbeitung des Feldes, drum wurde es zunächst mit einer Egge in Schwaden zusammengeschleppt und dann zum Trocknen in Haufen zusammengetragen, damit es später verbrannt werden konnte.
Diesem Augenblick fieberten wir förmlich entgegen, wir konnten es kaum erwarten schon allein des Zündelns wegen, was ansonsten ein absolutes Tabu war. Zunächst suchten wir aber alle liegengebliebenen Kartoffeln auf - ein mühsames Unterfangen; denn die Erwachsenen hatten gründliche Arbeit geleistet. Doch in Erwartung des bevorstehenden Genusses zeigten wir große Ausdauer. Nun aber zündeten wir den ersten Haufen an und

bombardierten ihn mit den zuvor mühsam zusammengesuchten Kartoffeln. Viele Faktoren spielten eine Rolle, die zum Gelingen äußerst wichtig waren. Das Feuer brannte zwar zunächst, fing dann aber an zu schwelen wegen der Restfeuchte, die das Kraut noch hatte. Das war schon mal ganz wichtig, denn nun hatten die Kartoffeln genügend Zeit zu garen, ohne gleich zu verkohlen. Mangels geeigneten Brennmaterials ist es uns später in Ostfriesland auch nie so gelungen. - Wenn dann der Moment gekommen war, dass das Feuer zur Neige ging, stocherten wir schon mal die ersten Proben aus dem Haufen. Ach, war das ein Genuss - nie mehr habe ich solch herrlich schmackhafte geröstete Kartoffeln gegessen.

Der Grund hierfür ist einfach der, dass es heute kein Kartoffelkraut mehr gibt und auch keine Quecke, die verbrannt werden könnte. So wie nur bestimmtes Holz zum Räuchern geeignet ist, so ist zunächst einmal das Brennmaterial und dann das rauchige, feuchtigkeitsbedingte Schwelen wichtig für das Gelingen eines solchen »Kartoffelfeuermahls«. - Um das Kartoffelfeuer gesellten sich nicht nur wir Kinder, auch die Erwachsenen wussten das Genüssliche zu schätzen, die sich aber erst am Abend nach getaner Arbeit einfanden, und im Dämmerlicht genossen wir gemeinsam die abendliche Romantik.

Von Zeit zu Zeit liefen wir Jungs über die herbstlichen Felder und suchten nach distelähnlichen Gewächsen, deren knollenartige Wurzeln essbar waren und einen süßlich leckeren Geschmack hatten. Ich weiß nicht, um welche Pflanze es sich handelte, ist mir auch egal, vielleicht wisst ihr es ja; jedenfalls scheuten wir keinen Weg, denn es war mühsam, sie zu finden. Wir legten deshalb große Suchwege zurück.

Unterwegs begegneten wir immer wieder den vertrauten Relikten kindlicher Gegenwart, vor allem waren es Bäume, von denen jeder seine kleine Geschichte hatte. Nirgends standen sie in Reih und Glied. In einem lichten, unregelmäßigen Durcheinander waren sie markante Punkte in einer lieblichen und bezaubernden Landschaft. Da waren die vielen Obstbäume, die überall herumstanden, alle hätten etwas erzählen können: Der arg ramponierte Birnbaum in der Welzeltilke zum Beispiel, der uns im Winter als Prellbock diente, damit wir mit dem Schlitten nicht in die »Baache« fuhren, der »Zapplabännabahm« (Birnbaum) am Groschhäusel unterhalb unseres Hofes und der Klarapfelbaum, in dessen Spitze ich saß, um im Klange unserer lieben »Schwoabaleiermusik« den Kassierer zu spielen. Da stand der Apfelbaum, an dem die Schaukel hing und noch viele, viele andere Bäume, die zum Panoramabild meiner Erinnerungen gehören.

Die herbstlichen Köstlichkeiten trugen wir oft zusammen, horteten sie und spielten damit. An einen beliebten Ort entsinne ich mich, aber nicht, ohne dass mir etwas gruselig dabei wird: Wir hatten uns oberhalb des Gemüsegartens einen unterirdischen Bunker gebaut. Ein mühseliges Unterfangen war das, und nur mit der bewährten Hilfe der Älteren brachten wir das in dem steinigen Boden zustande. Dieser Bunker bot Platz für sechs bis sieben Kinder, war mit Holz und Erde überdeckt, so dass er von außen nicht bemerkt werden konnte. Als Ein- und Ausstieg diente ein kleines Loch, einer Fuchsröhre ähnlich. Diesen Unterstand hatten wir mit Stroh ausgelegt, das wir aus der benachbarten Scheune hatten. Die Wände waren mit Löchern versehen, in denen wir zum einen unseren Vorrat, Obst und Röstkartoffeln vom Kartoffelfeuer lagerten, zum anderen aber und nun kommt das Unvorstellbare - kleine »Talklichter« stehen hatten, die natürlich wegen des sonstigen spärlichen Lichteinfalles immer brannten. - Hierzu ist wohl jeglicher Kommentar überflüssig.

Wenn ich im nachhinein darüber nachdenke, mit welch großer Geschicklichkeit ich so allerlei als kleiner Pimpf bereits angefertigt habe, dann überlege ich schon mal, woran das wohl gelegen haben kann. Sicher war ich kein besonderes Talent, eher wird mir wohl die Not, sprich das Nullangebot an vorgefertigtem Spielzeug, zu Fertigkeiten verholfen haben, zu denen mein Vater mit seiner handwerklichen Geschicklichkeit sehr viel beigetragen hat.
Ein herrliches Vergnügen bereitete uns das Drachensteigenlassen. Natürlich wurde der nicht in irgendeinem Laden gekauft, sondern mein Vater zeigte mir, wie das gemacht wurde. Zusätzlich spornte er mich an, indem er mir die Geschichte von dem riesengroßen Drachen erzählte, den er und Onkel Rother als Jugendliche konstruierten, der so groß war, dass er eine Gondel tragen sollte, in die man sich hineinsetzen konnte. Dieses Flugmanöver sei aber gescheitert, was meinem Interesse an dieser Geschichte aber keinen Abbruch tat. - Das Gerüst für einen Drachen bildeten zwei Weidenruten, die überkreuz nach einem bestimmten Maß zusammengebunden, mit einer dünnen Schnur umspannt und dann mit Kartonpapier beklebt wurden. Als Kleber diente

»Mehlpaps«, ein übliches Klebemittel, sozusagen das damalige UHU. Angespornt von Vaters Geschichten bauten wir die Drachen natürlich so groß wie möglich, je größer um so spannender. Den Schwanz des Drachens fertigten wir aus Schnur mit drangebundenen Papierfetzen. War der zu kurz , konnte unsere Arbeit nach einem Sturzflug zunichte sein. Es gehörten jedenfalls viele, viele Probeflüge dazu, bis so ein Gerät richtig flog. - Welch ein Vergnügen dann aber. -
Meine Lieblingsbeschäftigung, wenn herbstliches Unwetter keinen Aufenthalt im Freien ermöglichte, waren kleine Laubsägearbeiten, eine Fertigkeit, die mir auch mein Vater beibrachte. Das Sperrholz hierfür »organisierte« ich vom »Moschner Tischler«. Ebenso selbstverständlich, wie ich die Peitsche vom Herrmann Sattler bekam, gab mir der Moschner Tischler Sperrholzreste. Ich scheute diesen für mich relativ weiten Weg nicht, allein schon deshalb, weil ich den Geruch des Holzes in der Tischlerwerkstatt so gern hatte.
Es ist schon merkwürdig, dass all diese Sinneseindrücke, Gerüche zum Beispiel, mich ein Leben lang an solche Momente erinnern, die so weit zurück liegen.
So ein Sperrholzrest war für mich etwas ganz Besonderes, und so behandelte ich ihn auch.

Wurden die Tage kürzer, und der Winter kündigte sich hie und da schon mal mit einer frostigen Nacht an, war »Schweinschlachten« angesagt. Das war nun nicht einfach so, Schwein geschlachtet, verarbeitet und fertig; nein, es wurde ein Fest daraus gemacht und was für eines! Die gesamte Verwandtschaft nahm daran teil, und das halbe Dorf profitierte davon.

Die Vorbereitungen begannen schon am Tage vorher: »Manne frie do kemmt der Fläscher, manne frie wät Schwein geschlacht, leht a langa Striek zurechte, denn es ies a bieses Schwein« (morgen früh da kommt der Fleischer, morgen früh wird Schwein geschlachtet, legt einen langen Strick zurecht, denn es ist ein böses Schwein), so wurde es singender Weise angekündigt. - Früh morgens begann schon ein aufgeregtes, nicht unfröhliches Treiben. Vor allem heißes Wasser musste in ausreichender Menge parat stehen, »dos der Fläscher nischt zu meckan hotte« (damit der Fleischer nichts zu meckern hatte); denn der »Fläscher« (Fleischer) hatte für diesen Tag, als unumstößliche Autoritätsfigur und in der Tageshierarchie an der Spitze, das absolute Sagen. - Wir Kinder standen immer nur am Rande des Geschehens. Neugierig und staunend schauten wir zu, wie gekonnt und perfekt der Fleischer das Schwein zerteilte, die Därme für die Wurst auswusch und in großen Kübeln die Wurstfüllung zubereitete und abschmeckte, mal zufrieden nickend, mal stirnerunzelnd, kritisch dreinschauend; dann kam noch eine Priese irgend eines Gewürzes hinzu. Während der Fleischer behände werkelte, hatte meine Mutter bereits einen großen Kübel mit Weißbrot eingeweicht. Weißbrot war nämlich die Grundsubstanz für die berühmte schlesische »Woaschtfelsel« (Wurstfülle, oder so). - (Zwischendurch muss ich wiederholend erwähnen, wie unzulänglich ich diese Übersetzungen finde, ungern mach ich das). -
Hinzu kam noch allerhand »Schweinisches«: Brühe, Leber und so weiter. Das fertige Gemisch war eine riesige Menge, schmeckte köstlich und war ob des hohen Brotanteils sehr bekömmlich. »Woaschtfelsel« gab es

auch in Blutwurstart; die Zubereitung war in etwa dieselbe, nur wurde das Ganze, glaub' ich, mit Graupen versetzt und ebenfalls in großen Mengen hergestellt. Und nun kommt das Witzige: All diese riesigen Mengen »Woaschtfelsel« von dieser und von jener Sorte waren für den sofortigen Verzehr bestimmt. - Wer das alles essen sollte? Nun, jetzt traten wir Kinder in Aktion; es war nämlich unsre Aufgabe, diese Köstlichkeit, - denn das blieb sie auch trotz der Menge, - zwar nicht im ganzen Dorf, aber immerhin in der mittel- und unmittelbaren Nachbarschaft zu verteilen. Das war ja auch schon allerhand in einem viertausend Einwohner zählenden Dorf. Es gab viele arme Leute im Ort, die sich darüber besonders freuten, und für uns Kinder war es ein großes Glücksgefühl, vor allem in den Haushalten, in denen meine lieben Spielfreunde zu Hause waren.

Die »Woaschtfelsel« wurde meist in Naturdärme abgefüllt, sie wurde aber auch lose verteilt, schließlich war so ein Schweinedarm nicht endlos. Übrigens nannte man sie dann - »Wellwäschtlan«, mit Spitznahmen »Sammelsäcke«(Semmelsäcke), ob ihres großen Brotanteils.

Hierzu eine kleine Schnoke: Im Gasthaus saß ein Mann und bestellte sich »a Wellwäschtla«. Als der Gastwirt ihm das brachte, sagte er: »Ne Sammel hät iech ju etza, jetze mecht iech oaber ganne nooch a Wäschtla« (eine Semmel hätte ich ja jetzt, nun möchte ich gerne noch ein Würstchen).

Ich sage euch, diese »Wellwäschtlan« waren eine Köstlichkeit. Man konnte die Füllung so herrlich aus der Pelle drücken und dann - gebraten mit schlesischem Sauerkraut - mmm ein Genuss und viel und lange konnte man essen, weil's ja so verdaulich war.

Nun, das war der eine Teil vom Schweinschlachtfest, der uns Kindern die meiste Freude bereitete; der andere Teil aber war schon fast eine festliche Zeremonie mit großer Tradition: Das sogenannte »Woalfläschassa« (Wellfleischessen). Der Schweinekopf, großzügigst abgeschnitten, wurde in einem großen Kessel gekocht und restlos aufgegessen. - Wie ist das möglich? Eine berechtigte Frage, doch leicht zu beantworten: Zum Mittagessen, meist etwas später, erschien die gesamte Verwandtschaft - Onkel, Tanten, Großeltern usw. usw. und das waren nicht wenige. In der »guten Stube« war eine festliche Tafel gedeckt, an der auch wir Kinder unseren Platz hatten. Wieder war es die schlesische Gemütlichkeit, die sich mit ihren herrlichen Düften in allen Räumlichkeiten verbreitete. Raunend, plauschend, fröhlich schwatzend und schmatzend genoss man die kulinarische Gegenwart. Zum Wellfleisch gab es natürlich selbstgemachtes Sauerkraut und frisch geriebenen Kren (Meerrettig). Nach dem ausgiebigen Mahl gab es Kaffee und dann, ganz klar, den zur Verdauung unentbehrlichen Schnaps, nicht einen, nein viele, und dazu selbstverständlich »Thienelt Bier«.

Ein neues Kapitel:

Zu den vier Jahreszeiten fällt mir nun nichts mehr ein, drum möchte ich mit einem neuen Abschnitt beginnen, der zwar noch immer in meine unbeschwerte Kindheit fällt, aber doch schon von vielem geprägt ist, dessen Grund wohl im zunehmenden Einfluss der Erwachsenen zu suchen ist.
Das katholische Leben habe ich, solange ich nicht zum Religionsunterricht musste, als sehr angenehm und dazugehörig empfunden; seien es die besinnlichen Kirchgänge im Sommer und im Winter, so wie ich es euch erzählt habe, oder die verträumten Wanderungen zur Bergkapelle auf dem Kreuzweg, zu denen natürlich auch die Limonade in der Lukasbaude gehörte.
Da ich mit sechs oder sieben Jahren schon zur Kommunion gehen sollte, musste ich natürlich vorher in den vorbereitenden Kommunionsunterricht. Nun war's aber schlagartig aus mit verträumter Besinnlichkeit.
Ich erinnere mich, dass ich als erstes eingebläut bekam, dass es neben dem lieben Gott auch noch den Teufel gebe, mit allem, was dazu gehört. Der liebe Gott wohne im Himmel, und der Teufel sei für die Hölle zuständig. Der liebe Gott belohne das Gute, und der Teufel bestrafe das Böse. Jäh wurde ich aus meiner Einheit mit der Natur gerissen. Das Böse waren die Sünden, die man beging, und da ich als kleiner Kerl noch nicht wusste, was Sünde war, wurde mir das vom Herrn Pfarrer erklärt. Das war sehr wichtig; denn schließlich musste ich vor der Kommunion erst mal zur Beichte gehen. Zuvor musste ich meine Sünden auswendig lernen, weil ich ja noch nicht wusste, was das war.

Empfängst du nämlich die heilige Kommunion mit auch nur einer einzigen ungebeichteten Sünde, kommst du in die Hölle.
Die Hölle besteht aus einem riesengroßen Ofen mit loderndem Feuer, in das du dann hineingeschmissen wirst, wenn du tot bist, um dort ein »Leben« lang zu schmoren - und wie weh das tut - und nie wieder kommst du da heraus. Aber du bist ja ein braver Junge und bemühst dich, nicht in die Hölle zu kommen. - Es gibt unter den Sünden die Todsünden, dann kommst du in die Hölle, und es gibt die sogenannten lässlichen Sünden. Wenn du zum Beispiel nur einfach fluchst, kommst du in das Fegefeuer, sagst du aber »verflucht,« kommst du in die Hölle.
Fegefeuer ist wie Hölle, nur entlässt dich der Teufel irgend wann, je nach Qualität deiner lässlichen Sünden. - Da stand ich nun und begriff die Welt nicht mehr, und der katholische Herr Pfarrer hatte erreicht, was er erreichen wollte: Mir nämlich ein schlechtes Gewissen einzureden.
Es nahte der Tag der Erstkommunion. Einen Tag vorher musste ich das erste Mal zur Beichte gehen und - oh je, hoffentlich würden mir auch alle auswendig gelernten Sünden einfallen. In einem düsteren Beichtstuhl musste ich niederknien vor einer Art Gitter, hinter dem ich die nach Mottenkugeln riechende Gestalt des Herrn Pfarrers entdeckte, der mich mehr oder weniger wohlwollend ernst aufforderte, meine Sünden zu beichten. Da ich, um hören zu können, meinen Kopf ganz nahe an das Gitter halten musste, gewahrte ich einen Atemgeruch, der nicht zu meinen schönsten Erinnerungen zählt.

Als Buße bekam ich einiges zu beten und als Auflage, vor der Kommunion nichts zu essen, was wohl ganz allgemein galt. Ein Nichtbefolgen hatte Hölle zur Folge. - Nun wachte ich in der Nacht vor der Erstkommunion einige Male vor Aufregung auf und spuckte irgendwo hin, weil ich nicht genau wusste, ob heruntergeschluckte Spucke auch als Essen galt.

Auf jeden Fall ging ich mit einem schlechten Gewissen zur ersten Kommunion, hatte ich doch aus Versehen ein paar Mal Spucke geschluckt. An die Feier anschließend kann ich mich nur vage erinnern, an das, was ich geschildert habe, aber sehr genau. Es war für mich aus heutiger Sicht eine Form von Kindesmisshandlung.

Die katholische Kirche konnte nicht früh genug damit beginnen zu drohen. Die Art, kleinen Kindern schon so früh ein schlechtes Gewissen einzureden und ihnen Angst zu machen, war zumindest für mich viele Jahre negativ prägend. Das Ganze wurde später in der ostfriesischen Diaspora auf übelste Weise fortgesetzt von einigen fanatischen Weibern, bei denen wir Religionsunterricht hatten. Zum Glück überwog aber meine Unbekümmertheit, und die unbeschwerte Kindheit überdeckte alle Vorstellungen von Gott, Himmel, Hölle und Teufel. Ich kann jedoch nicht ganz verhehlen, dass es mich unterschwellig belastete. Erst als älterer Mensch dachte ich darüber nach, informierte mich und konnte mich davon befreien. - Ab der Erstkommunion war es auch aus mit der Gemütlichkeit in der Kirche. Nun hatte ich brav zwischen den anderen Kindern zu sitzen und musste peinlichst darauf achten, alle Sitz-, Steh-, Knierituale einzuhalten, im Hinterkopf stets Himmel - Hölle - Fegefeuer.

Auch an meine einjährige Schlegeler Schulzeit knüpfen sich keine sonderlich schönen Erinnerungen. Die uneingeschränkte Einheit mit allem, was mich umgab, bekam die ersten kleinen Risse, auch eine Folge des Einflusses Erwachsener. Plötzlich hieß es, du bist schlecht oder gut, es ist richtig oder falsch.
Richtig wurde gelobt, falsch bestraft und zwar so kräftig, dass noch heute kleine Narben davon auf dem Rücken zu sehen sind. Der Lehrer hieß Göbel. Wir nannten ihn »Göbeltone Votzkanone«. Das hatte er wohl mal von mir gehört und sich dafür erbärmlich an mir gerächt, indem er mit einer Sende auf mich einprügelte, so dass Bläschen auf meinem Rücken, deren Ursache eine Kinderkrankheit war, zerplatzten und kleine Narben hinterließen.
Ich weiß, dass meine Mutter sich darüber empörte und sich das wohl auch nicht hat bieten lassen, wie sie mir viel später erzählte. Doch sind dies nur kleine Schatten, die im sonnigen Lichte meiner so wunderschönen Kindheitserlebnisse fast im Hintergrund verschwinden.
Zu meinen Erinnerungen an Schlegel reihen sich auch viele Ereignisse, deren Ursache eine Folge der Kriegswirren waren. Mein Vater, zunächst als nahrungsbeschaffender Landwirt vom Kriege verschont, wurde zu guter Letzt noch eingezogen und musste an die Front. Meine Mutter bewirtschaftete in dieser Zeit den Hof allein. Ihr zur Seite standen zwei Ungarndeutsche, der Steffan und die Genoveva. Die Genoveva war eine lebenslustige Person, uns Kindern sehr zugetan, und sie konnte gut kochen. Sie machte leckere Quarkklöße, an die ich mich so gut erinnere und die ich nachher nie wieder so gegessen habe. - Steffan war ein ganz ruhiger

Mann, der so gern rauchte, aber nur selten Tabak hatte. Mein Vater schickte von Zeit zu Zeit aus dem Kriegsgeschehen Tabakpakete aus irgendwelchen östlichen Anbaugebieten. Ich erinnere mich an diese Päckchen deshalb so gut, weil ich an der freudigen Zeremonie dieses Ereignisses teilhatte. In den Päckchen lagen ganze Tabakblätter, schön gefaltet in kleinen Stapeln. Sie hatten eine elastische, gummiartige Konsistenz und mussten nur noch geschnitten werden. Hin und wieder durfte ich dem Steffan einen kleinen Stapel von den Tabakblättern schenken. Ich werde die Seeligkeit dieses Mannes nicht vergessen. Er saß immer auf der Küchenbank, während ich ihm zuschaute, wie er freudig und bedächtig den Tabak in Streifen schnitt, sich dann die Pfeife stopfte und genussvoll, hintenüberlehnend mit halbgeschlossenen Augen die ersten Züge tat. Die Freude dieses Mannes war Anlass immer wieder meine Mutter anzubetteln, dem Steffan Tabak schenken zu dürfen. Sie gab stets und der Kreislauf der Freude hielt so lange an, bis der Vorrat erschöpft war.

An die Kindergeburtstagsfeiern erinnere ich mich zwar, doch waren sie, was sie eigentlich hätten sein sollen, keine Höhepunkte, von denen ich besonders schwärmen könnte. Hier wurde viel Wert auf Etikette gelegt, weshalb nie meine lieben Spielfreunde aus meinem täglichen Umgang eingeladen wurden, sondern Kinder aus »vornehmen« Kreisen, sehr zu meinem Unwillen; als da waren: Hanno Pilati, Sohn des Dorfgrafen, - Christoph Wittig, - Arno Thienelt, mein Vetter, - Cousinen usw., - alles Menschen, gegen die ich nichts hatte, doch gehörten sie nicht in das Märchenbuch meiner Kindheit. Es entstand auch keine große Harmonie, im Gegenteil, ich erinnere mich, dass Hanno Pilati meinem Spieltrieb nicht gewachsen war und ich ihn einmal kurzerhand in die Scheune sperrte; dies galt natürlich als ungehörig. - Von den Geburtstagen im Schloss Pilati beeindruckten mich die saalähnlich großen Räume, nicht aber das gute Benehmen, welches ich dort unter Beweis stellen musste.

In ganz, ganz lieber Erinnerung sind mir aber die Kindergeburtstagsfeiern im Wittig-Haus im Schlegeler Neusorge. Allein dieses anmutige kleine Häuschen, mit dem für diese Gegend ungewöhnlichen Spitzdach, wirkte auf mich wie ein Pfefferkuchenhäuschen inmitten einer idyllischen Natur, nicht weit von meinem geliebten »Kärchlabarg« (Kirchelberg). Das Innere dieses Häuschens war ausgestattet mit lauter Schnitzereien und vielen anderen kleinen anmutigen Kostbarkeiten. Ich weiß nur, dass die Ausstrahlung dieses Häuschens an sich schon keine Disharmonie zuließ. Petz Wittig, der ältere Bruder des Geburtstagskindes Christoph, beschäftigte sich sehr mit uns, - er spielte mit uns und trug mich auf seinen Schultern durch alle Räume; dadurch begegnete ich auch Personen, die nicht zum Spielkreis der Kinder gehörten. Ich meine hier vor allem Professor Joseph Wittig, auf den ich euch eingangs bereits aufmerksam gemacht habe. Ich habe das Bild dieses Mannes, ähnlich wie das meines Großvaters, ganz deutlich vor Augen als eine würdige, ältere Person, deren Äußeres mit seiner freundlichen Ausstrahlung irgendwie Mittelpunkt dieser angenehmen Umgebung war. Von alledem, insbesondere aber von diesem eindrucksvollen kleinen Häuschen habe ich ein genaues Bild im Gedächtnis, das dem Vergleich, als ich es 1984 wiedersah, standhielt.

Dem aktiven Kriegsgeschehen war Schlegel nie ausgesetzt, das heißt, es ist nicht in die Frontlinie geraten; dadurch ist es uns Kindern erspart geblieben, Zeuge von irgendwelchen Gemetzeln zu werden. Von den sonstigen Wirren während des Krieges habe ich so gut wie nichts mitbekommen, ein erwähnenswertes, großes Verdienst meiner Eltern, die uns nie von den sie bedrückenden alltäglichen Sorgen etwas merken ließen. - In den letzten Kriegstagen spürte ich aber doch, wie meine Mutter oft traurig dreinblickte, war sie doch im Ungewissen, ob mein Vater noch nach Hause kommen und überhaupt noch leben würde. - Eines Tages aber, als wir gemeinsam im Hof beschäftigt waren, sah ich plötzlich ein Pferdegespann in gallopierender Fahrt auf der Reichelgasse heraufkommen. - Wie ahnte ich das, wie kam ich überhaupt darauf? Ich weiß es bis heute nicht, habe keine Erklärung dafür, jedenfalls schrie ich ganz laut: »Der Papa kommt!« Im gleichen Moment bekam ich eine schallende Ohrfeige von meiner Mutter, die einzige, an die ich mich erinnern kann, die ich aber wie eine Streicheleinheit registrierte; denn es war wirklich mein Vater, der in einem Panjewagen mit zwei völlig durchgeschwitzten pechschwarzen Rappen in den Hof fuhr. Es ist wohl überflüssig, die wahnsinnige Freude zu beschreiben. - Es war also so, und wie oft hat es mein Vater erzählt: Am Tage der Kapitulation herrschte absoluter Waffenstillstand, für einen Tag war Frieden. Mein Vater wusste das zwar nicht, reagierte aber augenblicklich instinktiv und lief sofort los, als er hörte, der Krieg sei aus, lief einfach los, sah einen leeren mit zwei Rappen bespannten Panjewagen stehen, stieg einfach auf und fuhr `gen Heimat. Er fuhr nicht etwa auf irgendwelchen Schleichwegen, nein, er fuhr entgegengesetzt den russischen Militärkolonnen - einfach unglaublich - nach Haus. Niemand hat versucht, ihm etwas anzutun. Oft ist er angehalten und gefragt worden, wohin er wolle: »Nach Hause,« hat er gesagt, »zu Madga«. Man hat ihn fahren lassen, und ein russischer Offizier hat ihm sogar geraten, die Achselklappen seiner Uniform zu entfernen, die er nicht einmal ausgezogen hatte.

Hätte er auch nur einen Tag gezögert, nie hätte mein Vater Schlegel erreicht.

Alsbald begann eine schlimme Zeit für die Erwachsenen. Für mich aber war es noch ein Erlebnis; ich empfand es wie ein von Erwachsenen inszeniertes Abenteuer.

Nach dem unmittelbaren Ende des Krieges zogen russische Truppen plündernd durch das Dorf, vor allem hatten sie es auf Frauen abgesehen. Um dem ersten Racheansturm zu entgehen, versteckte sich das ganze Dorf. Der obere Teil flüchtete in das Schlegeler Krankenhaus, an das man ein Schild hing mit der Aufschrift: »Ansteckende Krankheiten«. Der untere Teil des Dorfes, zu dem auch wir gehörten, floh auf die Wolfskoppe; dort war mitten im Wald ein großer Steinbruch, in dem sich unser Teil des Dorfes drei Tage versteckte. Alles, was man für diese Zeit benötigte, wurde mitgenommen: Richtige Federbetten, Essen usw. Geschlafen haben wir unter freiem Himmel. Für uns Kinder war dies ein Abenteuer vom Feinsten. Das Wetter war sehr schön in dieser Zeit, und nachts schauten wir aus ganz normalen Federbetten in einen herrlichen, sternenklaren Himmel. -

In den ersten Tagen nach der Kapitulation wagten sich russische Truppen nicht in die Wälder - aus Angst vor Partisanen. Sie schossen aber ständig aus dem Tal hinauf. Ich fand das als kleiner Junge sehr interessant und kletterte aus dem Steinbruch heraus, setzte mich zwischen die Bäume und bewunderte die splitternden Einschläge der Geschosse, bis mich plötzlich jemand von hinten mit einem Ruck zurück in den Steinbruch zog. Nachdem die größte Gefahr vorbei war, zogen wir wieder in unsere Häuser zurück.
Die russische Besatzung plünderte natürlich alles, was nicht niet- und nagelfest war. Fahrräder waren hiervon nicht ausgeschlossen, sie wurden vor dem Vereinshaus neben der Brauerei in einem wilden Haufen hoch aufeinander gestapelt. Unter uns Jungens sprach sich das selbstverständlich herum. Ohne jede Scheu machten wir uns auf und suchten uns aus hunderten von Rädern das geeignete heraus, - sie waren alle ohne Bereifung. Auf die Idee, dass uns das jemand verbieten konnte, kamen wir gar nicht, ja ich kann mich nicht erinnern, dass ein russischer Soldat unfreundlich gewesen wäre. Im Gegenteil, sie halfen uns noch dabei, die wild durcheinander gestapelten Fahrräder zu entwirren, damit wir uns eines nach Wunsch heraussuchen konnten. Ich hatte mir ein schönes Herrenrad herausgesucht und fuhr damit unbehelligt, stolz »uba rem« nach Hause zum Hof - auf Felgen versteht sich. - Mein Gott, ich hatte ein eigenes Fahrrad! Damit ich es immer im Blick hatte, wenn ich es nicht benutzte, stellte ich es gegenüber vom Wohnhaus an das Scheunentor. - Als ich eines guten Tages mal wieder aus dem Fensterchen über der Haustür schaute, aus dem ich dem Herrn Inspektor das Eimer-

chen Sand auf den Kopf geschüttet hatte, sah ich das Unglaubliche: - Meine ältere Schwester Renate und ihre Freundin, die Zenker Christel, waren behände dabei, aus meinem Herrenrad ein Damenfahrrad zu machen, indem sie die mittlere Stange mit einer Eisensäge entfernten. Als ich das Unglück richtig begriff, war's schon um mein schönes Herrenfahrrad geschehen. Ganz abgesehen davon, dass mein Rad nun unbrauchbar war, konnte ich diesen technischen Unsinn nicht begreifen. - Nie habe ich das den Mädchen verziehen, und da ich als Junge sehr zum Jähzorn neigte, ist es verständlich, dass man mich nur mit Mühe bändigen konnte.

Im Sommer 1945 begann die Zwangsbesiedlung Schlesiens durch polnische Bürger, die ebenfalls ihre angestammte Heimat hatten verlassen müssen. - Sie zogen in die Dörfer und nahmen alles in Besitz. Bevor die schicksalhafte Vertreibung der Schlesier begann, mussten wir mit einer Notunterkunft im eigenen Haus vorliebnehmen. Wir wohnten in den oberen Räumen auf engstem Raum. Das einzige, was mich tief traurig machte, war, dass man mir meine Skier wegnahm. - Da ich sie zu jener Zeit aber nicht benutzen konnte, war auch dieser Schock nicht von großer Dauer.
Wie meine Eltern darunter gelitten haben, konnte ich damals noch nicht verstehen. Zu einer objektiven Betrachtung der tragischen Ereignisse war ich aufgrund meines Alters noch nicht in der Lage; drum empfand ich das meiste noch als Abenteuer, obwohl mir manches nicht ganz geheuer war: Ich erinnere mich, wie die Polen das Wasser aus dem Brauerteich abließen. Die Karpfen platschten auf dem schlickigen Untergrund des

Teiches und wurden sämtlichst abgefischt. Die vielen Goldfische jedoch verendeten fast alle. Es waren so viele, dass wir Kinder bald das Interesse daran verloren. - Ich ahnte noch nicht, wie sehr mir später dies alles fehlen sollte und welch Sehnsucht und Heimweh ich nach allem haben würde.

Auch kann ich mich an die wilden Schießereien erinnern, die die Polen bei abendlichen Besäufnissen veranstalteten. Ich beobachtete dies interessiert, indem ich mich des abends zwischen sie setzte und darauf wartete, bis sie besoffen genug waren, um mit der Schießerei aus offenen Fenstern zu beginnen.

Ich bekam eines Tages den Auftrag - von den Polen versteht sich - , Bier von der Brauerei zu holen. Ich tat dies und hatte auf dem Rückweg »uba rem« an der vollen Tasche arg zu schleppen, weshalb ich hin und wieder eine kleine Pause machte. Am Scheunentor eines am Wege gelegenen Bauernhofes, an dem ich vorbei musste, stand ein Pole und schoss mit einem Karabiner auf mich. Ob er mich treffen wollte, weiß ich nicht. Ich fand das amüsant und versuchte immer die Projektile aus den Einschusskratern am Wegesrand herauszupulen. Unbeschadet gelangte ich aber nach Haus und fand dieses Erlebnis nicht erwähnenswert.

Mein Vater arbeitete nach dem Krieg und kurz vor der Vertreibung vorübergehend in der Schlegeler Kohlengrube, doch weiß ich nicht, warum er das tat. - Zu verdienen gab es sicherlich nicht viel, auch weiß ich nicht, ob es eventuell zwangsweise war. Jedenfalls und das weiß ich noch genau: Es war im Februar 1946, große Panik brach im Dorf aus, ganz besonders aber in unser Familie. - Es kam der Befehl, innerhalb einer halben Stunde das Nötigste einzupacken, nur was getragen werden konnte: - Es begann die Vertreibung aus unserer Heimat. -

Die besondere Panik in unserer Familie hatte ihren Grund darin, dass mein Vater noch in der Grube arbeitete. Der Befehl zur Evakuierung kam zwar nicht unverhofft, doch hatte niemand mit dieser willkürlichen Plötzlichkeit gerechnet. Meine Mutter rief händeringend und weinend: »Aber der Berthold ist doch nicht da!« - Ich weiß es noch ganz genau, habe aber bis heute keine Erklärung dafür: Als ich meine Mutter weinen sah, rannte ich wie von einem Instinkt getrieben zum Hof hinaus, die Reichelgasse hinunter zum Riedelbäcker und bat in der Grube anzurufen, damit mein Vater nach Haus käme. Innerhalb kürzester Zeit stand er im Hof und konnte mit uns kommen.

Mein Vater war ein Mensch, der in kritischen Situationen mutig, unerschrocken und intuitiv das richtige Gespür hatte, so wie er es zum Beispiel auf seinem Heimweg, unmittelbar nach dem Krieg, am Tag der Kapitulation, bewiesen hatte. Mit seiner einfachen, natürlichen und sehr geselligen Art meisterte er viele Probleme, doch hatte er es trotz alledem nicht ganz leicht, in der Großfamilie voll anerkannt zu werden. Nun aber, als es um das blanke Überleben ging, waren seine Pionierqualitäten für alle von unschätzbarem Wert. Im Bewusstsein dieser Tatsache war es für meine Mutter ungeheuer wichtig, dass meine Großeltern, Amama und Apapa, bei der ersten Evakuierungswelle dabei waren; denn sie bedurften des besonderen Schutzes.

Meine Eltern hatten bereits in Erwartung der traurigen Ereignisse etwas Vorrat, vor allem Brot für die

Flucht angeschafft. In panischer Eile wurde ein kleiner Handwagen mit dem Nötigsten bepackt, unter ständiger Drohung irgendwelchen militärischen Aufsichtspersonals, das zur Eile antrieb.

Ich denke mal, ich wiederhole mich gelegentlich, doch ist dies dann auch wiederholenswert: Meine Eltern versuchten, so gut es ging, alles Leid dieser für sie fürchterlichen Augenblicke von uns Kindern fernzuhalten. Es ist ihnen, im Nachhinein betrachtet auch gelungen, so dass ich diese eigentliche Ungeheuerlichkeit fast - ich betone - fast wie ein Abenteuer empfand und von ihrer fürchterlichen Tragweite noch nicht die geringste Ahnung hatte.

Ein Teil des Dorfes wurde nun also evakuiert, das heißt, auch wir bepackten ein kleines Leiterwägelchen mit unseren wenigen Habseligkeiten. - Es muss schon ein trauriger Geleitzug gewesen sein, als wir die Flucht begannen, mit dem Wägelchen zum Hof hinaus und dann weiter, hinter uns lassend einen Geschichtsabschnitt, wie gesagt, dessen gewaltige, tragische Dimension in der Hektik des Augenblickes wohl noch niemandem so recht bewusst war.

Meine Oma und Gabriele, meine jüngere Schwester, saßen auf dem Bollerwagen. Wir anderen mussten schiebend und ziehend den weiten Weg im Schneematsch - es war Februar 1946 - zu Fuß bis zum Sammelpunkt in das leerstehende Finanzamt in Glatz. Wie ich später erfuhr, war die Qual der Ungewissheit, wo die Flucht enden würde, am schlimmsten; denn es bestand die große Angst, der Treck könne ‚gen Osten gehen. Von unseren Verwandten aus der Brauerei waren es meine Großeltern und Tante Bärbel, die mit uns mussten, wie ich es

eben schon andeutete. - Tante Eva und Tante Ruth folgten in einem späteren Treck - weshalb und wann erzähle ich euch später etwas ausführlicher.
Nach ein oder zwei Nächten Wartezeit im unbeheizten Finanzamtsgebäude in Glatz mussten wir zum Bahnhof laufen, wo eine Dampflok mit geschlossenen Güterwagen bereitstand, die uns irgendwohin bringen sollte. Die Waggons waren mit Schiebetüren versehen; drinnen stand ein kleiner Kanonenofen, und der Fußboden war mit Stroh ausgelegt. All diese fürwahr nicht gerade komfortablen Umstände waren nichts gegen das Bangen aller Flüchtenden: Wo geht die Reise hin - in den Osten oder Westen?
Ich werde diese Fluchtreise nicht vergessen, schon deshalb nicht, weil ich spürte, hier begann ein neuer, recht zweifelhafter Abschnitt meines kindlichen Daseins: - Das Märchen meiner Kindheit hatte sein Ende gefunden; es existierte von nun an nur noch in von Heimweh begleiteten lieben Erinnerungen.
Der Zug ruckte an, der Kanonenofen wackelte, Zetern und Klagen der vor allem älteren Menschen in unserem Waggon, und langsam setzte sich der Zug in Bewegung. Es war das erste Mal, dass ich ein kriegs-oder nachkriegsbedingtes Ereignis nicht nur als Erlebnis empfand. - Es überkam mich der erste Anflug von Heimweh und Ungewissheit, ein Heimweh, das ich nicht wieder loswurde, es begleitete mich jahrzehntelang, bis es schließlich sein Ende fand in einem Ereignis, das ich euch am Ende erzählen werde. Die Traurigkeit der älteren Leute steckte auch mich ein wenig an, und ich suchte Zuflucht in irgendetwas. - Da im Waggon während der Fahrt nur schummriges Licht herrschte, versuchte ich, mich mit

Allerkleinstem zu beschäftigen - aber mit was? - Ein jüngerer Mann aus unserem Dorf, ich weiß den Namen nicht mehr, merkte wohl meine Verlegenheit und bot sich an, mir ein Spielzeug aus einem Stück Holz zu schnitzen. Ich bat ihn, mir ein hölzernes Männchen zu fertigen. Er erfüllte mir meinen Wunsch.
Das hölzerne Männchen war von nun an während der ganzen einwöchigen Reise ´gen Westen mein Begleiter, Beschützer, Spielkamerad und tröstete mich in allen traurigen Momenten. Vor allem Eltern, bestimmt auch alle anderen Erwachsenen haben sich sicher ständig um uns Kinder bemüht, doch kann ich mich nur an wenige Ereignisse erinnern, meist brenzlige, bei denen vor allem mein Vater eine Rolle spielte. Nur an das hölzerne Männchen erinnere ich mich genau. Ich sprach mit ihm, und es antwortete mir, es spielte mit mir und ich mit ihm, - es war so klein, dass ich es stets bei mir haben konnte. Nachts unter Vaters Bärenpelz waren wir ganz allein, und es tröstete mich in meinem Kummer und Heimweh. Es durchwanderte mit mir in meinen Gedanken die verschneiten Berge zu beiden Seiten Schlegels. Wir beobachteten zusammen aus unserem Küchenfenster den leise rieselnden Schnee und fuhren gemeinsam auf meinen geliebten Skiern den Kirchelberg hinab. Wir dachten an die »Baache«, den Brauerteich, den tiefen Wald auf der Wolfskoppe, und es saß mit mir in Gedanken inmitten der duftenden Himmelsschlüsselchen, der Keilaka auf der Schloskiwiese.

Der Zug brauchte eine Woche von Glatz bis Marienborn. Dass dies nicht durchgehend geschah, versteht sich aufgrund nachkriegsbedingter Missstände von selbst. Immer wieder standen wir mehr oder weniger längere Zeit. Die Schiebetüren des Waggons wurden dann geöffnet, und ich konnte mit meinem hölzernen Männchen das Tageslicht genießen.

Es war stets mein Vater mit seiner natürlichen und praktischen Veranlagung, der in Notsituationen immer einen Ausweg wusste. So kann ich mich an eine Begebenheit erinnern, als wir alle großen Durst hatten und es kein Wasser gab. Die Pausen, die der Zug einlegte, aus welchen Gründen auch immer, waren stets von ungewisser Dauer. Als der Durst für alle schier unerträglich wurde, nahm sich mein Vater zwei Eimer, sprang aus dem Waggon und rannte damit während einer vermeintlich längeren Pause einfach los, um Wasser zu organisieren. Ich habe die Landschaft noch deutlich vor Augen: Es war ein leicht hügeliges Wiesen- und Ackergelände, an dessen nicht allzu weitem Horizont mein Vater bald nicht mehr zu sehen war. - Es begann ein banges Warten, denn jeden Augenblick konnte der Zug seine Fahrt fortsetzen. Je länger es dauerte, von meinem Vater war noch nichts zu sehen, desto lauter wurde das Jammern und Zetern der Erwachsenen, - nicht für mich, denn mein hölzernes Männchen und ich vertrauten meinem Vater. - Da, auf einmal ruckte der Zug an, blieb wieder stehen, ruckte wieder an und setzte sich langsam in Bewegung. Alles schrie und rief: »Der Berthold ist noch nicht da!« Weinend, händeringend und den Horizont absuchend sahen alle dem Schlimmsten entgegen: - Mein Vater müsse zurück bleiben. - Plötzlich sahen wir ihn am nahen Horizont hinter einem seichten Hügel auftauchen. Als er das Schreien bemerkte und sah, dass der Zug bereits in Bewegung war, rannte er, in beiden Händen die Eimer voll Wasser, mit steifen Armen, praktisch um sein Leben. Es wäre nicht mein Vater gewesen, wenn er die Eimer hätte einfach fallengelassen, was jeder andere wohl getan hätte, um den Zug sicher zu erreichen, der mittlerweile so viel Fahrt zugelegt hatte, dass der Rennwinkel zur fahrenden Bahn immer spitzer wurde bis er schließlich parallel war. Vater schaffte es mit letzter Kraft, bis zum Eingang unseres Waggons zu spurten. Der junge Mann, der mir das hölzerne Männchen geschnitzt hatte, nahm ihm die Eimer ab. Mit einem Satz schwang sich mein Vater bäuchlings in den Türeingang, und alle zogen und zerrten ihn in den Zug. - Wieder war es die Furchtlosigkeit und nicht zuletzt seine Sportlichkeit, die uns aus einer Notsituation halfen.

Ich kann nun nicht genau sagen, wie es sich mit dem Kanonenofen in unserem Waggon im Einzelnen verhielt. Das Wetter war zunächst auf Tauen eingestellt. Bei Schneematsch verließen wir Glatz, und unterwegs sah ich immer nur überwiegend grüne Landschaft, zuweilen auch mal ausgeaperte Schneeflächen. Der Kanonenofen diente also weniger dem Heizen als dem Kochen, und gekocht wurde überwiegend in den Standzeiten. - Da die Pausenzeiten ungewiss waren und der Zug immer nur mit einem erbärmlichen Ruck, allerdings dann ganz langsam anfuhr, geriet der Ofen jedes Mal ins Wanken. Mit einem Panikschrei stürzte sich alles auf ihn, um ihn vor dem Umkippen zu bewahren, was mit tödlicher Sicherheit zu einer Katastrophe geführt hätte ob der leicht entzündlichen Stroheinstreu. Dass meine Eltern in einer solch traurigen Lage wie in dieser ungewissen Fluchsituation noch immer sangen und musizierten, um die Stimmung einigermaßen erträglich zu halten, ist mir aus heutiger Sicht schier unvorstellbar. Es wäre sicher zu einfach, es als Galgenhumor zu bezeichnen, vielmehr denke ich mal, wird es viel Selbstbeherrschung und Mut gewesen sein im Bewusstsein, dass Resignation für viele, vor allem für die älteren Menschen der Anfang vom Ende hätte sein können. - Da die Dampflok ab und zu ausgewechselt wurde, ergab es sich, dass sie mal schob und mal zog, was zu der Vermutung einer Richtungsänderung führen konnte; denn noch immer herrschte die Angst, der Zug könne ´gen Osten anfahren. Diese ängstliche Ungewissheit herrschte in jeder Pause.

An meine Schwestern kann ich mich in dieser Phase überhaupt nicht erinnern, wiewohl es doch das Naheliegenste gewesen wäre, sich miteinander zu beschäftigen. Mein absoluter Bezugspunkt war mein hölzernes Männchen. - Warum wohl? Fehlte es mir an Zuwendung? Fühlte ich mich von irgendetwas bedroht? - Nein, nichts von alledem. Es war schlicht und einfach Heimweh, das ich niemandem mitteilen konnte, da alle in höchster seelischer Not mit sich selbst beschäftigt waren. Jenes Heimweh, dessen Urgrund wohl in der Märchenzeit meiner Kindheit zu suchen war. Es ließ mich nicht wieder los, drum werd' ich es immer und immer wieder erwähnen. Noch überwog das Neue, das Abenteuerliche, noch konnte das hölzerne Männchen mich trösten, aber nicht mehr lange, dann überwältigte mich in zunehmendem Maße fürchterliches Heimweh,

so schlimm, dass sich die Erwachsenen ernstliche Sorgen um mich machten.
Selbst viele Jahre später, als ich mich wohl oder übel an alles Neue gewöhnt hatte, was ja auch völlig normal war, ließ mich das Heimweh nie ganz los. Es war dann aber kein alltägliches Phänomen mehr, sonst wär's ja wohl auch pathologisch gewesen, aber in zahllosen Träume durchwanderte ich die Märchenzeit meiner Kindheit in Schlesien noch Jahrzehnte lang. Nicht selten wachte ich des nachts davon auf, Tränen liefen mir auf das Kissen, und ich dachte in trauriger Versunkenheit an all meine wunderschönen Kindheitserlebnisse.
Je weiter wir uns in Richtung Marienborn und Zonengrenze bewegten, umso kälter wurde es. Im Osten war es mild, und im Westen hatte man den Jahrhundertwinter. Im zugigen Güterwaggon wurde es immer kälter, und wir Kinder verkrochen uns unter Vaters Bärenpelz, jenen legendären Bärenpelz, in dem ich meinen Vater so oft im winterlichen Schlegel gesehen hatte, ob auf Pferdeschlittenfahrten oder während eines Kirchganges auf tiefverschneitem Wege »uba rem«. Jetzt gab er uns Schutz vor grimmiger Kälte. Unter seiner wohligen Wärme überkam mich immer und immer wieder Heimweh, und das hölzerne Männchen tröstete mich.
Schließlich, nach einwöchiger Fahrt, kamen wir in Marienborn, bzw. der Zonengrenze an. Die Ungewissheit und Anspannung lösten sich. Wir waren im Westen und der Alptraum, eventuell in Russland zu landen, war vorbei. Die Alliierten waren freundlich zu uns; es gab eine warme Mahlzeit, und um für den weiteren Transport gerüstet zu sein, wurden wir zunächst entlaust. In einer großen Halle mussten wir uns der Reihe nach

anstellen in einem Dunst von Insektiziden - DDT ließ grüßen -, das uns in alle Kleideröffnungen hineingepustet wurde. Nach dieser Prozedur wurden wir nach kurzem Aufenthalt in einen Personenzug verfrachtet, der uns wieder irgendwohin bringen sollte, - wohin wussten wir nicht, nur eines war sicher, 'gen Osten war nun ausgeschlossen, und das ließ alle relativ gelassen erscheinen.

Während die Fahrt im Viehwaggon von Glatz nach Marienborn einigermaßen erträglich war, war die Fahrt in einem vollkommen zerschossenen Personenzug zwar verhältnismäßig kurz, dafür aber umso fürchterlicher. Die Fenster waren alle zerstört und was dies für Auswirkungen bei zwanzig Grad minus hatte, lässt sich leicht vorstellen. Wieder war es Vaters Bärenpelz, unter den wir Kinder krochen und der uns diesmal wirklich vor Erfrierungen rettete. - Die Ernährung war so, dass wir nie Hunger litten, natürlich gab es nur das Nötigste. Aber immer wieder hatten wir Durst, Wasser war stets knapp und in sauberem Zustand nur selten zu bekommen. Ich erinnere mich, dass mein Vater in einer besonders kritischen Situation versuchte, diesmal zwar nicht so spektakulär, von der Dampflok Wasser zu bekommen. Der Lokführer gab ihm auch einen Eimer voll, doch war es ungenießbar, ölig und trüb. Wir durften es nur zum Mundausspülen benutzen.

Die Fahrt im unbeheizten, zugigen Personenwagen endete schließlich in Aurich, Ostfriesland.

Es war Februar 1946, noch und ein besonders kalter Winter. - In welch einem Gegensatz stand dieses flache Land zu unserer lieblichen heimatlichen Gebirgslandschaft. - Hier sollten wir nun ein Quartier bekommen?

Welch ein Schock muss dies für meine Eltern, Großeltern und Tanten gewesen sein. Ein Land, von dem wir vorher nur wenig gewusst haben, überwiegend von Bauern bewohnt, so schrecklich flach, windig und fürchterlich fremdlich ungemütlich - feuchte Kälte kroch uns unter die Kleider. Den Kopf nach unten gerichtet schaute ich ängstlich mit schrägen Blicken um mich herum. Längst war es kein Abenteuer mehr für mich. Nichts, aber auch gar nichts war zu entdecken, was mich an meine geliebte Landschaft in Schlegel erinnerte. Ich bewegte mich misstrauisch und traurig von einem Geschehen zum anderen, und das ständig unerfreulich Neue ließ mich noch nicht zur Besinnung kommen.
Wir wurden mit unseren Habseligkeiten auf LKW, die mit einer Plane bedeckt waren, verfrachtet, und holprig und zugig endete unsere Fahrt in Blandorf, Kreis Norden, in mittelbarer Küstennähe zwischen Geest und Marsch. Es war ein reines Bauerndorf, in dem unsere ganze Familie verteilt werden sollte.
Da es Abend war, als wir in dem Dorf ankamen, konnten wir zunächst nicht viel erkennen. Bei dem Bauern Aden, am Ende des Dorfes, wurden wir abgeladen. Wir betraten nach langer Zeit einen beheizten Raum, - es war die Küche des Bauern, der ein warmes Essen für uns vorbereitet hatte. Wie das Ganze organisatorisch ablief, weiß ich nicht und will ich auch nicht wissen, es gehört auch nicht in meinen persönlichen Erzählbereich. - Jedenfalls, es gab Bratkartoffeln mit Speckwürfeln und Eiern. Die lange Zeit der Entbehrung machte das Essen zum größten Festmahl meines Lebens.
Nachdem wir uns alle satt gegessen hatten, kamen wir die erste Nacht in ein Quartier, das dem des Güterwag-

gons auf der Flucht von Glatz nach Marienborn sehr ähnlich war. Es war das Kochhäuschen eines Bauern im Dorf, dessen Grundfläche tatsächlich nicht größer war als die eines Güterwagens. Der Fußboden war ebenfalls mit einer Lage Stroh ausgelegt, nur wackelte es nicht und es war sehr ruhig. - Es war seit langem die erste ruhige Nacht. - Keiner war hungrig oder durstig. - Erschöpft schliefen alle bis in den nächsten Tag. Ich denke mal, durch das ständig ungewisse Neue und die immer wieder großen Strapazen kam niemand so recht dazu, über das ungeheure Schicksal nachzudenken.

Mein hölzernes Männchen hatte seine Aufgabe erfüllt. Es war mir auch abhanden gekommen, und ich vermisste es auch nicht. Ich spürte, dass ich nunmehr jemanden brauchte, der mir in diesem so fremden Land wirklich zur Seite stand. Ich ahnte auch schon, wer es sein konnte: Am Abend zuvor, bei dem Bauern Aden, war ein Junge in meinem Alter, stämmig und unerschrocken sah er aus, und wir hatten freundliche Blickkontakte, sozusagen - Freundschaft auf den ersten Blick.

Am Morgen nach der Kochhausnacht wurden wir auf die einzelnen Unterkünfte verteilt. Der Bürgermeister und die jeweiligen Unterkunftsbesitzer, Bauern, aber auch »Häuselleute«, musterten uns nicht gerade wie willkommene Gäste. - Tante Käthe mit Cousine Ingrid kamen zu einem Häuselbesitzer und hatten eine acht Quadratmeter Suite zur Verfügung, ebenso »Oma«, doch ihre Stube war etwas größer. Amama und Apapa mit Tante Bärbel hatten immerhin eine Zweizimmerwohnung bei Aden, dem freundlichen Bauern vom Vortag.

Meine Eltern und wir drei Geschwister kamen zu Akkermanns, dem größten Bauern im Dorf, ein etwas von

der Strasse abgelegenes sehr schön gelegenes, großes ostfriesisches Gehöft.
So nett und verständnisvoll Herr Ackermann auch war, so erbärmlich war das Quartier. Hätten wir gewusst, dass wir dort sieben Jahre hausen sollten, meine Mutter hätte die erste Woche nicht überlebt.
Ihr müsst euch das so vorstellen: Da war ein typisches ostfriesisches Bauernhaus mit einem riesigen vorderen Wohnteil, der durch eine Brandmauer vom hinteren Wirtschaftsteil getrennt war. Anschließend, zum wirtschaftlichen Teil zählend, war da ein großer Flur mit Küche, Speisekammer und dem sogenannten Kadenhaus. Vom Kadenhaus ging eine Tür zu den Stallungen, in denen zunächst als erstes die Kühe standen in einzelnen Buchten zu je zwei, mit so viel Platz, dass sie knapp stehen konnten. Die ersten beiden Kuhstände, gleich wenn man in den Stall kam rechts, waren provisorisch abgetrennt und ausgebaut zu einem Zimmer mit zwei winzigen Fenstern, von denen das eine aus Holz und das andere aus gitterartigen, verglasten Gusseisenstäben war. Der Eingang zu dem Zimmer war gleich neben der Stalltür im Kadenhaus. Wir hatten also den luxuriösen Vorteil, nicht in den Kuhstall zu müssen, um in unser zehn Quadratmeter Zimmer zu gelangen. Trotzdem hatten die Fliegen im keine Schwierigkeit, in Massen von der Kuhscheiße auf unser Butterbrot zu wechseln. Fließend Wasser kannten die Ostfriesen nur, wenn selbiges aus dem Wasserkessel floss. Wir genossen aber immerhin, dass der Pumpenschwengel direkt neben der Eingangstür war. Das Zimmer, besser gesagt - der Kuhstallverschlag, - in dem wir zunächst mit fünf Personen hausten, war ausgestattet mit einem

Tisch, drei Stühlen und einer Holzpritsche mit Strohsack, die als Sitzplatz und Schlafstätte für drei Personen diente, zwei vorn und einer hinten, - die Eltern schliefen auf dem Fußboden.

Jedes heutige Gefängnis ist dagegen eine Luxuswohnung; nur hatten wir täglichen Freigang, der auch von allen aus Überlebensgründen so oft wie möglich genutzt wurde.

Als Heizung und Kochstätte diente ein ausgedienter, schwarzer, gusseiserner, typisch ostfriesischer Stangenofen, wie ihn nur die armen Leute hatten; die besseren waren emailliert und verziert. Das Ofenabzugsrohr ragte ein Stück nach oben, dann mit einem Knie durch ein Fach im Stallgitterfenster, aus dem zuvor die Scheibe herausgeschlagen war. Damit die Brandgefahr nicht zu groß war, verlief es ca. 10 m vom Haus waagerecht weg und ragte dann, von einigen Seiten gestützt, etwa 2-3 m senkrecht nach oben. - Die Decke bestand aus rauen Balken, bedeckt mit Brettern ohne Nut und Feder, durch deren Ritzen die Ratten in die Stube pinkelten. Da dieses Dilemma von dem Bauern oft life miterlebt wurde, versuchte er es abzustellen, indem er Leisten auf die Ritzen heften ließ, was dazu führte, dass die Rattenpinkel wie bei einem Jauchefass schön verteilt wurde. Die angrenzende Nachbarin, eine Kuh von vielen, scheuerte stets ihr Fell an dem Lattengerüst der Leichtbauwand unserer »Wohnung«. Ängstlich verfolgten wir immer wie die Wand sich nach innen wölbte mit dem Hintergrundgedanken: na, jetzt wird das Rindvieh wohl gleich in unserer »Stube« stehen.

In zunehmendem Maße wurden wir uns des Sturzes in die Tiefe bewusst.

Ich war nun älter geworden, und da drinnen kein Platz war, spielte sich meine weitere Kindheit wiederum überwiegend in der freien Natur ab, freilich nicht immer aus freien Stücken. Es wurde mir alles bewusster. Zunehmend spielten meine Eltern und andere keine periphere Rolle mehr in meinem Leben. - Ich bekam nun alles mit: Freud - doch überwiegend Leid, dem man sich in der Enge des Raumes kaum entziehen konnte, vor allem war es oft die unsägliche Traurigkeit meiner Mutter. Sie konnte es vor uns nicht verbergen, da es einfach keine Ausweichmöglichkeit gab. Wie oft sah ich sie schluchzend vor dem schwarzen Herd stehen, mit dem Rücken zu mir gewandt, während ich versuchte, Schularbeiten zu machen. Besonders wenn Südwind war, und das war sehr oft, zog der Ofen nicht und der »Kuhstallverschlag« war voll beißenden Qualms. Damit der Rauch abziehen konnte, musste das Stallfenster geöffnet sein, was wiederum zur bitteren Kälte führte. Ich habe dieses Bild von meiner weinenden Mutter vor dem schwarzen Herd im verrauchten kalten Zimmer unvergesslich in meinem Kopf. Ich habe es später oft für den Zeichenunterricht gemalt. Warum wohl? Ich weiß es nicht, doch nehme ich an, dass es meine Art war, diesen Kummer zu bewältigen. Genau weiß ich aber, dass ich dafür keine guten Zensuren bekam. Die Lehrer haben den Sinn eines solchen Bildes wohl nicht verstanden.

Meinen Vater traf es natürlich auch sehr hart, nur hatte er ein ganz anderes Naturell als meine Mutter. Er war sehr anpassungsfähig und auch nicht so sehr an das Kuhstallzimmer gebunden, da er sich draußen, in einer ihm sehr vertrauten landwirtschaftlichen Umgebung beschäftigen konnte. Durch seine natürliche Art war er gleich sehr beliebt bei den Ostfriesen. Ungeniert sprach er seinen grafschafter Dialekt mit hochdeutschen Kauderwelscheinlagen. Meine Mutter war mehr auf dieses erbärmliche Zimmer angewiesen, musste sie doch für uns sorgen und immer da sein, wenn wir von draußen kamen. Sicher war sie auch gesellig, musizierte und sang, wenn die Gelegenheit da war, doch trafen sie die oft niederen Bemerkungen der Bauern mehr als meinen Vater.

Dass dieses siebenjährige, trostlose Dasein an der seelischen Substanz meiner sehr empfindsamen Mutter zehrte, könnt ihr euch denken. Die große moralische Leistung meiner Eltern, insbesondere die meiner Mutter, ist mir mit vergehender Zeit zunehmend bewusster geworden. Es war für meine Mutter der absolute Fall in den Abgrund, nur wenige hatten Verständnis dafür.

Meine Oma, von der ich übrigens »noch« nicht viel erzählt habe, »noch« deswegen gesondert betont, weil sie im Laufe meines Geschreibsels mit ihren Dönchen so manche Zeile einnehmen wird, wohnte quasi auf der anderen Strassenseite, wenn man den 500 m langen Weg vom Ackermann'schen Hof in das Dorf lief. Oma hatte ein schönes großes Zimmer. Der Vorteil all der anderen Quartiere war der, dass alle einen Schornsteinanschluss hatten, somit also problemlos und windunabhängig zu beheizen waren. Oma war an Robustheit nicht zu überbieten. Ihr Heimweh schien sie mit ständigem Schimpfen zu bewältigen: »Die verfluchta Polaka, doas ies Hokke«, pflegte sie ständig zu wettern. Jede Gelegenheit nahm sie war, um in unserer sowieso schon engen Behausung zu hocken. Vor allem entging ihr nicht, wenn

Besuch im Anmarsch war. Die Flüchtlinge besuchten sich zu jener Zeit verständlicher Weise sehr viel untereinander. Meiner Oma entging das nie. Sobald sie jemanden den Ackermann'schen Weg entlanggehen sah, lief sie hinterher, sehr zum Leidwesen meiner Mutter; denn es war stets eine Belastung für sie. Oma nervte nämlich alle, nicht nur meine Mutter, ziemlich rücksichtslos, indem sie irgendwelche Selbstgespräche führte oder dazwischenlaberte, wenn sie einem Gespräch nicht folgen konnte. Labern mag komisch klingen, doch passt es einfach für so ein Gerede; freilich tat sie das mit voller Absicht, und machte sie jemand auf ihr Verhalten aufmerksam, ließ sie ihre Schimpfkanonaden los, von denen sie ein reichhaltiges Repertoire besaß. Diesen Zustand, der zu unserer Verwunderung von meinem Vater toleriert wurde, musste meine Mutter ein Leben lang ertragen.

Oma kannte also keine Verwandten, wie man so schön sagt. Sie holte sich Brennholz aus dem nahegelegenen Wald und ging im Sommer Ähren lesen. Unverwüstlich war sie da, - oftmals sammelte sie so viel Ähren, dass sie mit Hilfe eines Dreschflegels 1-2 Ztr. Korn ausdrosch. Dies brachte sie zum Bäcker und bekam an Gewicht die gleiche Menge Brot im Laufe des Winters wieder, das war so üblich, - die Bäcker verdienten am Wasser. So hatte die ganze Familie Brot.

An solch nützlichen Beschäftigungen waren wir aber alle beteiligt, freilich war Omas Ausdauer nicht zu überbieten. Viele Häuselbesitzer (nicht allen ging es so gut wie den Bauern) hielten sich Schafe. Wegränder und sonstige Ödflächen wurden zu jener Zeit noch genutzt. Wir Flüchtlinge zogen unseren Nutzen daraus, indem wir die in den Stacheldrähten hängengebliebene Schafwolle, egal ob weiß oder braun, mit großer Ausdauer absammelten. Sie wurde gewaschen und farblich unsortiert zu Socken und Pullovern verarbeitet. Kratzig war das Produkt und gescheckt, so erinnere ich mich. Ein Spinnrad, das auf Ackermanns Boden ungenutzt herumstand, wurde von uns wieder in Betrieb genommen. Meine bastlerische Fingerfertigkeit, die ich so früh von meinem Vater erlernte, kam mir auch hier zu Nutzen. Ich war ein viel bewunderter »Spinner«.

Übrigens, meine Art von Oma zu reden, mag zuweilen etwas herabwürdigend klingen. Dies hat wohl seinen Grund darin, dass es mir immer sehr nahe ging zu sehen, wie meine Mutter, die das schwerste Los zu tragen hatte, an der nervigen und ständigen Anwesenheit meiner Oma zu leiden hatte.

Im übrigen sorgte Herr Ackermann sehr für unsere Familie. Wir brauchten nicht zu hungern. Er war auch anderen Flüchtlingen gegenüber, die in einer Bunkeranlage in der Nähe des Hofes wohnten, sehr tolerant. Sie hatten alle ihre Hühner und Kaninchen und klauten das Futter von seinen Feldern.

Viele Bauern behandelten aber die Tiere im Stall besser als ihre Flüchtlinge. - Da war zum Beispiel ein kleiner Sachse, ein ganz niedlicher. Tante Eva erzählte oft von ihm, wenn sie ihm auf einer Einkaufstour begegnete: »Na Fro Dhienelt«, sagte er dann, »es wär schän, wenn moa heide a poar Feddischkeiten griechen täten.« Er hauste in der Wellblechbaracke eines Bauern mit Spitznamen »Moas Baumann«. Der arme Sachse hat den strengen Winter nicht überlebt. Eines morgens fand man ihn erfroren in der nicht zu beheizenden Behausung.

Da ich euch versprochen habe, alles so zu schildern, wie ich es empfunden habe, muss ich hin und wieder auch etwas Kritik loswerden: Wir kamen aus Schlegel, einem Dorf in der Grafschaft Glatz. Ich habe euch zu schildern versucht, welch reges Leben in diesem Dorf herrschte, mit einer für so eine Ortschaft gediegenen Kultur, mit fortschrittlich technisch industriellem Niveau. (siehe auch Chronik von Prof. Wittig). Unsere Familie lebte in einem relativen Wohlstand. Der Krieg an und für sich war schon schlimm genug, und nun die Vertreibung von Schlegel nach Ostfriesland in die übelsten Behausungen.

Ostfriesland war reines Agrarland und hätten die Bauern ihre Söhne nicht auch im Krieg verloren, sie hätten vom Krieg nur wenig mitbekommen. In der Nazizeit ging es ihnen gut, und in der unmittelbaren Nachkriegszeit lebten sie in Saus und Braus und profitierten von der hungernden Bevölkerung Deutschlands. Nicht selten hörten wir die Sprüche: »Wir Ostfriesen hätten uns nicht vertreiben lassen.« Angesichts unserer erbärmlichen Situation in der verqualmten Kuhstallwohnung waren solche Bemerkungen schon tief verletzend. Es war sicher auch kein speziell ostfriesisches Bauernproblem und nicht zu verallgemeinern, doch war die Sensibilität für derartige Äußerungen in solch einer misslichen Lage besonders groß.

Die Frage sei da erlaubt: Wie wären die Ostfriesen damit fertig geworden, wenn man sie zum Beispiel in irgendwelche Heustadel in die Alpen zwangsevakuiert hätte?

Da ein Wohnen in einer 10 qm großen »Wohnung« mit 5 Personen auf Dauer unmöglich war, baute man uns auf dem Kornboden ein kleines Schlafzimmer aus. Wir hatten jetzt einen Schrank, in dem unsere Kleider hängen konnten und zwei Betten, die etwa 80 cm auseinander standen. In dem einen schliefen meine Eltern und in dem anderen wir drei Kinder. Für geraume Zeit wohnten wir sogar zu sieben in unserer Behausung. Es waren Tante Käthe mit Cousine Ingrid, die von ihrem Hausbesitzer so gequält wurden, dass sie bei Nacht und Nebel ihr Quartier verlassen mussten und zu uns kamen.

Um in das Schlafzimmer zu gelangen, wateten wir von Zeit zu Zeit durch knietiefes Getreide, das vor dem Schlafzimmer lagerte. Für uns Kinder waren die vielen Mäuse, die sich natürlich auch im Schlafzimmer aufhielten, ganz lustig. Sie kletterten auf den Betten, in den Betten, auf den Gardinenstangen, Schrank, einfach überall. Bevor wir einschliefen, beobachteten wir das Spiel der Mäuse. Am lustigsten war's, wenn sie am Nachttopf hochkletterten, sich mit den Hinterbeinen am Pottrand festhielten, um an die Pinkelei heranzukommen. - Alles heute unvorstellbar. -

Wir versuchten, uns so gut wie möglich an das dörfliche Leben zu gewöhnen, von Integrieren konnte nicht die Rede sein. Renate, meine ältere Schwester, und ich mussten nach Westerende, ein Nachbardorf von Blandorf, zur drei km entfernten Schule. An sich nicht ungewöhnlich, für damalige Verhältnisse sogar ganz normal, doch lag die Problematik des langen Schulweges zumindest am Anfang vor allem darin, dass wir, besonders aber ich, vielen Feindseligkeiten der hiesigen Kinder ausgesetzt waren, die uns unterwegs auflauerten und verprügeln wollten. Scheinbar sahen sie uns als Eindringlinge an. Nun, wie ich bereits erzählte, freundete ich mich gleich mit dem Jungen an, mit dem ich schon am ersten Abend freundliche Blickkontakte hatte. Er hieß Erich, war enorm kräftig, und wir waren Freunde von Anfang an. Wurden wir von »Wegelagerern« angegriffen, die meistens aus irgendwelchen Verstecken auf dem Schulweg über uns herfielen (Erich und ich gingen in eine Klasse), dann gingen wir sofort gezielt und überlegt zum Gegenangriff über. Durch diese Angriffsweise waren wir stets überlegen, und als alle im Dorf ihre Prügel von uns bezogen hatten, herrschte Ruhe und Respekt. Spurte einer nicht, bekam er es zu spüren. Schließlich waren uns alle hörig. Nicht selten mussten sich meine Eltern von anderen Eltern Beschwerden über unsere Züchtigungsmethoden anhören. - Im Nachhinein überlegt war dieses Verhalten wohl wichtig; denn aufgrund der unmöglichen Wohnverhältnisse in unserer Kuhstallwohnung nahm ich jede Gelegenheit wahr, viel Zeit im Freien zu verbringen, was natürlich zur ständigen Konfrontation mit anderen Kindern führte. Die anfängliche Feindseligkeit legte sich aber bald, nachdem ich mir Respekt verschafft hatte, und es herrschte »strenger« Friede. - Ganz köstlich fand ich eine Bemerkung, als ich nach 50 Jahren jemanden aus dieser Zeit traf: »Du häst uns ober ok düchtig quählt«.

Die Familie Ackermann war sehr tolerant uns Kindern gegenüber. Wir konnten überall spielen und hatten sehr viel Freiraum, den ich auch nutzte. - Ich freundete mich mit der Landschaft an. Allmälig wurde auch hier die Natur zu meiner Verbündeten. Schon deswegen, weil ich durch mein immer wiederkehrendes Heimweh Parallelen in der Natur suchte, sie auch zum Teil fand und mich damit tröstete, dass da waren die Tiere auf dem Hof, die weiten Felder, die vielen Wasserläufe und der angrenzende Berumer Wald, der zwar den Wald auf dem Kirchelberg und auf der Wolfskoppe nicht annähernd ersetzen konnte, doch auch hier konnten wir Pilze suchen und vieles andere.

Aber immer wieder überkam mich unglaubliches Heimweh, meist zu meinem Geburtstag oder irgendwelchen Feiertagen. Ich weinte dann oft stundenlang und wohl so bitterlich, dass meine Eltern sich ernstlich Sorgen machten um meine Psyche. Immer wieder rief ich jammervoll: Ich möchte nach Hause. Wie meine Mutter viel später erzählte, hat es ihr jedes Mal das Herz zerbrochen. Oftmals kam die Ackermann'sche Familie hinzu, die dann meinte, mir fehle ja nichts und eine Tracht Prügel könne da helfen. Ich merkte dann immer die Feindseligkeit um mich herum - nicht von meinen Eltern - und verkroch mich dann oft weit ab vom Hof, irgendwohin, um meiner Traurigkeit unbemerkt freien Lauf zu lassen. Ich vermisste meinen Freund, den »Beck Werner«, die wunderschöne Kulisse des Kirchelberges und der Wolfskoppe, den Duft der blühenden Wiesen mit den Himmelsschlüsselchen, den Winter in Schlegel mit den tiefverschneiten Wäldern, die Schlittenfahrten auf der Welzeltilke, das Schellengeläut der Pferdeschlittenfahrten mit meinem bärenbepelzten Vater auf dem Kutschbock, und ganz besonders war die Sehnsucht nach meinen Skiern, auf denen ich in Gedanken meines Vaters Spuren im tiefen Pulverschnee folgte. - Noch einmal auf Skiern im Schnee, das war immer mein großer Traum. - Als ich 34 Jahre alt war, konnte ich mir diesen großen Traum erfüllen. Es war eine Wiederbegegnung mit meiner Kindheit, ein Erlebnis, das es wert ist gesondert geschildert zu werden, was ich am Ende auch tun werde.

Mit dem Winter in Ostfriesland, vor allem mit dem ersten von 1946, als wir ankamen, konnten wir uns nicht so recht anfreunden. Die feuchte Kälte des Seeklimas war ungemütlich und nicht zu vergleichen mit dem trockenen Kontinentalklima Schlesiens. Schlittschuhlaufen machte natürlich auch Spaß und Schneemannbauen auch, doch was war das schon. Außerdem gehörte zu einem winterlichen Aufenthalt im Freien die Gemütlichkeit einer warmen Stube, an der es meistens mangelte, da ein kalter Winter oft mit Süd - und Ostwind verbunden war, demzufolge unsere Kuhstallwohnung kalt und verqualmt war, in der meine Mutter traurig verweilte.

So verging das erste Jahr in einer völlig fremden Welt. Tante Eva und Tante Ruth kamen Pfingsten 1946 nach. Beide waren zunächst in Schlegel geblieben. Tante Ruth war krank, und Tante Eva musste ihre behinderte und schwerkranke Schwester Inge pflegen, die dann aber kurz darauf starb. Sie konnten dann mit dem 2. Treck heraus. Die Evakuierung des 2. Schubes ging etwas humaner vonstatten. Beide, Tante Eva und Tante Ruth mit Cousine Karin, hatten die Möglichkeit, etwas mehr und auch Wertvolleres mitzunehmen, nicht zuletzt durch die Anwesenheit von Tante Anni Gottschlich, die durch ihre amerikanische Staatsbürgerschaft wichtige Privilegien besaß.

Bei meinen Großeltern, Amama und Apapa, und Tante Eva, die bei dem Bauern Aden wohnten, hielt ich mich sehr oft auf. Es war dort noch ein wenig Brauereiatmosphäre, außerdem wohnte dort ja auch mein Freund Erich, der mir immer zur Seite stand, wenn es galt, mal wieder Revierkämpfe auszutragen.

Die Zeit bis zur Währungsreform 1948 war eine Zeit des Abwartens, der Ungewissheit und des Hoffens auf eine eventuelle Rückkehr in die Heimat, was natürlich im Laufe der Zeit immer unwahrscheinlicher wurde. - Viele hungernde Menschen aus den zerbombten Städten zogen durch die Dörfer und bettelten um ein paar Nahrungsmittel, egal welcher Art. Die Bauern gaben hie und da gnädigst, ansonsten schien ihnen das Schicksal hunderttausender hungernder Menschen am A—herunterzugehen. Sie feierten ihre Feste und entbehrten anscheinend nichts. Oft hatten wir die Gelegenheit, dies am Rande zu beobachten. Wie Lords fuhren sie in Kutschwagen vor und ließen die Rangesunterschiede deutlich heraushängen.

Da Alkohol nicht zu kriegen war, gab es die Möglichkeit, damit Geld zu verdienen, auch war er zum eigenen Gebrauch sehr willkommen. Nur verboten war es, welchen zu brennen. Trotzdem taten es viele Bauern und viele lustige Geschichten rankten sich um die illegale Schnapsbrennerei.

Vor unserer Kuhstallwohnung standen zwei riesengroße, wunderschöne Bäume, eine Kastanie und eine Linde. Dazwischen stand ein sogenanntes Kochhaus, ein richtiges kleines Häuschen, in dem normalerweise Wäsche gewaschen wurde. Dieses Häuschen wurde zu einer

»Destille« umfunktioniert. Ackermanns organisierten alle technischen Einrichtungen, die zum Brennen von Schnaps benötigt wurden. Da sie zwar »durchs Ohr« gebrannt waren, aber wenig praktischen Verstand besaßen, wurde mein Vater, da er ja auch Zeit hatte, »erster Destillateur«. - Wenn ich von technischen Einrichtungen rede, dann stellt euch nichts Kompliziertes vor. Es war alles von primitivster Art, es roch und sah aus in dem Kochhäuschen wie in einer Alchimistenküche, alles umgeben von verwaisten, herunterhängenden Spinnweben, deren Bewohner dem Alkoholismus verfallen oder bereits verendet waren. In der Ecke stand ein ehemaliger beheizbarer Waschkessel, in dem sich der Sud befand, - er war ca. 1.50 m hoch und 80 cm breit. Da der provisorische Deckel absolut dicht sein musste, damit kein kostbarer Alkoholdampf entweichen konnte, wurde er ringsherum mit einem Gemisch aus Hafer- und Weizenmehlkleister verschmiert und dann mit einfachen Zwingen auf dem Bottig befestigt. Aus dem Deckel ragte ein Röhrchen, an dem sich mit einer kurzen Verbindung die Kühlschlange befand. Diese maß ca. 1.50 m und lag in einer schweinetrogartigen Kiste, die mit Kühlwasser gefüllt war. Das Ende der Kühlschlange ragte aus der Kiste, und darunter stand eine Milchkanne, in die der Alkohol floss. - Die Grundsubstanz, aus der der Schnaps gebrannt wurde, waren Zuckerrüben, ein für die Bauern leicht zu beschaffendes Rohmaterial. - Sie wurden zunächst gekocht und dann mit Hefe in relativ großen Bottigen zum Gären aufgesetzt.
Ihr müsst wissen, das dies alles verboten war, das heißt, es kam immer wieder Zoll oder Polizei und kontrollierte alle Ecken.

Der Fantasie, oft die originellsten Verstecke zu er- und finden, waren keine Grenzen gesetzt. Das reichte vom Vergraben im Misthaufen bis zu Verstecken irgendwo auf den Feldern, und nicht selten gab es Schwierigkeiten beim Wiederfinden. Da sehr viele Bauern Schnaps brannten, war das Warnsystem bei Kontrollen ziemlich raffiniert. War irgendwo dicke Luft, gab einer dem anderen Bescheid. Wurde jemand erwischt, war der größte Schmerz der Verlust aller Destillationseinrichtungen. Geldstrafen waren zu verkraften, denn davon gab es in der alten Währung noch genug.

Es wurde immer nur im Winter Schnaps gebrannt, für mich eine willkommene Abwechslung in den trüben Wintertagen, die nur wenig Gelegenheit boten, sich im Freien zu beschäftigen.
Um so unauffällig wie möglich zu sein, wurde nur nachts gebrannt, meist bei Kerzenlicht und dem Schein des Feuers, das den Sud zum Kochen brachte. - Da alles an Primitivität nicht zu überbieten war, musste der Brennvorgang stets überwacht werden, besonders am Beginn. Es dampfte und zischte dann aus allen Löchern, und ständig mussten mit dem Spezialkleister undichte Stellen nachgearbeitet werden. - Und dann die Spannung, wenn der erste Alkohol in der Kühlschlange kondensierte und aus dem Röhrchen in die Milchkanne »lullerte«. Gleich wurde eine Probe entnommen. War der Alkoholgehalt sehr hoch, versprach der Sud eine gute Ausbeute, was zu freudigen Reaktionen des vor allem am Anfang drumherumstehenden »Fachpersonals« führte. Ein allgemeines - ah und oh -, und am liebsten hätte man schon mit dem Verkosten begonnen.

Nicht selten aber war höchste Alarmstufe. Das Feuer war zu groß, der Sud kochte zu doll, und infolgedessen setzte sich die Kühlschlange mit Rübenstückchen zu - Explosionsgefahr! - Da war kein Platz mehr für mich; sofort wurde ich des Raumes verwiesen und schaute mir die Hektik des Geschehens durch das Kochhausfensterchen an. - Sofort wurde das Feuer gelöscht und versucht, mit einer Luftpumpe am Rohrende, also am Auslauf, gegenzupumpen, damit die Leitung wieder frei wurde. Mein Vater mit seiner praktischen Veranlagung ließ sich selten aus der Ruhe bringen und neigte nicht zur Panikmache. Kritisch wurde es da schon, wenn der alte Ackermann Wache schieben musste. Vollleibig, spitzbäuchig, die Daumen in den Hosenträgern in Brusthöhe eingehakt, stand er stets philosophierend dabei, wusste oft auch recht Nettes zu sagen, doch traten irgendwelche Komplikationen ein, wusste er sich, wie mein Vater immer sagte: »Eim Oarsche kenn Roat« (im Arsch keinen Rat).

Es geschah eines Nachts, als mein Vater aus irgendwelchen Gründen den Destillationsvorgang nicht überwachen konnte. Zwar hatte er die Vorbereitungen getroffen und alles in Gang gesetzt, doch Herr Ackermann hatte die Aufsicht. - Plötzlich große Aufregung. Herr Ackermann kam in unsere Kuhstallwohnung gerannt und rief verzweifelt: » Herr Zenker, kommen sie sofort, es brennt, es brennt!« Wie schon gesagt, mein Vater ließ sich nur selten aus der Ruhe bringen, so auch diesmal nicht. Er ging gelassen mit und sah die Bescherung: Im schummrigen Licht des Kochhäuschens hatte der werte Herr Ackermann nicht sehen können, ob aus dem Röhrchen noch Alkohol in die Milchkanne floss. Um dies aber sehen zu können, aktivierte er seine praktische Intelligenz, zündete ein Streichholz und hielt es an das Röhrchen um zu sehen, ob der Alkohol noch liefe, der aber ob seiner hochprozentigen Destillationsanfangsphase sofort Feuer fing. Es brannte also sowohl aus dem Röhrchen wie auch aus der Milchkanne. Die Reaktion des Herrn Ackermann war Panik. Mein Vater jedoch sah sich das Ereignis an, zog in aller Ruhe die brennende Milchkanne ein Stück zur Seite, setzte sich mit seinem mageren, spitzen Hintern darauf und hielt den Daumen auf das brennende Röhrchen. Sofort war das Feuer gelöscht.

Dieses Dönchen machte natürlich die Runde und ging in die Brenngeschichte ein. Es wurde immer wieder erzählt und darüber gelacht.

Hatte der Schnaps in der Milchkanne einen Alkoholgehalt von 40 - 45 %, wurde der Destillationsvorgang beendet. Hiermit war der Prozess bis zum verwertbaren Fusel aber noch längst nicht zu Ende. Vor dem Abfüllen in die Flaschen wurde er noch zwei Mal durch Kohle gefiltert, er war dann also »zwiegefiltert« - hi, hi. Hierfür wurden Unmengen an Kohle benötigt, die zu besorgen ein Organisationsproblem bedeutete, denn zuviel von einer Person in der Apotheke gekauft konnte Verdacht erregen, drum mussten alle, der Reihe nach, an verschiedenen Stellen kaufen. Selbst wir Kinder mussten uns beteiligen.

Da der Filterprozess wegen seines starken Geruches am ehesten von der Polizei aufzuspüren war, kam man auf die Idee, dies in unserem Schlafzimmer auf dem Kornboden zu machen. Kam die Polizei auf den Boden, und das tat sie hin und wieder, hörten wir immer nur, falls

wir schon im Bett lagen: »Und da schlafen die Flüchtlinge, die Kinder sind krank und liegen im Bett.« Wobei wir den Auftrag bekamen, dezent und nicht zu verdächtig zu husten.
Nun, da standen denn zwei Milchkannen vor unserem Bett, von der einen wurde in die andere gefiltert. Dies war elend langwierig und nervig wegen des ewigen »Pitsch-patsch-geräusches«, und selbstverständlich roch das kleine Zimmer intensiv nach Fusel. Es war nicht so, dass, wenn das Pitsch-patsch endlich aufhörte, Ruhe war; nein, hörte das Geräusch auf, mussten wir den Filter neu füllen - mit einer Suppenkelle von einer Milchkanne in die andere und wieder - pitsch-patsch.
Für die vielen Mäuse in unserem Schlafzimmer war das sicher so,ne Art Kneipe. - Der Fusel hatte übrigens den typischen Geruch von Obstler. Immer wenn ich heute Obstler rieche , muss ich an die Schnapsbrennerei in Blandorf denken.
War der Schnaps »zwiegefiltert«, optisch klar und sauber, wurde er gründlichst verkostet. Hierzu kamen alle Verwandten aus dem Dorf in unsere Miniwohnung, inzwischen auch einige Onkel, wie zum Beispiel Onkel Erich und Onkel Kurt - sie waren mittlerweile aus der Kriegsgefangenschaft zurück -, die sich zwar nicht riechen konnten, aber der Schnaps vereinte alle, - zuzüglich die Ackermann'sche Familie. Ob der Enge und der geringen Ausweichmöglichkeit bekam ich immer viel von diesen Besäufnissen mit. Der bedrückende Alltag war für kurze Zeit vergessen. Es wurde gelacht und gesungen, und man erinnerte sich an vergangene Zeit in der Heimat.
Der letzte Test fand am Tag danach statt. Je geringer die

Kopfschmerzen, desto besser die Qualität des Fusels!
Nun musste jenes »Feindestillat« aber auch vermarktet werden, und das war für die Einheimischen gar nicht so einfach, obwohl die Ware beliebt und begehrt war. Es fehlte an den nötigen Verkehrsmitteln und Beziehungen im zerstörten Deutschland. Autos gab es noch nicht; mit Pferd und Wagen konnte nur die nähere Umgegend versorgt werden. - Da blieb nur die Bahn. Wo heute die Museumseisenbahn ihre Trasse hat, war früher noch offizielle Strecke in Richtung Oldenburg. Nur, als praktisch einziges Verkehrsmittel, waren die Züge natürlich immer total überfüllt, da zusätzlich noch bis zur Währungsreform 1948 viele Hamsterer aus den zerbombten Städten unterwegs waren.

Hier war mal wieder der unerschrockene natürliche Instinkt meines Vaters gefragt und ganz wichtig, aber auch unsere wichtigen Beziehungen zur Außenwelt, als da waren Hamburg, Bremen und Oldenburg. Freilich war alles verboten und ständig wurde kontrolliert.

Onkel Hans war die Hauptkontaktperson. Er war von Görlitz, wo er 5 Jahre am Theater war, mit Zwischenstation in irgendeinem Ort an der tschechischen Grenze, mit einem Handwägelchen unter dramatischen Umständen unmittelbar nach dem Krieg nach Hamburg gepilgert, wo er zusammen mit Will Quadflieg, Wolfgang Borchert und anderen die sogenannte »Junge Bühne« buchstäblich aus Schutt und Asche aufgebaut hat. - Dort und in Oldenburg Schnaps abzusetzen, war kein Problem, nur ihn dahinzubekommen war schon entschieden schwieriger. Onkel Hans ließ in der Theaterdruckerei Etiketten für die Flaschen machen mit der Aufschrift »Neudeicher Köm«.

Viele Dönches und lustige Begebenheiten gab es auch hier rund um die Schnapsbrennerei. Hauptsächlicher Kurier und Akteur war, wie schon gesagt, mein Vater, für kleinere Mengen aber auch hin und wieder meine Mutter. - Und hier war es wieder der legendäre Bärenpelz, der zu guter Letzt auch noch an der Schnapsgeschichte beteiligt war. Mein Vater war sehr sportlich und immer sehr schlank, wog nie mehr als 128 Pfund; der Bärenpelz aber war so groß, dass wir drei Kinder während der Flucht bequem darunter Platz hatten. Da Vater doppelt darunter Platz hatte, füllte er das Vakuum mit Schnapsflaschen aus. Er trug sie dicht am Körper bis hinunter in die Hose, seine dünnen Beine gestatteten das. Er sah dann aus wie ein Dreizentner- Mann und da er sich nur mühsam bewegen konnte, brachte man ihn mit Pferd und Wagen zum Bahnhof und half ihm beim Besteigen des Zuges. Um so etwas nachvollziehen zu können, muss man das Naturell meines Vaters kennen. Nun kam es einmal vor, dass ihm eine Flasche Schnaps am Körper ausgelaufen war. Zöllner und Polizei, die das natürlich rochen, versuchten nun, den Schmuggler ausfindig zu machen. Als Jäger wusste mein Vater wohl, dass eine Beute die größte Chance hat zu entkommen, wenn sie ständig in Bewegung ist. Dies tat er, indem er sich in dem überfüllten Zug von einem Abteil in das andere zwängte. Seine Verfolger brachte das zur Verzweiflung, denn mittlerweile roch der ganze Zug nach Schnaps. - Unbehelligt kam mein Vater am Ziel an. -

Ein wenig erzähl ich euch noch vom Alltäglichen der frühen Blandorfer Zeit: Der Winter war wegen seiner feuchten Kälte schon sehr gewöhnungsbedürftig, ganz besonders für die älteren Mitglieder unserer Familie, zumal in unserer Behausung nicht viel Freude aufkommen konnte. Da war es schon recht schön, wenigstens im Sommer aus der Enge der Wohnverhältnisse ins Freie flüchten zu können.

Ackermanns hatten einen großen Garten, in dem wir eigentlich, freilich mit verschiedenen Einschränkungen, ziemliche Freiheiten genossen . Vor unserer Wohnung standen wie tröstend zwei wunderschöne alte Bäume, eine Kastanie und eine Linde, ich erwähnte es schon im Zusammenhang mit dem Kochhäuschen, das zwischen diesen Bäumen stand. Die Bäume gehörten zum Hofpanorama und boten uns Kindern viel schöne Abwechslung. Zur Frühjahrszeit ragten die Blüten der Kastanie fast zum Fenster herein, und ihre Früchte waren im Spätsommer mangels sonstigem Spielzeug stets willkommen. Der Duft der blühenden Linde erfüllte die ganze Umgebung und drang bis ins Innere unserer muffigen Wohnung. Ihre Äste ragten bis zur Erde, und es war möglich, auf ihnen bis in den Wipfel des Baumes zu klettern. Wir befestigten Schaukeln im Baum und turnten auf einer darunterstehenden Turnstange.

An dem Weg zur Straße war ein kleiner Teich, der sogenannte Pflügerteich, auf dem wir im Winter Schlittschuh liefen, wenn's denn fror, und im Sommer badeten, meist zusammen mit einer Herde Kühe, die sich ihre Euter kühlten und dafür sorgten, dass das Wasser schön grün war. Natürlich kamen wir nicht blau vor Kälte sondern grün wie Kuhschei-wieder raus. Am Rande wuchs Kalmus, den wir herauszogen und kauten, - er schmeckte wie Ingwer. Das alles hat uns nichts geschadet; wir waren abgehärtet.

Der Hammrich, ein reines Grünlandgebiet, das an die Geest grenzt, war durchzogen mit vielen Kanälen, die uns Jungs eine Menge Abwechslung boten. Wir angelten darin, ohne dass jemand schimpfte und beschipperten sie mit selbstgebauten Flößen. Der angrenzende Wald war ein besonderer Anziehungspunkt, weil er heimatliche Erinnerungen weckte.

Ein besonderes Erlebnis und sehr schön waren die ausgedehnten Wanderungen über weite einsame Flächen im Frühjahr, um Kiebitzeier zu suchen. Mein lieber Freund Erich und ich taten dies mit Leidenschaft und großer Ausdauer. Die ganze Landschaft war aber mit einem dichten Grabennetz überzogen, das weder zu durchwaten noch einfach zu überspringen war. Ich lernte von meinem Freund Erich ganz schnell das »Pultstockspringen«, ein alter ostfriesischer, sehr praktischer Brauch, um eben über solche normal unüberwindliche Gräben zu springen. Dieser »Pultstock«, so hieß das Gerät, war ein mehr oder weniger langer aber stabiler Stock mit einer kleinen Platte am unteren Ende. Diesen Stock setzte man mit einem kleinen Anlauf so nach Stabhochsprungart mitten in den Graben und sprang hinüber. Die Technik musste man schon einigermaßen beherrschen; denn war der Anlauf nicht zügig genug, die Platte unter dem Stock zu klein und der Boden etwas zu weich, kam es vor, dass man mitten im Graben senkrecht am Stock hing, der natürlich in den Grund einsackte. Die Folge war ein unfreiwilliges Bad und eventuell Stockverlust.

Die Kiebitze waren übrigens damals noch nicht vom Aussterben bedroht. Die Landwirtschaft wurde zu jener Zeit noch extensiv betrieben, sozusagen -vollbiologisch , obwohl es diesen Ausdruck hierfür noch nicht gab.

Die Fischgründe in den Kanälen hatte Herr Ackermann gepachtet. Er tolerierte sehr viel. Wohl aus Gründen mangelnder Eiweißversorgung der Flüchtlinge durften wir hin und wieder in größerem Ausmaß einige Kanäle abfischen.

Ich erinnere mich diesbezüglich einer lustigen Begebenheit: Es war Großfischen angesagt. Ein Mann von den Baracken aus Hage hatte das dafür geeignete Netz. Der Kanal wurde mit jenem Netz an einer Stelle abgesperrt und einige Leute mussten die Fische ca. 200 m weit ins Netz treiben. Ausgerechnet mein Vater, der Wasserscheueste von allen, wurde als »Obertreiber« eingesetzt. Er fluchte über das »verflucht nasse Wasser«, watete durch den Kanal und schlug ständig mit einem Stock klatschend auf das Wasser »husch, husch husch« rufend, als wären die Fische Kühe. »Husch, husch« rief er aber nur so lange, wie das Wasser »Oberkante Unterlippe reichte«, bei Ansteigen in Nasenhöhe war das dritte »husch« ein gottserbärmlich nasser Fluch. Wild fuchtelnd, denn er konnte nicht schwimmen, platschte er an die Kanalkante, wo er schimpfend die Flügelposition übernahm.

Die Ausbeute unserer Fischzüge war riesig. Körbeweise Hechte und Weißfisch wurden an alle Beteiligten gerecht verteilt.

Aber auch viele unschöne Begebenheiten durchziehen meine Erinnerungen wie ein roter Faden. Immer wieder fiel mir die Lieblosigkeit vieler Einheimischer gegenüber Tieren auf, ja, es spielten sich zum Teil grausame Szenen ab, die ich aus irgendwelchen Perspektiven am Rande beobachtete, in Blandorf wie auch in Leybuchtpolder, wo ich oft Zeuge brutaler Tierquälereien an Pferden war, über die ich noch berichten werde.

War dies nun ein typisch einheimisches Charakteristikum? Nein, das war es sicher nicht, doch kann ich nicht umhin zu sagen, dass ich solches nie bei Flüchtlingen beobachtet habe und schon gar nicht bei meinen Eltern; sie hatten ein geradezu liebevolles Verhältnis zu Tieren, zu Hause wie auch in Leybuchtpolder. Unser Pferd in Schlegel, die Lotte, war so ein treues Tier und kann gar nicht gequält worden sein, sonst hätte sie nie auf die sensible »Zuppleinendressur« reagiert. Ja, selbst bei dem Ochsen, dem Vater Feuer unter den Schwanz machte, damit er wieder aufstand, ging zwar mächtige Flucherei voraus, aber niemals irgendwelche Brutalitäten.

Kam mein Vater auf unserem Hof in Leybuchtpolder in den Stall zu den Schweinen, begrüßte er sie in einem tiefen, friedlichen Tonfall: »Nutsche, nutsche, nutsche.« Und alle Schweine antworteten ihm mit einem zufriedenen Grunzen. Die Hühner leierten ein langgezogenes »gooog, gooog«, wenn er den Stall betrat und fraßen ihm fast aus der Hand. Wenn er im Sommer unsere Rinder auf dem Heller aufsuchte, die dort als Pensionsvieh weideten, was er allsonntäglich vormittags tat, rief er »Molle, Molle,« und aus hunderten von Viehchern war eines, das stehenblieb, um sich von ihm betätscheln zu lassen. Jürgen Redenius, Sohn der legendären Oma Mina, amüsierte sich immer köstlich und imitierte frotzelnd sein »Molle, Molle«.

Ich erinnere mich, wie der alte Herr Ackermann plötzlich ganz aufgeregt durch den Hof lief und rief: »In`t Hammer is`n Otter!« (Im Hammrich ist ein Fischotter). Alle Angestellten und das waren damals noch ziemlich viel, ließen wie auf Kommando alles stehen und liegen, griffen sich irgend einen Gegenstand, Gabel, Knüppel oder sonst was und rannten wie besessen ´gen Hammrich, als gelte es, einfallende Normannen zu vertreiben. Ob der Fischotter dran glauben musste, weiß ich nicht mehr, doch allein die Absicht zeigt, dass ein ökologisch ganzheitliches Denken noch nicht einmal im Ansatz vorhanden war.

Da in der unmittelbaren Nachkriegszeit noch keine Jagdwaffen erlaubt waren, fing man häufig Füchse in der Falle. Man befreite das Tier aus der Falle, legte ihm eine Schlinge um das total zerquetsche Bein, ließ es laufen und hetzte dann einen Hund darauf. Ebenso schien es ein königliches Vergnügen zu sein, Hunde aufeinander zu hetzen, die sich gegenseitig zerfleischten. Es gab noch viele solch grausame Rituale, doch ist es mir zuwider, weiter davon zu erzählen.

Ein Wahnsinnsereignis, ein Freudentag, ein Feiertag war es, wenn der Briefträger kam mit der Botschaft, es sei ein »Carepaket« angekommen, wir möchten es von der Post abholen. Wir liefen, nein rannten alle zur Post und trugen das Paket wie eine heilige Reliquie prozessionsartig nach Haus.

Ich habe euch schon am Anfang erzählt, dass ausgewanderte Schlegeler Freunde uns in der unmittelbaren

Nachkriegszeit sogenannte Carepakete aus Amerika schickten. Alle in der Familie bekamen diese Art Pakete, die etwa die Größe eines Bananenkartons hatten oder vielleicht auch ein bisschen größer. Kostbarkeiten, Schätze und Überraschungen waren darin enthalten, wie wir es zum Teil nicht einmal vom Erzählen kannten. - Kakao, Schokolade, Konserven und unendlich vieles mehr, schier unerschöpflich war die Ausbeute eines solchen Paketes. - Amerika musste ein Schlaraffenland sein! - Nicht nur für uns unerschwinglich Essbares war darin, auch Sachen zum Anziehen und Spielzeug. So erinnere ich mich an einen Holzsteckspielbaukasten, den ich mit Kastanien erweiterte und den ich bis in die Leybuchter Zeit bewahrte. Einmal bekam ich einen Matrosenanzug; das war für mich etwas so Tolles, dass ich den ganzen Tag an mir hinunterschauend damit herumlief, wie Hans im Glück. Diese Carepakete weckten zuweilen den Neid der Einheimischen, denn alles was darin enthalten war, gab es in Deutschland noch nicht zu kaufen.

Ihr werdet euch schon manchmal gefragt haben, - wo hatten die wohl ihr Heizmaterial her in einer Zeit, in der jedes Kohlebrikett schier mit Gold aufgewogen wurde.

Angrenzend an die Geest, etwa 10 km von Blandorf entfernt, war um das »Ewige Meer« drumherumliegend ein großes Hochmoor. Alle Einheimischen hatten die Möglichkeit, einen Claim zu pachten, der zum Abtorfen freigegeben wurde. Herr Ackermann, nicht ganz uneigennützig, ermöglichte unserer gesamten Familie den Torfstich für den eigenen Verbrauch auf seinem Claim, wenn wir den seinen mitstachen. Ein Angebot, das sich meine Eltern nicht entgehen ließen, zumal dieses Unternehmen neben der Sicherung des Winterbrennvorrats, zwar eine Riesenarbeit, doch obendrein auch einen Heidenspaß bereitete. Es war für die ganze Familie ein besonders schönes Erlebnis, von dem sie immer wieder schwärmte, allein schon deswegen, weil sie ihren beengten Quartieren für 14 Tage entfliehen konnten. In der einmalig wunderschönen Moorlandschaft und bei harter Arbeit vergaßen sie eine Zeit lang ihr Schicksal. Mit einem Essensvorrat und einem großen Zelt bezog man Quartier auf dem einsamen Moorclaim am »Ewigen Meer«. Mein Vater führte die Kolonne an, und alle Familienmitglieder waren dabei, mit Ausnahme der Großeltern, versteht sich.

Ab und zu fuhr Herr Ackermann mit Pferd und Wagen zum Moor, um unsere Familie mit Nahrungsnachschub zu versorgen. Eine Gelegenheit für mich, um hin und wieder mal mitfahren zu dürfen. Ich durfte dann wohl mal ein paar Tage bleiben. Es war auch für mich ein unvergessliches Erlebnis. Das Moor hatte einen unverkennbar, herrlich-würzigen Geruch und, immer wenn ich es rieche, erinnere ich mich an diese kurze, glückliche Zeit, so wie ich immer an meine frühe Kindheit auf der Schloskiwiese erinnert werde, wenn ich den Duft von Himmelschlüsselchen wahrnehme.

Da ich an dem Torfstechvorgang hin und wieder beteiligt war, ist es mir möglich, ihn ziemlich genau zu schildern: Zunächst wurden die Heidesoden abgetragen. Darunter befand sich eine ca. 20 cm dicke Weisstorfschicht, Moor jüngeren Alters, und zum Brennen nicht geeignet. Darunter begann der sogenannte Schwarztorf.

Nachdem die beiden oberen Schichten abgetragen waren, wurde der Schwarztorf mit eigens dafür hergestellten Geräten - Spaten- und Stichgeräten - in handliche Quader getrennt und so, als nasses, getrenntes, aber noch zusammenklebendes Material, auf Torfschubkarren oder eingleisige Loren geladen und dann in langen Reihen zum Trocknen abgelegt. Nach ca. drei Wochen wurden die Torfstücke auseinander genommen und in kleine Pyramiden zum entgültigen Trocknen gestapelt. Es entstand dann eine ziemlich große Fläche mit lauter kleinen Pyramiden, die noch zweimal, um richtig zu trocknen, umgestapelt werden mussten - eine Arbeit, für die auch wir Kinder herangezogen wurden. Es geht zum Torfhocken, hieß es dann und wurde von uns nicht gerade begeistert zur Kenntnis genommen; denn es war eine langweilige, mühsame Arbeit, zudem auch nicht ganz ungefährlich, weil sich hin und wieder Kreuzottern unter den Pyramiden versteckten. Der trockene Torf wurde dann in meist sehr mühsamer Arbeit auf oft sehr unwegsamem Gelände abgefahren und zu Hause gestapelt.

An einem schönen Sommertag hatten wir das erste Mal die Gelegenheit, an einem Ausflug zum Meer teilzunehmen. Mit Pferd und Kutschwagen fuhr uns Herr Ackermann quer durch den Hammrich auf Feldwegen, vorbei an einsam gelegenen Marschgehöften, hin zum Seedeich an das offene Meer. Der sehr gesellige Herr Ackermann wusste über alles und jedes etwas zu erzählen. Ab und zu blieb er auch mal stehen, um mit jemandem, der gerade des Weges kam, einen kleinen Schwatz zu halten. So erinnere ich mich an eine kleine

Ortschaft, die wir durchqueren mussten, um an den Seedeich zu gelangen, wo er zwischen zwei großen Gehöften stehenblieb, um ganz vertraulich einen etwas längeren Plausch mit einem ihm wohlbekannten Bauern zu führen. - »Das war Bauer »Noosten,« erzählte er meinem Vater und berichtete ausgiebig über sein Gespräch.

Ich kann mich an die Begegnung gut erinnern, vor allem weil mein Vater mir später das auch bestätigte, indem er es immer wieder erzählte, als das Haus Noosten längst ein Begriff für uns war.

Wer hätte das gedacht, dass dieser Hof mir später fast zu einem zweiten Zuhause wurde.

Viele, viele Male ging ich dort ein und aus und wurde von der Familie behandelt wie Ihresgleichen. Jene Freundschaft mit Gelt Noosten, die sich aufgrund meines Landwirtschaftschulbesuches in den fünfziger Jahren anbahnte, hat bis zum heutigen Tage Bestand, und alle Zeit auf diesem Hof ist mir in lieber Erinnerung.

Schließlich, am Deich angekommen, beschritten wir den »Heller«, das Deichvorland und waren tief beeindruckt von diesem riesengroßen Meer, an dessen Horizont sich die Ostfriesischen Inseln abhoben. Wir wanderten über grüne Hellerwiesen ein Stück in das Watt hinaus. Es war beginnende Flut und im Nu waren wir von Wasser umgeben. Mit erhobenem Zeigefinger warnte Herr Ackermann uns, unerfahren wie wir waren, eine solche Wattwanderung allein zu unternehmen.

In der Zeit bis zur Währungsreform gab es so gut wie keine Autos. Wenn, dann waren es zusammengestückelte Reste aus dem Krieg, drum war die Kutsche mit Pferd noch für den Nahverkehr zuständig. Ein beliebtes Ausflugsziel für uns Kinder war der Norder Pfingstmarkt, der in dieser Zeit verblüffend gut bestückt war. Irgendein Bauer erbarmte sich, uns Kinder vom Dorf nach Norden zu kutschen - ein für damalige Zeit, als wir noch nicht einmal ein Radio besaßen, aufregendes Unterfangen. Die Rummelmusik, noch von keinem Zivilisationskrach unterdrückt, war schon in Tidofeld zu hören und sorgte für ausgedehnte Vorfreude. Im »Weißen Haus« (etwa Mitte »Neuer Weg«) in Norden, gab es eine Pferdegarage, so wie in der Baude in Vollpersdorf in Schlesien. Doch ein Vergleich mit einer Pferdeschlittenfahrt im Schellengeläut durch das verschneite Eulengebirge ist von vorn herein zum Hinken verdammt.

Eine Busverbindung zu nutzen, die es natürlich schon gab, war zum einen wegen der schrottreifen Busse und zum anderen wegen der Drängelei stets ein kleines Abenteuer. Wagte es trotzdem jemand, musste er schon so geschickt vorgehen wie mein Vater: - In Blandorf an der Bushaltestelle stellte er sich, mit der Absicht nach Norden zu fahren, in die lange Reihe der wartenden Leute. Als er vom Busfahrer darauf hingewiesen wurde, dass für ihn kein Platz mehr sei, stieg er scheinbar resignierend vom Trittbrett, um sich kurzerhand, außer Sichtweite des Rückspiegels, hinten auf die Stoßstange zu stellen, während er sich an einer dort befindlichen Dachleiter festhielt. An der nächsten Haltestelle in Hage stellte sich mein Vater erneut in die Warteschlange der Leute. Als ihn der Busfahrer sah, fragte er erstaunt: »Sagen sie mal, sie haben doch schon an der letzten Haltestelle angestanden, wo kommen sie denn jetzt her?« Darauf antwortete mein Vater, er sei hinter dem Bus hergerannt. Einige Mitfahrende, die seine gesellige Art kannten, fragten den Busfahrer, ob er nicht wisse, dass dieses der »Schnellläufer« von Blandorf sei. In der Umgegend von Blandorf waren viele Schlegeler einquartiert. Ab und zu waren in Dornum Treffen organisiert, zu denen wir natürlich laufen mussten wegen der unmöglichen Verkehrsverhältnisse. Hierfür nutzten wir den kürzesten Weg, nämlich die Bahntrasse. Es war ein fürchterliches Gehöker, auf diesen Schwellen zu laufen und dann auch noch so weit; zwei Schwellen waren zu weit für einen Schritt und eine zu kurz. - Bei diesen Treffen versuchte man, vor allem das gesellige Leben von Schlegel mit Singspielen und allerlei Sprachlichem im grafschaftglatzer Dialekt ein wenig aufleben zu lassen, aber es war nicht mehr als das freundliche Seufzen einer verendenden kulturellen Epoche. Auch wir Kinder hatten unseren Part bei solchen Zusammenkünften in Form von neckischen Spielchen und Aufsagen von Gedichten in schlesischer Mundart. Das fand ich fürchterlich albern, und es hatte für mich überhaupt keinen nostalgischen Wert. - Da gab es etwas ganz anderes, was mich an meine Kindheit in Schlegel erinnerte: - Eines Tages klopfte es an unsere Kuhstallwohnungstür und wer kam herein? - Es war der »Stahl Walter«. - Da stand er, unser oberster Häuptling, der in der Märchenzeit meiner Kindertage in Schlesien eine so große Rolle gespielt hatte. Es war eine unbeschreibliche Freude für mich. Er besuchte mich von da an öfter, und nichts hielt mich, diese Besuche auch zu erwidern, obwohl es immer mit einem riesigen Umstand verbunden war. Die Stahl'sche Familie nämlich hatte in Westeraccumersiel ihr Flüchtlingsdomizil. Um dorthin zu gelangen, musste ich zu Fuß gehen, eine irre weite Tour, doch in Erwartung der vielen Abenteuer, die ich dort zusammen mit »Stahl Walter« erlebte, zeigte ich große Ausdauer.

Westeraccumersiel war seinerzeit noch ein kleines, beschauliches Küstenörtchen, direkt am Meer und noch nicht vom Tourismus zerstört. Die Entwässerung des Binnenlandes endete dort in ein breites Tief (Kanal) durch zwei Sieltore und schlängelte sich dann in Form eines Priels romantisch in das Wattenmeer hinaus. Die Ufer links und rechts hatten den üblichen Salzwasserbewuchs. Strandastern, Spatina, Queller usw., und kleine anmutige Fischerhäuschen reihten sich an den Deichufern.

Für mich war »Stahl Walter« noch immer der absolute »Häuptling«, und als solcher präsentierte er sich auch immer noch, allerdings in einem ganz anderen Umfeld, das aber seiner abenteuerlichen Kreativität keinen Abbruch tat. So hatte er natürlich auf der Wattseite sein Hauptbetätigungsfeld. - Ich erinnere mich, wie er mich einmal am Deich entlang führte, dann wateten wir durch hohe Strandastern und anderen Wattbewuchs bis an den ziemlich breiten Priel, an dessen Ufer ich die Anweisung erhielt, an Ort und Stelle die Deckung in den Strandastern zunächst nicht zu verlassen. »Stahl Walter« schwamm zu einem Dalben, kletterte hinauf und verschwand mit einem Kopfsprung im Wasser. Nur ab und zu auftauchend, wie ein Seehund, schwamm er unter Wasser zum anderen Ufer, um dort in Entermanier, wie ein Seeräuber, am Rande eines dort ankernden Bootes wiederaufzutauchen. Er schwang sich in das Boot, kam eiligst zu mir herübergerudert, rief mich aus meiner Deckung und forderte mich auf, in das Boot zu steigen, das uns nun geraume Zeit für abenteuerliche Prielfahrten zur Verfügung stand.

»Stahl Walter« war der einzige aus der Schlegeler Kinderclique, der mich immer wieder besuchte und mit dessen Besuch sich immer Erinnerungen an die Zeit meiner Kindheit knüpften.

Ich erzählte euch von den Carepaketen, die uns so viel Freude bereitet haben. Ich darf aber nicht vergessen zu erwähnen, dass meine Eltern und ganz besonders meine Mutter alles taten, um uns zum Beispiel an den Feiertagen wie Weihnachten, Ostern und Geburtstagen die Freude zu bereiten, wie wir es von Schlegel her gewohnt waren. Da kam denn zunächst der gefürchtete Nikolaus in Gestalt eines verkleideten »Herbert Sikarts«, der sich wie schon zu Haus, mit dem Besen an die Tür klopfend ankündigte. Weihnachten dann gaben meine Eltern wirklich alles, damit ja kein Heimweh aufkommen sollte.

Ich denke da an eine riesige Freude, von der ich euch erzählen will, auch wenn sie ein wenig naiv klingen mag. Aber bedenkt, ich war erst 9 oder 10 Jahre und habe euch gesagt, dass ich so schildern möchte, wie ich es erlebt und empfunden habe. Diese besondere Freude hat eine kleine Vorgeschichte: Wie alle Jungs hatte auch ich einen geheimen Wunsch, doch der meinige schien unerfüllbar. Es handelte sich um ein Luftgewehr, wahrscheinlich deswegen, weil mein Vater so oft Jagderlebnisse zum

Besten gab. Jedenfalls versuchte ich Geld zu verdienen, indem ich Kamillenblüten sammelte, die ich dann bei Sabat, einer Konservenfabrik in Hage, verkaufte.
Zwei Tage sammeln brachte einen Erlös von 70 Pfennigen!!
Ein aussichtsloses Unterfangen, eine größere Summe zusammenzukriegen. Es sollte, so wie es aussah, ein Traum bleiben, wenn da nicht ein ganz besonderes Weihnachtsfest gewesen wäre. Heilig abend mussten wir uns wie üblich, um auf die Einbescherung zu warten, auf dem Flur aufhalten. Alles sollte so sein wie in Schlegel, es klingelte das Glöckchen, und wir betraten unser Kuhstallzimmer, das meine Eltern so festlich wie möglich geschmückt hatten. Den schwarzen Ofen verdeckte ein buntgeschmückter Christbaum, und meine Geschenke lagen alle auf einem Stuhl, als da halt war ein wenig Spielzeug, das mein Vater oft selber bastelte, wie zum Beispiel eine Puppenstube für meine Schwestern, eine wundervolle Laubsägearbeit mit allen dazugehörigen Möbeln und eben dies und das. Als ich meinte, alles gesehen zu haben, entdeckte ich hinter dem Stuhl etwas Metallenes. Ich fasste den Gegenstand an, zog ihn langsam hinter dem Stuhl hervor und was war es - ein Luftgewehr! Diese meine kindliche Freude werd' ich nie vergessen. - Was mochte meine Eltern dazu bewogen haben, mir diese Freude zu bereiten? Ich denke mal, sie wussten, dass ich nie und nimmer mit solch einer Überraschung gerechnet hatte und meine Freude so groß sein würde, dass ich das gefürchtete Heimweh nicht haben würde, das mich ansonsten zu solchen Gelegenheiten immer so fürchterlich überkam und sicherlich meine Eltern stets tief berührte.

Da war noch das Osterfest, das meine Eltern ebenso heimatnah wie nur irgend möglich zu gestalten versuchten. Mit einer Riesenspannung suchten und fanden wir das von ihnen zuvor versteckte Osternest. Den ostfriesischen Brauch des »Eiertrüllens« machten wir natürlich mit; nur mit unseren drei Eiern im Nest war nicht viel Staat zu machen, dementsprechend vorsichtig gingen wir damit um.

All dieses uns ans Herz gewachsene Brauchtum, ob zu Weihnachten oder Ostern, wie wir es von zu Hause aus kannten, habe ich versucht, an meine Kinder weiterzugeben. - Ob es mir wohl gelungen ist? - Ich bin gar nicht so überzeugt.

Hier noch‚n Dönchen: Heinz Vehnekamp aus Neuwesteel, ein lieber Jugendfreund, mit dem ich später auch in Leybuchtpolder sehr viel Zeit verbrachte, der aber 1957 tödlich verunglückte, verbrachte seine Ferien sehr oft bei Onkel und Tante in Blandorf. - Was man heute »Dartspiel« nennt und wofür man Geld ausgeben muss, bastelten wir uns damals selbst. Durch ein ca. 7 cm langes, astähnliches Holzstück trieben wir einen Nagel und bohrten auf der andern Seite kleine Löcher, in die wir Hühnerfedern steckten - damit »darteten« wir. Hierfür legten wir uns einen großen Vorrat an Hühnerfedern an, die wir folgendermaßen organisierten: Wir bauten uns eine trichterähnliche Falle aus Draht, streuten Futter hinein und stellten diese irgendwo unauffällig hin. Jedes Huhn, das in die Falle ging, schnappten wir uns und rupften ihm alle Schwanzfedern heraus - bis auf eine.

Frau Ackermann, die jenes Phänomen beim Füttern ihrer Hühner wohl bemerkte, zerbrach sich den Kopf über

die »Teilmauser« ihrer Hühner. Wir beobachteten sie immer aus einem Versteck heraus, wie sie fassungslos nach »Witwe-Bolte-Art« zwischen ihren entschwanzten Hühnern stand und schüttelten uns vor Lachen.
In meinen Schilderungen über das religiöse Leben in Schlegel habe ich mich ja zum Teil schon ziemlich kritisch geäußert, was wir dann aber in Blandorf erlebten, setzt wohl allem die Krone auf. Wir kamen ja nun aus einer rein katholischen Gegend. Das religiöse Leben in unserem Dorf hatte, trotz meiner Kritik, die ja auch nur mein persönliches Empfinden darstellt, etwas Gewachsenes, Anheimelndes und Schönes, - man denke nur an die wunderbare Kirchenmusik. - In Ostfriesland kamen wir nun in ein Land, in die sogenannte Diaspora (Gebiet in dem religiöse Minderheiten leben), wo kirchliche Bräuche, allenfalls zweitrangig waren. Dass die Friesen Bonifazius erschlagen haben, als er versucht hat, das Land zu christianisieren, war irgendwie verständlich.
Da meinen Eltern eine seelsorgerische Betreuung und Weiterbildung für uns sehr wichtig erschien, war es verständlich, dass sie mit dem vorlieb nehmen mussten, was sich einzig anbot. Dies waren einige religiös-fanatische Weiber in Hage, von denen eine zu Fuß von Ort zu Ort durch halb Ostfriesland lief, um nicht nur ihre katholischen Schäflein zu betreuen, nein, sie versuchte, wie Bonifatius, auch »ungläubige« Ostfriesen zu bekehren. Oftmals lief sie Gefahr, das gleiche Schicksal zu erleiden wie dieser Missionar.
Mit untersetzter, leicht gebückter Haltung, pechschwarz gekleidet, auf dem Rücken einen Rucksack, lief sie in riesigen, hohen Schuhen von Dorf zu Dorf, den Kopf

meist leicht nach unten geneigt, mit einem Rosenkranz in der Hand, lauthals betend.
Religionsunterricht fand irgendwo statt, entweder bei meiner Oma oder auch im Nachbardorf. Dann mussten wir ebenfalls laut betend hinter der Alten herlaufen, und sie schaffte es sogar von Zeit zu Zeit, unsere ostfriesischen Spielkameraden einzugliedern. Witzigerweise gehorchten die, doch zu gegebener Zeit hatte sie immer wieder mit Attentaten zu rechnen; aber im Gegensatz zu Bonifazius hat sie es immer überlebt.
In eine solche Situation geriet diese Frau, als sie eine Abkürzung querfeldein über einen zugefrorenen Teich nahm. Einige ostfriesische Leidtragende, die in der fanatischen Überzeugungsarbeit dieser Person nichts Göttliches sahen, führten sie über das Eis. Mitten drauf ließ man sie aber stehen und verschwand. Da sie aber weder laufen noch stehen konnte, legte sie sich hin, und wenn sie nicht zufällig jemand runtergeholt hätte, hätten wir heute bestimmt eine Mätyrerin mehr.

Der Religionsunterricht selbst war so abartig wie diese Frau fanatisch. Nun war ich inzwischen etwas älter und aß das Ganze nicht mehr so heiß, wie man es mir servierte. Natürlich erzählte sie uns alles Mögliche aus Bibel und Katechismus, aber es ist doch wohl klar, dass dieses ewige Drohen mit Himmel, Hölle und Teufel mich am meisten beeindruckte. Es stand immer im Mittelpunkt, und ständig wies sie uns darauf hin, welch' höllische Folgen es hätte, falls wir unsere religiösen Pflichten nicht erfüllten. Da waren die Hinweise auf den pflichtgemäßen, sonntäglichen Kirchgang mit Beichte und Kommunion, auf Tod- und lässliche Sünden und deren Folgen in der ewigen Hölle und das zeitlich begrenzte Fegefeuer - der gleiche Quatsch, den man mir schon als kleinerem Kind beigebracht hatte. Es machte mich zwar nicht mehr so ängstlich, doch für ein schlechtes Gewissen reichte es allemal. Zur Kirche mussten wir 5 km nach Hage laufen. Es war die Ansgarikirche, die den Katholiken zur Verfügung gestellt wurde; - ob dies zu jener Zeit umgekehrt auch denkbar gewesen wäre, weiß ich nicht. - Der Pfarrer der katholischen Flüchtlingsgemeinde war ein erzkonservativer Mann; das muss er gewesen sein, sonst hätte er nicht seine schützende Hand über solch fanatische Missions- und Überzeugungsarbeit gehalten. - Im Beichtstuhl war der Mann mir unheimlich, und meine jüngere Schwester kann auch ein Lied von ihm singen, so frei nach Wilhelm Busch: »Und dich, du kleines Mägdelein, das gern zur Beichte geht, dich nehm ich dann so ganz allein gehörig ins Gebet«. - Vor dem Beichtstuhl lagen kleine Büchelchen aus, in denen so die gängigsten Sünden standen, falls einem nichts einfiel. Da nahm ich denn schon mal eins mit in den Beichtstuhl und las davon ab, unter anderem stand da auch - »ich habe Unkeuschheit getrieben«. - Diese Sünde fand der Pfarrer besonders interessant und wollte genau wissen, welche Unkeuschheit ich getrieben hätte. Aber ich armes Würstchen hatte ja nur abgelesen und wusste nicht, welch' gewaltig »interessante« Schuld ich mir da aufgeladen hatte. Jedenfalls war die Buße, die er mir aufbürdete, so umfangreich, dass mir wegen Uneinlösbarkeit von vornherein die Hölle sicher war.

In der Kirche hielt die fanatische Frau Zucht und Ordnung. Es kam nicht selten vor, dass sie uns während der

Messe am Schlawitchen nahm, aus der Bank zog, und, aus welchen Gründen auch immer, zu unserer allergrößten Peinlichkeit woanders platzierte.

Es gab aber auch sehr schöne Augenblicke in der Kirche. Wenn sie zu Weihnachten besonders gut besucht war, hatte ich die Gelegenheit, mich dem Zugriff dieses bösen Weibes zu entziehen und mich auf der Empore in die Nähe des Kirchenchores zu setzen. Dort lauschte ich den Stimmen meiner Eltern, wenn sie wie in Schlegel die Christkindelmesse sangen. Wieder war es die wunderschöne Stimme meiner Mutter, die ob ihrer Reinheit so deutlich herauszuhören war, - sie machte mich stolz wie eh und je. Erinnerungen an Schlegel wurden wach und viele vertraute Bilder zogen an meinem geistigen Auge vorüber. - Unsagbares Heimweh überkam mich. - Ich weinte still vor mich hin.

Da fällt mir noch ein Dönchen zu dem religiösen Dasein ein: Wie so oft fand ein Religionsunterricht in Omas Zimmer statt. Unsere Religionslehrerin, wie schon beschrieben, saß mit dem Rücken zum Fenster, neben sich die heilige Lektüre, als da waren Bibel, Katechismus usw. Der Platz von uns Kindern aber war so, dass wir gute Übersicht hatten und gut beobachten konnten, was hinter ihrem Rücken geschah. Der Unterricht war immer sehr ausgedehnt und langweilig, und nicht selten warteten »Ungläubige« draußen vor der Tür auf das Ende, um mit uns spielen zu können. Da war denn auch mein lieber Freund Ernst, der immer einen Schabernack auf Lager hatte. Plötzlich merkten wir, wie er sich von außen am Fenster zu schaffen machte. Mit einem langen Stock durchstieß er das morsche Fensterholz. Die fanatische Frau, völlig vertieft in ihre religiöse Überzeugungsarbeit und natürlich nichts Böses ahnend, bemerkte überhaupt nichts. Da sahen wir, wie Ernst den Stock hinter ihrem Rücken immer näher an den Tisch heranschob, bis er schließlich die Bibel langsam vom Tisch herunterstieß. - Bauz, lag sie unten. - Naja, das kann ja mal passieren. Kaum hatte sie jedoch die Bibel wieder neben sich platziert, fiel der Katechismus zur Linken herunter. Dies wiederholte sich einige Male, ohne dass die Frau etwas von der Ursache mitbekam. Als wir uns das Lachen nicht verkneifen konnten, machte sie uns energisch auf unser sündhaftes Verhalten aufmerksam. Irgendetwas muss sie sich wohl gedacht haben. Wahrscheinlich meinte sie, dass der heilige Geist mit solchen, für sie übersinnlichen Aktivitäten auf unser sündhaftes Gehabe aufmerksam machen wollte. Jedenfalls war dies ein Grund für sie, den Unterricht noch zu intensivieren und zu verlängern. - Plötzlich bemerkten wir, dass sich die Stubentür langsam öffnete. Wie von Geisterhand erschien wieder der lange Stock. Ernst gab nicht eher Ruh', bis er unbemerkt Rucksack, Mantel und Hut der Frau so peu a peu vom Bett geangelt hatte, um alles draußen vor die Tür zu legen. - Als sie am Ende des Unterrichtes bemerkte, dass ihre Sachen verschwunden waren und sie sie vor der Tür wiederfand, bekam sie einen hochroten Kopf, zog sich eiligst wortlos an und verschwand lauthals betend, nicht mehr um sich schauend, auf einem schmalen Weg in Richtung Staße.

Und noch ein Dönchen vom Ackermann'schen Hof: Wie auf allen Höfen üblich, lagen am Ende des langen Kuhstalls rechts die Plumpsklos, ein Monokel fürs Gesinde, eine Brille für die Herrschaft. Wir Flüchtlinge genossen das Privileg, die Brille benutzen zu dürfen, - für uns Kinder sehr unterhaltsam, denn selten gingen wir dorthin allein, und an den fehlenden hygienischen Bedingungen aus heutiger Sicht nahmen wir überhaupt keinen Anstoß, im Gegenteil, es war immer gemütlich auf dem Klo. Da Herr und Frau Ackermann meistens gemeinsam aufs stille Örtchen gingen, ersannen sich meine beiden Schwestern einen besonders lustigen Streich: Sie bastelten mannsgroße Strohpuppen, setzten diese auf die Brille, schlossen irgendwie die Tür von innen ab und versteckten sich um zu beobachten, wie Herr und Frau Ackermann den Kuhstallgang entlang wanderten, um gemeinsam aufs Klo zu gehen. - Nun, die Tür war verschlossen - ganz normal, - sie gingen wieder weg. - Nach kurzer Zeit, nun schon etwas eiliger, der nächste Anlauf, - immer noch verschlossen. - Herr Ackermann linste durch einen Spalt und sah, dass noch besetzt war, wurde ungeduldig und rief, doch niemand antwortete. - Wütendes Gemurmel und Gang mit zusammengekniffenen Hintern in unsere Kuhstallwohnung; denn nur zwei von uns privilegierten Flüchtlingen kamen dafür in Frage, und sie wussten auch wohl, dass wir Kinder oft unnötige Dauersitzungen veranstalteten. Aber auch dies war nicht die Erklärung. Schließlich, in letzter Not, watschelten sie noch einmal zum Klo, linsten gemeinsam durch alle Ritzen und stellten den Schabernack fest.

Das fanden die Ackermanns aber gar nicht lustig, wahrscheinlich hatten sie schon 5 cm in der Hose.

Mit der Währungsreform änderte sich vieles. Das Geld wurde knapp, Schnapsbrennen lohnte sich nicht mehr. Die deutsche Wirtschaft begann ihren zunächst zaghaften Aufstieg aus Schutt und Asche. - Für mich begann, eigentlich bereits vor der Währungsreform, ein Abschnitt in meinem kindlichen Leben, auf den ich gut und gern hätte verzichten können und von dem ich auch gar nicht so gern erzähle. - Man befand, dass ich für das Gymnasium geeignet wäre. Kein guter Befund, wie sich herausstellen sollte. Ich war für diese Schule einfach noch nicht reif genug, viel zu naiv, verträumt oder so, egal, vielleicht ja auch zu doof. Jedenfalls begann für mich eine Zeit vieler unschöner Ereignisse. Um sich davon eine Vorstellung zu machen, ist es notwendig, etwas ausführlicher zu schildern. - Allein die Umstände, diese Schule zu erreichen, waren so katastrophal, dass ein Scheitern schon deshalb vorprogrammiert war. Die Fahrt dorthin begann zunächst mit dem Linienbus von Blandorf nach Norden, unter Fahrverhältnissen, die aus heutiger Sicht unmöglich klingen. Nicht selten mussten wir wegen Überfüllung auf Trittbrettern stehen, oder wir setzten uns hinten in einen kleinen, offenen Anhänger; ja, manchmal saß ich sogar vorn auf dem Kotflügel und hielt mich an einer Art Begrenzungsstange fest.

Dieses war alles wahrscheinlich nur möglich, weil in der frühen Nachkriegszeit und vor der Währungsreform noch ein beträchtliches Gesetzesvakuum herrschte. Bei einem bestimmten Busfahrer, er hieß Arnold, genoss ich Sonderprivilegien. Wenn ich ihm den neuesten Klein- Erna-Witz erzählte, dann durfte ich auf dem Sanitätskasten neben ihm sitzen. - Diese Art zur Schule zu kommen, erübrigte sich sofort, als alles in DM bezahlt werden musste. Da war zwar Platz im Bus, doch nun konnten wir uns keine Monatskarte mehr leisten. Also war ich jetzt auf das billigste Verkehrsmittel angewiesen, und das war der Zug. Die nächste Haltestelle war aber in Hage, dort, wo heute noch die Museumseisenbahn hält. Der Zug fuhr etwa um 6 Uhr morgens los und um ihn zu erreichen, musste ich um 4.20 Uhr aufstehen. Im Stockdüstern, zumindest im Winter, lief ich eine Stunde durch den finsteren, damals noch vollständigen Berumer Wald, durch Hage zum Bahnhof - meistens in Begleitung, oft aber auch allein; da hatte ich natürlich fürchterliche Angst. Zu dieser Tages- oder Nachtzeit bewegte sich zu jener Zeit nämlich noch nichts auf der damals noch sehr schmalen Straße aus Backsteinziegeln. Nach dreißigminütiger Bahnfahrt hielt der Zug am damals noch existierenden Norder Kleinbahnhof. Das war so gegen 6.30 Uhr, und dann noch einmal 20 Minuten zur Schule. Das war schon eine endlose Zeit bis Unterrichtsbeginn. Der Zug fuhr ca 13.30Uhr vom Kleinbahnhof wieder ab, und bis dahin bummelte ich, vor allem wenn die Schule früher beendet war, und das kam öfter vor, mit hungrigem Magen durch die Stadt. Wie oft stand ich vor einem Bäckerladen und wünschte mir 4 Pfennige in der Tasche, um mir ein Brötchen kaufen zu können. Der Heimweg schien mir oft endlos. Ich trottete nur so dahin und oft ging ich unterwegs ein Stückchen in den Wald, setzte mich auf einen Baustamm und tat das, was ich seit eh und je schon konnte - ich erfreute mich an der Natur. Sie war friedlich, und die Tiere, denen ich unterwegs begegnete, quälten mich nicht, so wie es die Lehrer taten, wozu ich gleich noch etwas zu sagen habe. So endlich gegen 15 Uhr war ich zu Hause. - Aber dann sollte ich Schularbeiten machen - wie wohl? Es war schier unmöglich. Ich war nicht allein in unserer 10 qm Kuhstallwohnung. Zumindest im Winter war das »Zimmer« bei Südwind verraucht und kalt. Hinzu kam der Anblick meiner traurigen Mutter, wie ich es euch schon geschildert habe. Ich war also so schnell wie möglich wieder draußen und verbrachte meine Zeit irgendwo im Freien. Ackermanns bekamen dieses Dilemma natürlich mit, und ab und zu durfte ich in ihre Gemächer jenseits der Brandmauer in eine der guten Stuben. Da kam ich mir denn vor wie in einem Königspalast, saß stocksteif zwischen dem für meine Begriffe Luxusmobiliar und genoss die zivilisierte Umgebung. Kam das öfter vor, setzte man mich gleich unter Druck: Bei so viel Großzügigkeit müsse man auch schulische Ergebnisse sehen. Dass ich hier alsbald in einen Teufelskreis geriet, ist klar. Da ich fast nie Schularbeiten machte, hatte ich natürlich Angst vor dem nächsten Schultag, und die Folge waren selbstverständlich schlechte Leistungen. Am wenigsten hinterfragten dies natürlich die Lehrer. Aufgrund dieser Umstände bekam ich alle möglichen Krankheiten von Keuchhusten bis massenhaft Geschwüren, die mir den Schulweg oft zur Qual machten. Kam ich mit meinem Husten zur Schule, regte dies die Lehrer auf. Eine berüchtigte Lehrerin, Namens Behne, befahl mir, vor jedem Hustenanfall das Klassenzimmer zu verlassen, tat ich dies nicht, schlug sie mir brutal ins Gesicht.

Während meiner gesamten Kindheit und auch später hat mich kein Mensch so gequält. Diese Frau war sadistisch veranlagt; sie konnte Kinder quälen, bis diese Selbstmordgedanken bekamen. Sie suchte sich nie gesunde und intelligente Schüler aus, sondern sie hatte Freude daran, Kinder zu quälen, die sowieso schon am täglichen Dasein zu leiden hatten. Nicht selten musste ich nach vorn kommen. Unter irgendeinem Vorwand schlug sie mir ins Gesicht, zunächst auf die eine Seite, worauf sie meinte der Unterkiefer sei nun verrutscht und schlug mich daraufhin noch einmal auf die andere Seite. - Unter den anderen Lehrern fand sich niemand, der Verständnis zeigte und versuchte zu helfen. Allein schon, dass so eine Bestie toleriert wurde, war Beweis für die Gedankenlosigkeit und Mitschuld derer, die davon wussten. Diesen Vorwurf mache ich allgemein, denn ganz generell muss sich jeder - auch ich - die Frage stellen, ob es gestattet ist, verharmlosend und sich selbst entschuldigend zuzusehen wenn ein Unrecht in der Welt passiert und schon gar in der unmittelbaren Umgebung. So nahm ich denn jede Gelegenheit wahr, dem Schulischen zu entfliehen, was natürlich zu immer mehr Komplikationen führte.

Ich muss einmal meine Freunde Hans Weißer und Ernst Köppen erwähnen. Sie besuchten die gleiche Schule und hatten es besser gepackt als ich, doch nie haben sie mich im Stich gelassen. Besonders Hans und seinen Eltern habe ich viel zu verdanken. Ich fand dort stets einen Zufluchtsort, und Hans hat mir auch schulisch sehr viel geholfen, so dass ich wieder Mut schöpfte und ob meiner besseren Leistungen mehr Selbstvertrauen gewann. Diese beiden Freunde sind mir ein Leben lang treu geblieben, vor allem auch in der schwierigen und einsamen Anfangszeit in der Leybucht. Ich denke mal, dass

solch eine Freundschaft nicht hätte wachsen können, wenn unsere Eltern nicht so wohlwollende und freundliche Bedingungen dafür geschaffen hätten. Ganz herzlich sind mir die Eltern meiner beiden Freunde in Erinnerung. Sie behandelten mich wie ihre eigenen Söhne, stets war ich willkommen, und nie gaben sie mir das Gefühl, irgendwann einmal lästig zu sein. So gut erinnere ich mich an die Eltern von Hans. Sie führten ebenfalls ein ärmliches und beengtes Flüchtlingsdasein, doch das hinderte vor allem Frau Weißer nicht daran, stets mit erhobenem Haupt und einem sanften Lächeln auf den Lippen alles zu tun, damit wir uns wohl fühlten.
Ich meine, dass mich die Unbeschwertheit meiner frühen Kindheit in Schlesien doch so geprägt hat, vor allem meine vielen schönen Begegnungen in und mit der Natur, dass dies viele meiner kritische Entwicklungsstadien positiv beeinflusst hat.

Nach 1948 lichteten sich die Reihen unter den Flüchtlingen. So nach und nach wanderten viele ab in die Industriegebiete, wo es Arbeit gab. Natürlich galt das auch für unsere Familie. Die ersten, die in Amt und Würden waren, erreichten auch einen bescheidenen Wohlstand, und Wohlstand bedeutete schon, wenn jemand eine eigene Wohnung hatte.
Mein Vater war ja nun Landwirt und da er bestrebt war, dies auch zu bleiben, verspürte er auch keinen Drang, in die Industrie abzuwandern.
Herr Ackermann, der sich im öffentlichen ostfriesischen Leben ganz gut auskannte, erfuhr, dass hinter Norden, zwischen Neuwesteel und Greetsiel, ein Teil der Leybucht eingedeicht werden sollte und dass die

Fäden für dieses Vorhaben im Kulturamt in Aurich gezogen wurden. - Es begann nun ein ständiger Lauf zu den Ämtern in Aurich. Dies war für meine Eltern stets ein äußerst zeitraubendes und aufwendiges Unterfangen und in der damaligen Nahverkehrssituation immer mit einer Tagesreise verbunden. - Nach einem Fußmarsch von Blandorf nach Hage, fuhr man zunächst mit dem Zug nach Norden, von Norden nach Abelitz und von Abelitz nach Aurich. Da erfuhren meine Eltern nun Folgendes: Ein Teil der Leybucht sollte eingedeicht und zur Besiedlung freigegeben werden. Die Hofstellen, die dort entstehen konnten, sollten in erster Linie an die vergeben werden, die am Bau des Deiches beteiligt waren, dies aber nur für Bewerber, die noch vor der Währungsreform, also vor dem 20. Juni 1948, die Arbeit am Deichbau begonnen hatten.

Mein Vater zögerte nicht lange und meldete sich bei der Firma Holzmann, die den Auftrag hatte, den »Störtebeckerdeich« zu bauen.

Als die Idee, die Leybucht einzudeichen, zunächst einmal nur als Gerücht kursierte, begaben sich Herr Akkermann und mein Vater per Auto zur Leybucht, um die Lage an Ort und Stelle zu betrachten. Ich hatte das Glück mitfahren zu dürfen. Am meisten lockte mich die Autofahrt in einem für heutige Begriffe Oldtimer, denn es war so gut wie das erste Mal, dass ich in einem PKW eine » lange Reise machte«. Als ich nach einiger Zeit vom hinteren Sitz bescheiden nach dem Ziel und dem Grund unseres Ausfluges fragte, erhielt ich zur Antwort, dass wir zum Deich an die Leybucht führen, um dort die Flächen anzuschauen, die eventuell eingedeicht werden sollten und wo wir vielleicht eine neue Heimat finden würden. Nun wurde ich natürlich gespannt auf das, was uns erwartete. Ich schaute aus dem Fenster und entdeckte eigentlich nichts Aufregendes. Die Landschaft war platt wie ein Pfannekuchen, nichts Neues also, - es wurde nur immer baumloser, und das gefiel mir gar nicht, hinzu kam ein recht unwirtliches Wetter. Die Wege wurden holprig, der Sturm schaukelte das Auto, und ich machte mir ernstlich Sorgen um unser Ziel. Mit zunehmender Unannehmlichkeit wurde ich aber neugieriger. Nach einer ziemlich abenteuerlichen Fahrt an einsamen Gehöften vorbei landeten wir schließlich am Seedeich, der Grenze zur Leybucht. - Herr Ackermann parkte das Auto am Fuße des Deiches, und man sagte mir, wegen des schlechten Wetters könne ich nicht mit, ich solle warten. Nach einiger Zeit stieg ich aber aus, weil ich durch die verregneten Autoscheiben alles nur schemenhaft erkennen konnte. Ich schlug den Kragen meiner Jacke hoch, zog meine Mütze tief ins Gesicht und musterte zunächst mit schrägen Blicken die nähere Umgebung. Die Sonne versteckte sich hinter einer mehrfachen Wolkendecke und ließ nur ein schummriges Licht zu. - Nebelschwaden mit Nieselregen trieb der Sturm über den Deich, hinter dem sich einige Silberpappeln gespenstisch im Winde bogen. Rechts im Hintergrund entdeckte ich nur undeutlich die Umrisse einiger Holzbaracken. Der Wind pfiff um sie herum und brachte einige lose Gegenstände zum Klappern. Ich konnte keinen Menschen entdecken. - Die vom Wind bewegten silbrigen Pappelblätter sahen im schummrig stürmischen Licht der vorbeiziehenden

Nebelschwaden aus wie Gespenster. - Sollte das unsere neue Heimat werden? -
Am liebsten hätte ich mich wieder in das Auto verkrochen, doch die Möglichkeit, dass wir hier einmal wohnen sollten, machte mich neugierig. Ich kraxelte den Deich empor, kaum war ich aber oben, warf mich der Wind zurück in den Schatten des Deiches. Beim zweiten Anlauf schaffte ich es aber, lief die flache Seite des Deiches hinunter, stemmte mich gegen den vom Sturm gepeitschten Nieselregen und lief ein Stück auf einem Kopfdamm in den grünen Heller hinaus. - Als ich da so stand, vom Winde zerzaust, den Kopf schräg nach unten geneigt und aus diesem Blickwinkel die Gegend betrachtend, erschien plötzlich wie aus dem Nichts eine Gestalt, eine Gestalt wie der Glöckner von Notre-Dame, klein, untersetzt und mit einem Buckel, aus dem Kopf und Hals fast rechtwinklig nach vorn ragten. Haarsträhnen hingen ihm im nassen, irre wirkenden Gesicht, und aus seinem fast zahnlosen Mund kamen grölende Laute, während er mit einer Peitsche knallend in viel zu großen Gummistiefeln über die Gräben sprang und ebenso schnell aus meinen Augen verschwand, wie er gekommen war.
 Schemenhaft erkannte ich im Nebel die Umrisse einiger Rinder. - Ich hatte plötzlich fürchterliche Angst, rannte über den Deich und verkroch mich auf den Hintersitzen des Autos. - Und das sollte mein neues zu Hause werden? - Zu krass waren die Gegensätze von neuer zu alter Heimat, als dass ich mich hätte damit gleich anfreunden können.
Wie ich viel später erfuhr, war das Gespenst - Uve, der Kuhhirte. Er war ein ganz lieber, geistig und wohl auch

körperlich behinderter Mann, der vom Bauamt für Küstenschutz als Hirte eingesetzt war und als solcher den Ruf genoss, unübertrefflich zu sein. Er hatte die Gabe, jedes Rind wiederzuerkennen und dessen Besitzer zu nennen. Es weideten zu dieser Zeit noch hunderte Rinder auf den Hellern .

Mein Vater begann seine neue Arbeit bei der Firma Philip Holzmann bereits vor der Währungsreform, wie es die Bedingung war, um den Anspruch auf eine Siedlung zu haben. Die Aussicht, wieder eine eigene Landwirtschaft zu betreiben, dem erbärmlichen Quartier zu entfliehen und uns allen wieder ein zu Hause bieten zu können, gab ihm den Antrieb, diese enormen Strapazen auf sich zu nehmen; denn Deichbau war zu jener Zeit noch mit erheblichem körperlichem Einsatz verbunden, nicht zu vergessen die unbeschreibliche Mühe, diesen Arbeitsplatz erst einmal zu erreichen. - Am Anfang pendelte er täglich. Ein Subunternehmer der Philip Holzmann AG, der seinen Sitz in Dornum hatte, nahm ihn zunächst mit. Später kaufte er sich ein Fahrrad für 150.- DM, eine Wahnsinnsinvestition, wenn man bedenkt, dass er nicht mehr als 150.- DM im Monat verdiente. Ich kann mich erinnern, dass große Debatten deswegen stattfanden. Er fuhr dann täglich fast 30 km mit dem Rad bis nach Neuwesteel, stellte es bei Oma Mina Redenius am Deich ab und lief dann zum angrenzenden Arbeitsplatz. Nach einem zehnstündigen, schweren Arbeitstag fuhr er die gleiche Strecke wieder nach Hause. -
Eines Tages wurde er von jemandem nach Haus gebracht. - Man hatte ihm das Fahrrad gestohlen. - Es

herrschte große Betroffenheit; und da das Rad noch nicht abbezahlt war, konnte er sich auch kein neues kaufen. Vom Norder Hafen aus gab es einen regelmäßigen Personenschiffsverkehr auf dem Galgentief zum Leybuchtsiel. Diese Möglichkeit nutzte mein Vater dann, um an seinem Arbeitsplatz zu gelangen. Wie er aber nach seinem Fahrradverlust nach Norden kam, weiß ich nicht mehr. Später kaufte er sich ein gebrauchtes Rad. Da die Strapazen der An- und Abfahrt von Blandorf zur Leybucht unerträglich wurden, bot sich für die Arbeiter die Möglichkeit, in Baracken Unterkunft zu finden. Es waren zunächst jene Baracken, deren gespenstische Erscheinung ich in meinem ersten Leybuchteindruck geschildert habe. Da der Deichbau in zwei Hälften stattfand, einmal von der neuwesteeler und einmal von der greetsieler Seite her, ergab es sich, dass die Arbeiter zunächst auf der einen und dann auf der anderen Seite wohnten. Mein Vater kam dann nur an den Wochenenden nach Hause.-

Meine Mutter hauste derweil mit uns Kindern weiter in der schrecklichen Kuhstallwohnung, gedemütigt von allem, was um sie herum war. Sie machte die endlosen tagesausfüllenden Gänge zu den Ämtern, die wegen unseres Siedlungsvorhabens vonnöten waren. Ihr kulturelles Dasein hatte noch einmal einen letzten Höhepunkt, bevor es völlig verebbte. Noch einmal hab ich sie singen hören in der Hager Ansgarikirche. Die Motivation hierfür fehlte ihr eigentlich gänzlich, doch ließ sie sich überreden, noch einmal das Ave Maria anlässlich einer Hochzeit zu singen. Abgesehen davon, dass sie hin und wieder - und das auch nur in der An-

fangszeit des Flüchtlingsdaseins in Blandorf - im Kirchenchor mitwirkte, hörte ich sie solo nur noch ein einziges Mal ganz bewusst, anlässlich jener Hochzeit. Ich habe diesen Augenblick so sehr in Erinnerung, da ich in der Stimme meiner Mutter einen Hauch von Melancholie zu vernehmen glaubte und ich denke, es wird wohl auch so gewesen sein, denn Anlass hierfür hatte sie ganz gewiss.
Für mich war es wieder ein Augenblick des Stolzes, wie immer, wenn ich ihre wunderschöne Stimme vernahm, verbunden aber mit unsäglichem Heimweh, das mich förmlich überrollte. - Vertraute Bilder der Vergangenheit aus der Märchenzeit meiner Kindheit zogen an mir vorüber. Ich sah mich im Geist zusammen mit meinen Geschwistern an den Händen meiner Eltern auf dem Wege »uba rem« an einem frostigen sonnigen Sonntagvormittag durch den glitzernden Pulverschnee zur Kirche stapfen, um dann auf der Empore zwischen dem Männerchor der herrlichen Musik und den Stimmen meiner Eltern zu lauschen. Das Panorama des Kirchelberges und der Wolfskoppe mit all den Schauplätzen meiner kindlichen Erlebnisse zogen an meinem geistigen Auge vorüber, jene Bilder, die in einem unauslöschlichen Film immer wieder Revue passierten, wenn irgendeine Gelegenheit dazu Anlass gab.

Hin und wieder arrangierten meine Eltern kleine Singspiele, bei denen wir Kinder mitmachen sollten. Ich fand das entsetzlich albern und verdrückte mich meistens. - Ob der wideren Umstände war die Schule nach wie vor eine starke seelische Belastung für mich und sicherlich auch Mitursache, dass ich so oft an die unbe-

schwerte Kindheit in der Märchenumgebung unseres Schlegeler Hofes dachte.
Meine fortlaufende Entwicklung bezeugt, dass Personen längst nicht mehr die Rolle am Rande spielten. Sie prägten mein Leben, positiv und negativ. So wurde mir die Natur erneut Trost und Zuflucht und blieb es bis zum heutigen Tag. - Ich konnte stundenlang irgendwo am Wegesrand, an einem wogenden Getreidefeld, einem duftenden, blühenden Kleefeld oder im Wald auf einem Baumstamm sitzen und den Zauber einfallender Lichtstrahlen der Sonne beobachten, - ganz alte Fotos in meinen Alben bezeugen das.

Um künftig wieder selbstständiger Landwirt zu sein und der Familie eine neue Heimat zu schaffen, beteiligte sich mein Vater mit zäher Unverdrossenheit am Bau des Störtebekerdeiches bis zu seiner Fertigstellung 1950. Er lernte bei dieser Gelegenheit fast alle Siedler des ersten Abschnitts kennen, die dann zum Teil auch unsere Nachbarn wurden.

Nun, der Zeitpunkt der ersten Besiedlung rückte immer näher, und dieser neue, so wichtige und schicksalhafte Lebensabschnitt wird wohl den größten Teil meines Geschreibsels einnehmen:

Die Besiedlung des 1000 ha großen eingedeichten Teils der Leybucht erfolgte in drei Abschnitten. Die am Bau des Deiches bereits vor der Währungsreform beteiligt waren und die Absicht hatten zu siedeln, hatten dazu Anrecht im ersten Abschnitt. Zu denen gehörten auch wir.

Es bestand die Möglichkeit, zwischen drei Siedlungstypen zu wählen: zum einen die Arbeiterstelle, bestehend aus einem Arbeiterhaus mit 1,5 ha Land, der Nebenerwerbsstelle mit 7-10 ha und der Vollerwerbsstelle mit 12 ha. Für letztere entschieden sich meine Eltern.

Alle, die etwas von Landwirtschaft verstanden, waren der Ansicht, dass zumindest die Vollerwerbsstellen viel zu klein waren. Proteste wurden nicht erhört, man versiedelte so, dass möglichst viele Familien unterkamen. Zwar stellte man in Aussicht, den größeren Rest der Leybucht irgendwann noch einzudeichen, um mit diesem neugewonnen Land die Betriebe aufzustocken, doch das war ebenso utopisch wie die Vermutung einzelner, dass wir die Ostgebiete zurückbekämen.

Wer an welcher Stelle was bekam, nachdem er sich für einen Siedlungstyp entschieden hatte, entschied das Los. - Wir bekamen eine 12 ha Vollerwerbsstelle mit Wohn- und Wirtschaftsteil, gebaut im alten ostfriesischen Gulfhofstiel auf äußerst günstiger finanzieller Basis, langfristig und mit einer insgesamt geringen Belastung. In jahrelanger Schwerstarbeit und mit vielen Entsagungen und trotz der menschlichen Entwürdigung durch Vertreibung und Flüchtlingsdasein hatte sich mein Vater die Anwartschaft für eine Siedlung erworben; natürlich wäre dies ohne die Unterstützung meiner Mutter nicht möglich gewesen.

Das Ereignis wurde in unserer Kuhstallwohnung verkündet und gebührend gefeiert. - Als ich die Nachricht erfuhr, freute ich mich zunächst, dann aber rannte ich hinaus, soweit ich konnte, legte mich unbemerkt ins Gras und trauerte lange. - Warum wohl und welchen Anlass hatte ich dazu? - Es waren die erlebten Enttäuschungen, die jede größere Veränderung mit sich gebracht hatte: Die Flucht, die neue Umgebung, die Schule: Und dass mir nun ein neuer Wechsel nicht sonderlich Vertrauen einflösste, war klar, zumal er geprägt war von den ersten Eindrücken, wie ich sie euch geschildert habe, gepaart mit einer riesigen Portion Heimweh und der Erkenntnis, dass es nunmehr keine Umkehr mehr gab. - Ich werde diesen Augenblick nicht vergessen.

1952 begann man, die Häuser und Höfe für den ersten Besiedlungsabschnitt zu bauen,.- sie konnten im Frühjahr 1953 bezogen werden. Im Herbst 1952 bezogen wir schon einmal ein Notquartier in unserem zum Teil fertiggestellten Hofgebäude und zwar deswegen, weil wir die ersten drei ha Wintergerste der Sorte »Urania« aussäen wollten.

Das Notquartier bestand aus einer einzigen fertiggestellten Stube. Es handelte sich um das Bodenzimmer, das aber nur von der Scheunenseite durch ein Loch in der Brandmauer mit Hilfe einer Leiter zu erreichen war.

Mit ein wenig Proviant, zwei Strohsäcken und einem kleinen nur notdürftig angeschlossenen Ofen verbrachten vornehmlich mein Vater und ich dort eine kurze Zeit zwecks Feldbestellung. Da wir Maschinen und Geräte, Pferde und sonstiges Vieh erst nach und nach bekamen, halfen uns Ackermanns bei der allerersten Feldbestellung.

Ich musste die Schule vorzeitig verlassen, da nun jeder seinen vollen Einsatz bringen musste, ein Umstand, über den ich nicht unglücklich war, obwohl ich den kritischen Punkt in der Schule überwunden hatte.

Da sollten wir nun ein komplettes, großes Bauernhaus ostfriesischer Bauart unser Eigen nennen können. Von einem siebenjährigen Aufenthalt in einer menschenunwürdigen Behausung in ein Haus, das wir wie ein Schloß ansahen, mit einem Königreich drumherum. Nichts konnte uns nunmehr erschüttern, und mit einem unglaublichen Pioniergeist ging die ganze Familie an die Arbeit.

Bevor ich euch unseren Einzug im Frühjahr 1953 schildere, erzähle ich euch erst einmal ganz allgemein etwas über die Leybucht in jener Zeit: 1950 wurde der Störtebekerdeich geschlossen. Das eingedeichte Land mit einer Fläche von 1000 ha sah so aus, wie das Meer es mit Ebbe und Flut hinterlassen hatte. Ein ähnliches Bild bietet sich, wenn ihr heute hinter den Deich schaut und dort die Hellerlandschaft mit seinen unterschiedlichen Grünflächen, durchzogen mit Prielen und seinem Grabensystem betrachtet. Die Vielseitigkeit solch einer Flora hinter dem Deich ist euch bekannt: Queller, Andelgras, Spatina, Strandastern in Massen und viele andere, heute geschützte Pflanzen wuchsen auf diesen Flächen.

Die Qualität des Bodens war hervorragend, ein hoher Muschelanteil sorgte für einen hohen PH-Wert, und Spurenelemente waren für alle Zeit reichlich vorhanden. Tausende aller Arten von Wattvögeln bevölkerten die Grün- und Wattflächen. Auf einer Grünlandfläche unseres Landes am Sommerdeich, in der Nähe des Sommerdeichsiels, hatten Kampfläufer einen Balzplatz. Noch viele Jahre konnte ich sie früh morgens beim Melken beobachten, bis sie schließlich, ob der immer intensiveren Bewirtschaftung verschwanden.

Die Flächen des neuen Polders waren mit einem Grabensystem versehen, das vor der Eindeichung der Landgewinnung diente. Dieses Grabensystem wurde nach jeder Verschlickung wieder ausgehoben, damals noch von Hand, viel später gab es hierfür sogenannte Grüppenfräsen. Dadurch erhöhte sich das Land und wurde von normalen Tiden nicht mehr überflutet. Jede Veränderung hatte eine andere Vegetationsvariante zur Folge.

Der erste Abschnitt der Besiedlung reichte etwa bis zum achten Graben. Alle 180 m war ein großer Vorfluter und da sie alle nummeriert waren, dienten sie auch zur groben Orientierung, um sich die Örtlichkeit in etwa vorzustellen. Es hieß dann zum Beispiel: In,t »acht« Schlot, in,t Höcht van,t Sömmerdieksiel setn n, Rummel Gosen (Im achten Graben, in der Höhe des Sommerdeichsiels saß eine Menge Gänse). - Der größte Teil des ersten Abschnitts war Land, das mit einem Sommerdeich umgeben war, das heißt, nur zu Sturmflutzeiten wurde dieser Deich überspült. Die Folge davon waren

Übergänge von Salz- auf Süßpflanzen, und der Boden konnte, ob des geringeren Salzgehaltes, für alle Anbaukulturen genutzt werden.

Wir hatten das Pech, ein schlechtes Siedlerlos gezogen zu haben, das uns sehr viel zusätzliche Arbeit bescherte. Der Sommerdeich nämlich durchzog schräg die Hälfte unser Land mit einem parallel verlaufenden 30 m breiten Priel, der am Ende in einem heute noch vorhandenen im Ruinenhaften Zustand befindlichen Sommerdeichsiel, direkt neben unserem Land endete. Ein Hindernis, das eine Fläche unseres Landes zu einer Insel machte, doch davon noch später.

Die Infrastruktur dieses ersten Besiedlungsabschnitts bestand lediglich aus den mit Sand aufgespülten, für die Straßen vorgesehenen Trassen. Die Höfe und Arbeiterhäuser wurden denn auch einfach so ins Grüne gebaut. Dass die Straßentrassen durch die Anfahrt des Baumaterials schier unpassierbar wurden, war unausbleiblich. Wir machten uns aber nicht viel Gedanken, sondern waren glücklich, bald in unser Schloss aus Backstein einziehen zu können.

Mit geliehenen Pferden und Ackerwagen begann nun der Umzug im Februar 1953 von Blandorf nach Leybuchtpolder, nachdem wir im Herbst zuvor schon einmal drei ha Wintergerste bestellt hatten, was aus vorhin genannten Gründen nur vor dem Sommerdeich möglich war. Ackerwagen mit großen eisenbereiften Holzrädern waren die einzigen Gefährte, die in den unwegsamen, versumpften Straßentrassen einsetzbar waren.

Ihr müsst wissen, alle alten Deiche um die Leybucht waren noch vollständig erhalten, sie dienten der sekun-

dären Sicherheit. Ein Deichdurchstich in die Leybucht war also noch nicht vorhanden. Das bedeutete, es mussten die schrägen Auffahrten an beiden Seiten des Deiches genutzt werden, wobei seeseitig oftmals eine Schräglage entstand, die ausreichte, um einen Ackerwagen fast zum Kippen zu bringen.
Oben auf dem Deich war schnell zu sehen, dass Zenkers nicht die einzigen »Einzöglinge« waren. Es hätte eine Vorlage für einen Katastrophenfilm sein können, wirklich ein Bild des Jammers. Auf der Trasse der heutigen Greetsieler Straße, die eher aussah wie eine Wasserstraße, sah man gestrandete Fahrzeuge aller Art. Ich erinnere mich an einen Lanzbulldog, von dem nur noch der Schornstein aus dem Schlamm ragte.
Da die Anfahrt von Blandorf nach Leybuchtpolder mit Pferd und Wagen sehr lange dauerte, kam es vor, dass uns die Nacht überraschte.
Doch bevor ich weitererzähle, noch einige Anmerkungen zu den Wegeverhältnissen. Wie ich bereits erwähnte, waren die Trassen der zukünftigen Straßen hoffnungslos zerfahren. Wir suchten deshalb einige Ausweichmöglichkeiten, als da zunächst der »Kauweg« war, die Verlängerung vom »Alter Sielweg« in Richtung »Ernst-August-Polder«. - Nachdem aber auch dieser unpassierbar wurde, benutzten wir »Hippens Drift«, die nächste Möglichkeit, unseren Hof zu erreichen. - An einem unserer Einzugstage, ich weiß nicht mehr, ob es der erste war, so viel hatten wir eh' nicht zu transportieren, erreichten wir in den Abendstunden mit unserem Akkerwagen den Deichübergang in Neuwesteel. Mein Vater trieb die Pferde den Deich hinauf und dann in gefährlicher Schräglage links ab am Deichfuß des

Vorgängerseedeichs entlang in Richtung »Hippens Drift«. Dies war einfach der Kopfdamm von Hinrich und Daje Hippens Siedlungslandstelle, der vom Deich zur Straßentrasse »Hohe Plate« führte und zur Nutzung in der Not von Hinnerk toleriert wurde, wenn alle anderen Zuwegungen nicht mehr befahrbar waren.
Unser Umzugswagen war mit Torf beladen, und oben auf lagen einige Möbel, sofern man überhaupt davon sprechen kann. Bevor wir zum Endspurt durch den auch schon fast unpassierbaren Weg ansetzten, ließen wir die Pferde etwas verschnaufen. Ich saß oben auf dem Wagen. Da ich noch kein Pferdegespann lenken konnte, hatte ich die Aufgabe, die »kostbare Möbelei« festzuhalten. Die Aufgabe meiner Mutter war es, mit einer Stalllaterne in der Hand den Weg weisend vorwegzulaufen, während Vater seitlich des Ackerwagens das Pferdegespann an einer langen Leine zu führen hatte.
Nach dem Startzeichen setzten wir uns in Bewegung. Die Pferde wateten mit Müh und Not durch die tiefen, mit Wasser und Schlamm gefüllten Wegelöcher. Meine Mutter versuchte verzweifelt, sich am Wegesrand einen einigermaßen gangbaren Weg zu suchen. Da sie mit der Stalllaterne nur dürftig sehen konnte, fiel sie immer wieder hin und weinte verzweifelt, total überfordert auch noch den Weg zu weisen. Oben auf dem Akkerwagen hatte ich übelsten Seegang und versuchte oft vergebens, Torf und Möbelstücke festzuhalten. Nach wenigen, sage und schreibe »Verschnaufpausen« für die Pferde, setzten wir den Weg fort, bis wir schließlich mehr oder minder heil unseren Hof erreichten. Die Ladung war zwar zum Teil über Bord gegangen, »Pferd und

Reiter« aber waren gesund, jedoch sehr, sehr abgekämpft, ging doch dem Endspurt ein 30 km langer Weg von Blandorf bis an den Deich voraus.

Am nächsten Tag begann die Nachlese, die wohl in die Umzugsgeschichte eingegangen ist. Hinerk, der bereits auf seinem Hof wohnte, erzählte oft davon, wie er am nächsten Tag die verlorenen Umzugsrequisiten verstreut auf seinem Drift hat liegen sehen, hier ein Stuhl, dort ein Schränkchen und dazwischen die halbe Ladung Torf, unser kostbares Brennmaterial.

Ich war erst 15 Jahre und sah noch immer alles mit kindlichem Gemüt.

Diese waghalsigen Transporte durch unwegsames, vom Regen aufgeweichtes Gelände zu unserem Hof wiederholten sich einige Male, allerdings nicht immer so dramatisch.

Erwähnen muss ich hier ganz ausdrücklich Heino Heyken, den späteren Milchfahrer und ebenfalls Siedler in Leybuchtpolder. Er besaß damals schon, im Hinblick auf seine künftige Milchfahrerei einen Unimog, so etwa das einzige Gefährt, das es in so einem unwegsamen Gelände mit einem Pferdegespann aufnehmen konnte. Heino half uns in selbstloser Art, wo er nur konnte. Wäre er nicht gewesen, so manches Fahrzeug würde heute noch irgendwo stecken.

Von großem Vorteil war, dass mein Vater alle Siedler des ersten Abschnittes kannte, wie ich schon erwähnte. Alle mochten seine schlesische Urnatur und waren ihm zugetan. Zu Hinerk Hippen fühlte er sich besonders hingezogen, nicht zuletzt deswegen, weil Daje, seine Frau, aus dem Hause Redenius stammte. Sie war eine Tochter »Oma Minas«, deren Gunst mein Vater, (ich schilderte es bereits), in der schweren Zeit des Flüchtlingsdaseins und der mühseligen Arbeit am Deich besaß. Er sprach oft davon.

Wir hatten nun begonnen, uns häuslich in unserem »Königreich« einzurichten und sahen dem ersten Erntejahr entgegen.

Am Anfang standen nur die Bauernhäuser einfach auf dem grünen Heller - Kein Weg, kein Baum, nichts, nichts. Die Nebenscheunen wurden erst später dazugebaut. Es fehlte jegliche Infrastruktur: kein Wasser, nur die Regenbacke, kein Strom und keine Straßen, ganz zu schweigen von einem Kaufmann und sowieso kein Arzt. Nicht einmal ein Fahrrad konnten wir benutzen. Mein Vater besaß ein altes Fahrrad, und ich hatte mir noch in der Blandorfer Zeit durch Feldarbeit beim Bauern 60.- DM verdient und davon mir ein gebrauchtes Rad gekauft, ein sehr schönes sogar. Da wir die Fahrräder aber wegen der unwegsamen Wegeverhältnisse vom Haus aus nicht benutzen konnten, hatten wir sie in Neuwesteel bei Oma Mina untergestellt, wo wir erst einmal hin mussten, wenn wir sie benutzen wollten.

Und immer wieder »Oma Mina«, ich denke mal, es wird Zeit, etwas dazu zu sagen: Das kleine Häuschen in Neuwesteel, am Eingang zur Leybucht, war Zuflucht und Ruhepunkt für meinen Vater, als er noch die schwere Arbeit am Störtebekerdeich verrichten musste. Von Oma Mina brachte er immer etwas mit nach Hause, und wenn es nur ein paar Äpfel waren. Später, als wir bereits in der Leybucht wohnten, war das Häuschen Redenius erster Zivilisationsknotenpunkt für uns. Wir hatten unser einziges Verkehrsmittel, die Fahrräder, dort untergestellt, und Oma Mina hatte immer etwas für uns und wenn es nur ein tröstendes, aber oft auch witziges Wort war. - Das nur so zwischendurch; später zu passender Zeit erzähl ich euch noch einige Dönches von ihr.

Keine Versorgung gab es am Anfang in unserem Dorf? Aber irgendwie muss sie doch stattgefunden haben! - Eine berechtigte Frage und lustige Antworten habe ich darauf: Dass hier ein neues Dorf entstand und mit ihm ein neues Kundenpotential, war natürlich kein Geheimnis. Einige Mutige machten sich auf, sie scheuten die katastrophalen Wegeverhältnisse nicht, um uns mit dem Nötigsten zu versorgen. - Da war zunächst »Fidi Slink« aus Grimmersum, der sich mit Motorrad und Anhänger ziemlich regelmäßig durch den Morast quälte, um uns seine bescheidene Auswahl an Kolonialwaren anzubieten. Ein sympathischer Mann, der uns nicht nur mit Nahrungsmitteln versorgte sondern auch mit Neuigkeiten. Besonders im Winter eilten wir, wenn möglich, von allen Seiten in die Küche, um am Einkaufsplausch teilzunehmen. »Herr Slink«, wie wir ihn höflich nannten, nahm sich bei uns stets besonders viel Zeit, denn schließlich hatte ich zwei hübsche Schwestern. Dass in seinem Motorradanhänger kein Supermarktangebot war, versteht sich von selbst, war auch gar nicht nötig; denn die von meiner Mutter perfekt beherrschte schlesische Küche bot viel Freiraum für leckere, fantasievolle, kreative Einfälle, deren Zutaten eh' nur aus Grundnahrungsmitteln bestanden. Viele Jahre versorgte uns »Fidi«, freilich dann auto-motorisiert.

Regelmäßig kam auch einer, der uns »Klamotten« anbot. Klamotten, eben weil's nur Klamotten waren.

»Rösner mein Name,« stellte er sich unnötigerweise jedes Mal vor, zu unser aller Belustigung natürlich. Er war ein kleines, untersetztes, spitzbäuchiges, oberlippenbartbeschnäuztes, schlesisches Männchen mit Mondgesicht und Schlägermütze auf dem Kopf, der aus einem »Lloyd Alexander« (vergleichbar in etwa mit dem Trabbi der DDR) stets zwei riesengroße Koffer heranschleppte. Er fragte nie, ob wir etwas benötigten, sondern kam einfach, ohne sich irgendwie groß bemerkbar zu machen durch eine Tür gewackelt. Er platzierte sein »Gepäck« auf einen Tisch, der gerade frei war - nicht immer zur Freude meiner Mutter und begann, Unverständliches vor sich hin murmelnd, seine mit Hosenträgern zugebundenen Koffer zu öffnen, aus denen nichts Aufregendes zum Vorschein kam. Die Beschwerlichkeit dieses Geschäftes schien dem schon etwas älteren Mann nicht nur körperlich sondern auch geistig Schwierigkeiten zu bereiten; denn die Ware, die er hatte, pries er uns stets als neueste Errungenschaft an, und wir amüsierten uns über die stete Wiederbegegnung mit seinen »Laden - Kofferhütern«. Nun, der arme Mann hat auch nicht sehr lange durchgehalten. Er war seiner Konkurrenz nicht gewachsen. Jetzt aber erzähle ich von einem, der in die ostfriesische Geschichte der »ambulanten Textilhändler« eingegangen ist:
Es ist mein lieber Freund »Fritz Patzelt«. Wie der Name schon verrät, ist er Schlesier und was für einer. Er stand in seiner individuellen Originalität niemandem nach, weder meinem Vater noch »Franz August«. Seine Dönches, die er prägte, sind unerschöpflich, so dass ich sie gar nicht alle erzählen kann. Einige aber muss ich zum Besten geben: »Fritze« war mir ein lieber Freund,

der mir auch in späteren, weniger erfreulichen Phasen meines Lebens oft mit seiner fröhlichen Herzlichkeit, vielleicht unbewusst, beigestanden hat. - Wie gesagt, Fritze war ein »ambulanter Textilhändler«, wie man heutzutage zu sagen pflegt. Ich finde diesen Ausdruck so witzig. Fritz betrieb sein Geschäft professionell, schlitzohrig und mit unbeschreiblichem Fleiß. Obwohl wir seine Anfänge nicht mitbekommen haben, denn in jener Zeit beherrschte noch »Rösner mein Name« das Revier in der Leybucht, sind seine Schilderungen und Erlebnisse, die er gestenreich und wortgewaltig auf das Originellste erzählen konnte, unvergesslich. Er fuhr am Anfang mit einem kleinen 98er Sachsmotorrad, das er liebevoll »Schneckerle« nannte, in die entlegensten Dörfer Ostfrieslands, um seine Textilien anzubieten. Anfangs verkaufte er sogenannte »Stegwaren« aus der Besatzungszeit, ähnliches Zeug, wie man heute bei »US-Willi« oder »Nato-Paul« kaufen kann. Er scheute sich nicht, die entlegensten Orte anzufahren um einzukaufen. Ja, es ist schier unglaublich, aber er fuhr sogar einmal bis nach München, und da zu dieser Zeit wegen der vielen Hamsterer eine Bahn zu benutzen unmöglich war, fuhr er mit seinem »Schneckerle«. Acht Tage brauchte er dafür, denn sein »Schneckerle« war schon betagt und bei Vollgas hatte es chronische Fehlzündungen, drum lief es nicht schneller als 40 km in der Stunde. Es handelte sich immer um sehr begehrte Artikel, wie zum Beispiel »Fliegerfelljacken«, die er sich waggonweise anliefern ließ und auch reißend über Land, vor allem bei den Bauern, verkaufen konnte. Socken bot er nur in dehnbarer Einheitsgröße an. »Ich habe auch Größere da,« sagte er dann, ging kurz vor die Tür, zog sie lang und bot dieselben wieder an - »und die sind zwei Nummern größer.«

Die Wege zu den einsamen Gehöften, vor allem in der Marsch, waren oft unpassierbar, doch ein kleiner, schmaler, befestigter Radweg war meistens vorhanden, der allerdings sehr oft gefährlich nah an breiten Kanälen entlang führte. »Fritze« befuhr mit seinem Schneckerle einen dieser schmalen Wege, auf dem Rücken einen Rucksack vollbepackt mit Waren. Nicht immer gelang ihm diese »Gradwanderung«, und so verlor er einmal durch eine Windbö das Gleichgewicht, fuhr die Böschung hinunter geradewegs in den Kanal. Während sein Motorrad in den Fluten des Kanals versank, gaben ihm die luftgefüllten Hohlräume seiner üppigen Bekleidung mit dem Rucksack so viel Auftrieb, dass er gar nicht erst unterging und so mit den Händen rudernd das andere Ufer erreichte. Mit seinem Schnäuzer sah er sicher aus wie ein Seehund, der sich verirrt hatte.

Er lief zum nächsten Bauern, der ihn natürlich kannte, lieh sich ein Pferd (Schlepper gab es zu dieser Zeit kaum) und zog mit dessen Hilfe sein geliebtes Fahrzeug mittels Seil und Anker vom Grunde des Kanals an's Trokkene. Bei dem Bauern im warmen Kuhstall versuchte er nun, sein Zweirad zu reparieren, doch das »Schneckerle«, eh schon von Fehlzündungen geplagt, reagierte nun bei den Probestarts erst recht mit lautem Knallen, was wiederum zur Folge hatte, dass das Vieh im Stall in Aufruhr geriet, sich zum Teil von den Halterungen riss, so dass Fritz fluchtartig den Stall verlassen musste.

Wenn »Fritze« solche Geschichten erzählte, blieb natürlich kein Auge trocken.

Fritz war »Spezialist für Übergrößen«, eine Marktlücke über Land; sie zu entdecken entsprach seiner Pfiffigkeit. Er fuhr bevorzugt entlegene Kundschaft an, - »die ihre SCHLIPPER (Schlüpfer) mit der Leiter auf die Wäscheleine hängen mussten.«
Gummistiefel kaufte er als Abfall bei der Fabrik für'n Appel un'n Ei containerweise ein und stellte sich zu Hause alles Brauchbare selbst zusammen. Da kam es nicht selten vor, dass man zwei linke oder rechte Stiefel bekam oder auch ein Paar verschiedener Größe. Natürlich gab es Ersatz und oft noch ein Paar umsonst dazu. Nicht allzu wählerisch war ich, wenn es um den Kauf von Unterwäsche ging, die mir »Fritze« bestimmt nicht in liebestöterischer Absicht verkaufte, doch werde ich »dieserhalb« und »desterwegen« noch heute dafür veräppelt. Erotik war für ihn kein Kriterium; zweckmäßig, groß und warm musste sie sein, im wärmsten Falle Schafwolle. Bei den Bauern wurde er so etwas reißend los. Kein Wunder aber auch, wenn sie dann bei Paarungsversuchen Probleme bekamen. Da nützte auch kein Imponiergehabe, spätestens bei der Ansicht dieser Reizwäsche war jede Balz umsonst.
In einer einsamen Moorgegend, in einem einsam gelegenen Haus, besuchte Fritz eine Kundin, eine alte Dame, deren einzige Hausgenossen ein Kanarienvogel und eine Hauskatze waren. Gestenreich pries er in seinem Kauderwelschostfriesisch mit deutlich schlesischem Akzent seine Waren an. Er fuchtelte mit einer Hand derart in der Gegend herum, dass er dabei den Vogelbauer von der Wand riss. Der entfleuchte Kanarienvogel wurde sofort von der Katze in's Jenseits befördert. Fritz aber hatte Glück, denn wäre die aufgebrachte Frau

»manns« genug gewesen, wäre er Gefahr gelaufen, das Gleiche Schicksal zu erleiden. Erst nach einer geraumen Trauerphase traute er sich wieder in das Haus.
Was mich und Fritz besonders verband, war die Begeisterung für's Skilaufen. Auch für ihn waren die Erinnerungen an Schlesien die Ursache hierfür. Mit niemandem sonst habe ich lustigere Stunden verbracht. Bühnenreife Dönches könnte ich auch da erzählen, ohne Ende. - Fritz, ein Freund - ein Unikum.
Zu unseren weiteren Hausversorgern und wohl dem wichtigsten zählte unser Arzt, Dr. Gelinski. Er ließ uns in Notfällen nie im Stich. Ich glaube nicht, dass dies so selbstverständlich war; denn auch er hatte mit der Unwegsamkeit der Anfangszeit zu kämpfen. Er parkte dann sein Auto - na, wo wohl? richtig - bei Oma Mina und begab sich zu Fuß zunächst am Deich entlang in Richtung *Ernst-August Polder* und dann irgendwo rechts ab ins Dorf, je nach dem, welcher Weg ihm gangbar erschien.
Manchmal war es schon recht dramatisch, denn Notfälle gab es nicht nur am Tag. Unsere Nachbarn, die Familie Zimmermann, hatte bereits einige Monate vor uns, so ziemlich als erste, ihre Siedlerstelle bezogen. Frau Zimmermann gebar ihren Sohn in der Nacht am 17. März; es war die erste Geburt im jüngsten Dorf Deutschlands. Telefonisch wurde aus einem Nachbarort die Hebamme gerufen. Auch sie musste am Deich ihr Auto stehen lassen. Von dort holte sie mein Vater ab in finsterster Nacht und geleitete sie im Lichte einer Stalllaterne über zermatschte Wege zum Ort des Geschehens; drei Kilometer waren es immerhin.
Da die Versorgung mit allem Möglichen, so wie ich es

erzählt habe, absolut nicht regelmäßig stattfand, waren wir überwiegend Selbstversorger. Energieengpässe gab es nicht; noch waren wir nicht abhängig von irgendwelchen Konzernen. Strom, als wir denn schließlich welchen hatten, war sehr angenehm, doch wenn er ausfiel, und das kam sturm- und winterbedingt bei den noch vorhandenen oberirdischen Überlandleitungen nicht selten vor, war überhaupt kein Grund zur Panik. Wir konnten abends kein Licht einschalten, das war's denn auch schon. Das erste und einzige Gerät, das wenn auch nicht gleich am Anfang - an der Steckdose hing, war ein Radio; eine Mordserrungenschaft, drum weiß ich auch noch, wie es angeschafft wurde. Ein Arbeitstag wurde geopfert. Die halbe Familie »reiste« nach Norden. In der Osterstraße erwarben wir dann diesen Luxusartikel für 50.-DM, Marke »Eigenbau«. Die erste große und sensationelle Übertragung, die wir hörten, war die Reportage des Endspiels der Fußballweltmeisterschaft 1954. Die ganze Familie unterbrach für diese Zeit die Erntearbeit.

Na und sonst ? - Es wurde hausgeschlachtet, natürlich. Zum Konservieren der Vorräte war noch keine Steckdose vonnöten. Mutter kochte mit der Hilfe meiner Schwestern alles in Weckgläser ein, und an den Haken an der Decke im Flur hingen Speck, Schinken und Würste. Die Milch kam täglich frisch aus dem Stall und das Federvieh lieferte den Rest. Eine Schneekatastrophe konnte dann mitunter recht gemütlich sein. Der fehlende Kontakt zur Außenwelt machte uns kein Kopfzerbrechen, er war eh' sehr spärlich.

Wenn aber der Grund für Stromausfall ein Sturm war, sah die Sache schon ganz anders aus. Stürme waren unberechenbar und in der Lage, Substanz zu vernichten. In der noch völlig kahlen, baumlosen Landschaft heulte der Wind ungebremst um das Haus, und wir entwickelten ein Gehör für seine Frequenzen. Langsam in tieferen Tönen begann er zu heulen und steigerte sich in furchterregende hohe Töne, wenn er Orkanstärke erreichte. Hinzu gesellte sich das Klappern der Dachziegel, und dann flogen auch schon die Fetzen klirrend und polternd ums Haus. Ängstlich verkrochen wir uns lauschend in eine warme Ecke im Haus. Wir wussten, dass wir völlig machtlos waren, nur hoffen konnten wir, dass nicht zu viel Schaden entstehen würde.

Dauerte so ein Unwetter tagelang, dann war der Gang zum Deich unausweichlig; nicht aus Neugierde, nein, wir wollten wissen, ob die Fluten bereits die Deichkuppe erreicht hatten, und immer lag eine unausgesprochene Frage in der Luft: Würde der Deich wohl halten? Mein Vater mit seinem unverdrossenen Mut beruhigte uns stets: Unser, der Störtebeker Deich, sei neu, - meinte er, und höher als alle anderen. Er habe ihn schließlich selbst mitgebaut. Woanders brächen die Deiche zuerst und dann würde Leybuchtpolder wie eine Insel umspült; denn der alte Deich sei aus Sicherheitsgründen noch vollständig erhalten. - Das war zwar nicht sehr tröstlich, aber doch etwas beruhigend.

Nicht unerwähnt möchte ich den Sturm von 1962 lassen. Ich erinnere mich an ihn, wie an einen bösen Traum und zwar deshalb, weil ich zu dieser Zeit mit hohem Fieber auf dem Sofa lag und die Aufgeregtheit um mich herum eben wie einen Traum vernahm. - Da die Verbindung zur Außenwelt in dieser Zeit schon etwas besser funktionierte, hörten wir von den Katastrophen überall, in Holland, Hamburg usw.

Viele Dörfler gingen regelmäßig zum Deich, um an Ort und Stelle die Lage zu beurteilen, natürlich auch mein Vater: Wenn der Sturm noch einen Tag bis zur Springflut anhielte, sähe es brenzlich aus, berichtete er uns stirnerunzelnd - nicht für unseren Deich, aber viele andere Deiche drohten dann zu brechen.

Meine Mutter derweil bekam schon Halluzinationen. Da das Rauschen des Windes und des Meeres so deutlich zu hören waren, meinte sie plötzlich, das Signal eines Schiffes zu hören, und als wir dann spöttelnd meinten, das sei wohl bereits ein Kutter, der um das Haus schipperte, schien ihr das zunächst glaubhaft, doch dann verbot sie sich solche Scherze.

Der Sturm flaute tatsächlich am nächsten Tag ab. Die Gefahr war vorbei. Wir gingen daran, die Schäden am Haus zu reparieren.

Das Prinzip eines Ostfriesischen Gulfhofes war uns von dem Flüchtlingsdasein ja schon bekannt, nur diesmal brauchten wir unser Quartier nicht mit den Kühen teilen. Wir richteten unseren Wohnbereich nun menschenwürdig ein, diesseits der Brandmauer, aus heutiger Sicht keineswegs luxuriös, doch in Relation zu dem Vergangenen war es das Beziehen eines Schlosses. Die große Stube diente als Küche, das kleine Zimmer, in das damals noch eine kleine Speisekammer integriert war, war damals wie heute Wohnzimmer und zusätzlich Schlafzimmer meiner Eltern. Im heutigen großen Schlafzimmer nächtigten meine beiden Schwestern. Oben war fast alles Kornboden, nur ein Zimmer war ausgebaut, in dem meine »Oma« wohnte und ich schlief, - ein unguter Zustand, aus dem sich Konflikte, aber auch viele »Dönches« entwickelten, die ich zur Auflockerung des nüchternen Geschreibsels immer wieder erzählen werde. Da, wo heute die Küche ist, war früher das »Kadenhaus«, darin stand in der Schornsteinecke ein alter ostfriesischer Stangenofen, der nur befeuert wurde, wenn Mutter Wäsche hatte, was einmal in der Woche vorkam, und wenn Schweinekartoffeln gekocht wurden, ebenfalls eine Aufgabe meiner Mutter.

In der Ecke am Fenster befand sich der sogenannte Pumpenstein, mit einer heute noch aufbewahrten Schwengelpumpe, die das gesamte Brauchwasser aus der Regenbacke vor dem Haus heraufbeförderte - Wasser, wie gesagt für alle Zwecke, auch zum Waschen - . Badezimmer war für uns ein Fremdwort. Geduscht wurde nur im Freien, wenn ein Gewitterregen die Dachrinne zum Überlaufen brachte.

Angrenzend an das Kadenhaus war der Kuhstall mit sechs Ständen für je zwei Kühe oder Rinder. Wie ihr euch erinnern könnt, bildeten die ersten zwei Kuhstände die Einzimmerluxuswohnung in Blandorf. Die gesamte Bauweise glich dem jahrhundertealten, traditionellen ostfriesischen Gulfhof. Ganz am Ende des Stalles rechts war das Klo, ein Plumpsklo natürlich, unser und vor allem Omas »Oabtrett« mit »Oabtrettbratla« (Abtritt mit Abtrittbrettel). Meine Schwestern »kultivierten« das Stille Örtchen mit wechselnden originellen Bemalungen, so dass es zum Beispiel aussah wie ein Thronsessel. - Links hinein ging es zu den Schweineställen und dem Stellplatz für zwei Pferde. Der Rest war Scheune, bestehend aus einzelnen Gulfen zwischen den großen Holzständern, in denen das ungedroschene Getreide, Futter und Streustroh und Heu lagerte, daher auch der Name »Gulfhof«.

Der Anfangsbestand unseres Viehs waren zwei Kühe, einige Ferkel und das Wichtigste - zwei Pferde. Bei der Anschaffung halfen uns die Beziehungen von Herrn Ackermann. Bezahlt wurde mit einem Einrichtungskredit. Wir hatten am Anfang also nur Schulden, und durch die Beendigung des Arbeitsverhältnisses meines Vaters am Deichbau war er jetzt zwar Bauer, doch zunächst ohne Einnahmen; drum lebten wir im ersten Jahr bis zur Ernte von Sozialhilfe, damals Fürsorge genannt.

Zu unserem Vieh hab' ich noch eine Menge zu sagen im Laufe meines Geschreibsels, aber gleich am Anfang muss ich die Pferde erwähnen und das gewiss nicht das letzte Mal. Ich hatte eine ganz besonders innige Beziehung zu ihnen, da ich fast täglich, vom Frühjahr bis zum Herbst, von morgens bis abends, mit ihnen arbeitete und sie betreute. Ich schloss eine innige Freundschaft mit ihnen, und vom ersten Tag an waren sie in der oft einsamen Dreisamkeit meine Ansprechpartner in guten und in schlechten Momenten. - Nun galt es zunächst, sie zu beschaffen, und da die Pferde das wichtigste lebende Inventar waren, wurde hier besonders gewissenhaft vorgegangen. Sie sollten einen guten Charakter haben, zugfest, ausdauernd und gesund sein. Hier war wieder Herr Ackermann gefragt, der die Stammbäume vieler Gestüte kannte. Nun, die Wahl fiel auf einen dreijährigen gelben Ostfriesenwallach und eine dreijährige Ostfriesenstute. Der Wallach wurde Herrmann genannt und war wegen seiner Faulheit, Intelligenz und Zugfestigkeit bald im ganzen Polder bekannt, und da war die Stute, ein dunkelbraunes, schlank aussehendes, nerviges aber treues und sehr intelligentes

Pferd, wir nannten sie Liese. - Herrmann und Liese - sie entwickelten sich im Laufe der Zeit zu einem weit über die Hofgrenzen hinaus bekannten Pferdegespann. Herrmann war zu Anfang ein ganz normales, gut aussehendes, junges, dickfälliges, gefräßiges und faules Pferd. Bei Liese vertraute man zu Anfang nur auf die Qualität aufgrund ihres Stammbaumes, rein äußerlich war sie verkommen, langhaarig, ungepflegt, stockmager und hätte als Rosinante in Don Quichotte Karriere machen können. - Herr Ackermann hatte dieses Pferd bereits vorher schon gekauft im Vertrauen auf seine gute Veranlagung, was sich ja auch später ganz bestätigte - und bei sich in Blandorf im Stall stehen.
Ich bekam nun eines Tages den Auftrag, dieses Pferd von Blandorf nach Leybuchtpolder per Ritt zu überführen, was bei mir wegen meiner Unerfahrenheit und der Tatsache, dass dieses Pferd erst knapp 3 Jahre alt war, äußerste Bedenken auslöste. Nicht so bei den Fachleuten. Sie wussten, das die Qualitäten dieses Pferdes zunächst nur innen vorhanden waren, nach außen war sein Zustand so, dass man Bedenken haben musste, es könne ob seines erbarmungswürdigen Zustands den langen Ritt nicht überstehen. Freilich wusste ich das nicht. - Nun, ich werde diesen »Teufelsritt« nie vergessen. Das magere Pferd trottete in seiner langsamsten Gangart dahin, schnaufend, schwitzend und immer vor Schwäche stehenbleibend machte es mehr einen eselhaften Eindruck. Schlaksig saß ich auf dem abgemagerten, zotteligen und ungepflegten Gaul und schämte mich fürchterlich. Dieser Blamageritt nahm und nahm kein Ende, und ich hatte das Gefühl, ganz Ostfriesland würde über mich lachen, - »und er er-

reicht den Hof mit Müh und Not, - der Reiter lebt - das Pferd ist tot«, - na ja, nicht ganz.

Zu Hause angekommen - schließlich und endlich - kam man mir schon entgegen und empfing mich mitleidsvoll. Aus diesem Pferd, das wie ein Esel aussah, wurde ganz schnell ein intelligentes, gutaussehendes und verlässliches Pferd. - Herrmann und Liese standen nun nebeneinander im Stall.

Was die Kühe anbetraf, so wurde ich nie ein Freund von Rindviechern, das sprach sich auch ganz schnell herum, sowohl bei dem Rindvieh wie auch bei den Menschen - da genoss ich nicht allzu viel Sympathien - hie wie da. Das Schimpfwort - »dumme Kuh« - hatte schon seine Berechtigung. Während bei den Pferden Charakter und Intelligenz züchterisch eine Rolle spielten, war das bei dem Rindvieh natürlich nicht der Fall; hier spielte der Kosten-Nutzenfaktor eine zumindest wesentliche Rolle. Schnell bekam ich auch heraus, dass hier für die Zukunft auf unseren kleinen Betrieben in Punkto Tierhaltung die Möglichkeiten sehr begrenzt waren. Das einzige, was ich als angenehm empfand, war die wohlige Wärme im winterlichen Kuhstall. Ebenso ging es mir mit den Schweinen - eine Wahnsinnsarbeit und wenig Verdienst, wiewohl ich an der Intelligenz der Schweine nicht zweifelte.

Es gab einmal ein Schwein, dass auf mein Kommando über die Schotten sprang. Mein Freund Ernst hat es sogar in einem seiner Gedichte (Seite 99) verewigt. Ein Auszug: »Oh Ferkel du dressierter Meisterspringer, an dir verbrannte Alex sich die Finger, als Schwein warst du zu mager und zu schlau und wurdest niemals eine gute Sau.«

Da waren wir nun wieder alle vereint in unserem neuen Zuhause. Die gesamte Familie samt Oma war voll im Betrieb integriert. Voller Optimismus gingen alle an die Arbeit, die nie ein Ende nahm. Wir Kinder nahmen es so, weil wir meinten, es müsse so sein - eine Alternative wurde uns auch gar nicht geboten. Ich musste die Schule in Norden beenden, und das kostete mich eine Menge Selbstbewusstsein, welches ich mit besonderem Eifer in der Landwirtschaft wieder aufzumöbeln versuchte.
Meine Mutter hatte wohl den schwierigsten Part in der Familie - wieder mal. Sie hatte dafür zu sorgen, dass immer vernünftiges Essen auf dem Tisch war, gemäß den Ansprüchen meines Vaters, die nicht gering waren. Sie war also nicht nur in der Wohnung, sondern auch im Stall wie auf dem Feld tätig, und das mit den damaligen primitiven Hilfsmitteln. Oberste Priorität war in jener Zeit für meine Eltern, unabhängig zu sein, sich von niemandem etwas sagen lassen zu müssen, was insbesondere auch für uns Kinder gelten sollte, wobei sie aber nicht bedachten, dass diese Lichtseite auch eine Schattenseite hatte, zu sehen darin, dass meinen Schwestern keine Möglichkeit geboten wurde, einen Beruf zu erlernen. Eine Verhaltensweise meiner Eltern, die nicht so recht in den Aufbruch in ein modernes Zeitalter passte, sondern mehr der patriarchalischen Vorkriegszeit entstammte, zusätzlich geprägt durch das entwürdigende Flüchtlingsdasein. - So vertiefte sich halt jeder in die Arbeit der Gegenwart, die demütigende vergangene Flüchtlingszeit vergessend in der Hoffnung auf eine bessere Zukunft.
Mein Vater war nun wieder Bauer. Er war sehr stolz darauf und fand es richtig, dass die ganze Familie im

Betrieb beschäftigt war. Er war sehr selbstbewusst, fleißig und hatte die wenigsten Schwierigkeiten, sich in das Dorfleben zu integrieren. Er kannte - wie gesagt - die meisten Siedler vom Deichbau her und war überall beliebt. Über sein Fluchen amüsierten sich alle, drum werd' ich noch einiges davon erzählen. Meine Mutter in ihrer feinen Art kam nicht so gut zurecht. - Auch darüber wird' ich zu gegebener Zeit berichten. - Sie gab wirklich alles, igelte sich aber immer mehr ein und konzentrierte sich auf die Familie, was ihr im Laufe der Zeit ein bisschen zum Verhängnis wurde.

Ich war nun ein Junger Mann von 15 bis 16 Jahren, allerdings von noch sehr kindlichem Gemüt. Die wahnsinnig schwere Arbeit ließ mir keine Zeit für »Pubertätlichkeiten«, und mein Heimweh beschränkte sich auf nächtliche Träume. Für »Punk-Ambitionen« fehlte mir das Publikum, ganz abgesehen davon, dass es diese Vokabel noch gar nicht gab. Auch hätte ich höchstens damit die Möwen verscheucht, und die Pferde wären mir durchgebrannt. So blieb mir nichts anderes übrig, in den Hunderten von Kilometern, die ich hinter Pflug und Egge herlaufen musste, irgendwelchen Träumen nachzugehen. Die Verantwortung, die ich hatte, lag in der augenblicklichen Tätigkeit, ansonsten machte ich mir noch keine Sorgen.

Meine Oma war das absolute Original in der Familie und in ihrer Individualität nicht zu überbieten, zum großen, großen Leidwesen meiner empfindsamen Mutter. Da sie rücksichtslos und konsequent ihre Individualität auslebte, sorgte sie natürlich für manchen Lacher, aber auch für Schimpf. Im Laufe meines Geschreibsels werd' ich noch manches Dönchen von ihr erzählen, da ich - weil ich zu Anfang das Zimmer mit ihr teilen musste - ihre Eigenheiten oft genug »live« erlebte, freilich nicht immer zu meinem Vergnügen.

Ich denke mal, dass ich euch noch einiges vom ersten Arbeits - und Erntejahr erzählen muss: Noch bevor der eigentliche Einzug im Frühjahr 1953 stattfand, hatten wir ja das Notquartier oben auf dem Boden bezogen, aber da fällt mir ein, dass ich da was vergessen habe. Unser Aufenthalt dort war doch von längerer Dauer; denn er diente nicht nur der Feldbestellung, sondern wir mussten, um überhaupt im Frühjahr unser Land hinter dem Sommerdeich bearbeiten zu können, gewaltige Vorarbeit leisten.

Ich erzählte euch bereits, dass quer durch unser Land ein Sommerdeich verlief mit einem riesigen breiten Priel parallel dazu. Um überhaupt erst einmal auf die zweite Hälfte unseres Landes zu gelangen, mussten wir eine Gelegenheit schaffen, jenen Priel zu überwinden. Da wir noch keine Pferde und keine Erdkarre besaßen, sondern nur einen Kleispaten, musste mein Vater sich auf eine andere Lösung besinnen, die Erde für einen Übergang zu transportieren.

Vom Deichbau her wusste er, dass Erdbewegungen mit Loren auf Schienen auszuführen waren. Beides liehen wir uns vom Bauamt für Küstenschutz, verlegten Schienen vom Sommerdeich zum Priel und begannen, Lore für Lore den Übergang durch den Priel zur anderen Hälfte unseres Landes zu schaffen. Hunderte von Kubikmetern Erde bewegten wir vom Sommerdeich zum Priel. Nicht nur der Übergang musste angefertigt werden, auch ein Deichdurchstich war wichtig, um den hinteren Teil unseres Landes zu erreichen. Eine ungewohnte Wahnsinnsarbeit für meine 15 Jahre, aber ich meinte, es müsse so sein, versuchte, so wenig Schwäche wie möglich zu zeigen, und war ständig bestrebt, mit meinem Vater mitzuhalten. Infolge solcher Überanstrengungen bekam ich oft Kopfschmerzen bis fast zur Besinnungslosigkeit. -

Der Spaten war auch weiterhin, vor allem in den ersten Jahren, unser meist gebrauchtes Arbeitsgerät. Ich kann mich nicht erinnern, von meinem Vater großes Lob erhalten zu haben. Solche Arbeit zu fordern, war für ihn so selbstverständlich, wie für mich, das ohne zu klagen anzunehmen.

Alte erfahrene Deicharbeiter haben oft meinen Vater darauf aufmerksam gemacht, dass diese Arbeit zu schwer für mich sei. Dies wusste auch immer wieder unsere Nachbarin, Frau de Vries , zu erzählen, die nun, da ich dies schreibe, 98 Jahre alt ist und alles von Anfang an stets beobachtet hat. Durchgehalten zu haben und den Erfolg meiner Arbeit zu sehen, war denn auch die einzige Befriedigung für mich nach der Tagesarbeit. Viele Grenz- und Abflussgräben mussten per Hand gegraben werden, andere bereits vorhandene wurden zugeschüttet, um Übergänge zu den jeweiligen Ländereien zu schaffen.

Nun konnte und musste der grüne Heller im Frühjahr 1953, nachdem wir eingezogen waren, das erste mal gepflügt werden. Ein weiteres schwieriges Unterfangen. Ihr müsst euch das Land nun folgendermaßen vorstellen: Ich erzählte euch bereits, dass vor der Eindeichung zwecks Landgewinnung und Erhöhung ein ausgedehntes Grabennetz den gesamten Polder überzog. Alle 10 m waren Mädchegräben, die jeweils 100 m lang waren. Vorn und hinten der jeweiligen Gräben verlief je ein Kopfdamm, und an beiden Seiten dieser quer zu den Mädches (so nannte man diese 10x100 m breiten Landstücke zwischen den Gräben) verlaufenden Kopfdämmen befanden sich tiefere Gräben, in die die einzelnen Mädcheschlote hineinmündeten. Die Kopfdammgräben mündeten wiederum in größere Vorfluter. Ein ha Land war von etwa 1,5 km Gräben durchzogen. Flut und Ebbe sorgten dafür, dass dieses Grabensystem alle 6 Stunden einmal voll Wasser lief. Diese Gräben wurden damals vor dem Deichbau regelmäßig, wenn sie zugeschlickt waren, mit der Hand ausgehoben.

Vor so einem Labyrinth standen wir nun mit unseren zwei Pferden und dem Pflug. Bevor wir aber überhaupt die Pferde einspannen konnten, mussten sie erst einmal angelernt werden, schließlich waren sie erst knapp drei Jahre alt und hatten noch nie ein Geschirr angehabt. Eine Dressurarbeit, die mein Vater mit unendlicher Geduld und Liebe zu den Tieren bewerkstelligte. Unsere Pferde sind nie, ich betone, nie geschlagen worden, und es wurde ein ganz außergewöhnliches Gespann. Herrmann und Liese waren bald ein Begriff in unserem ersten Siedlungsabschnitt.

Da ich so unendlich viele einsame Stunden mit ihnen verbrachte, teilte ich oft Freud und Leid mit ihnen. Sie waren meine besten Freunde, und so behandelte ich sie auch. Wenn es regnete, kniete ich mich unter sie. Sie nahmen Anteil, so hatte es den Anschein, wenn ich meine Stimmung zum Ausdruck brachte, und ihre Reaktion war ein wunderbares Schweigen, oft begleitet mit einem Schaben ihrer Nüstern an meinen Schultern. Ich umarmte ihren Hals und spürte ihre wohlige Wärme. Blieb ich mit irgendeinem Fahrzeug stecken, zogen sie mich wieder heraus. Nie haben sie ein Austernfischer- oder Kibitznest zertreten. Verließen sie beim Pflügen oder Hacken die Spur, dann deswegen, weil sie ein Nest umgingen. Morgens zur Arbeit liefen wir langsam, weil wir alle drei keine Lust hatten. Ihre langsamste Gangart war Ausdruck: Nun müssen wir wieder den ganzen Tag arbeiten. Niemand hatte etwas gegen das Tempo einzuwenden, am wenigsten ich. Ein Gaspedal gab es nicht und Gänge auch nicht. Wir einigten uns am Tag auf ein gewisses Arbeitstempo, aber nahte der Feierabend, wurden wir drei immer schneller. - Dieses kleine Loblied auf meine Pferde musste ich zwischendurch erst einmal los werden -es wird wohl nicht das letzte sein. Doch damit ich nicht aus dem Konzept komme, kehre ich zurück zum ersten Erntejahr.

Die Pferde waren nun angelernt und in der Lage, einen Pflug zu ziehen. Hinter dem Sommerdeich, wo die Tide bis zum Deichschluss das Land noch überflutete, war der Boden besonders schlickig. In den Gräben wuchsen noch Strandastern und auf den Grünflächen das salzige Andelgras. Mädche für Mädche wurde nun gepflügt, jedes Stück 100 m lang und 11 m breit, dann kam wieder ein Graben, auf 4 ha hinter dem Sommerdeich ca. 40 Gräben mit den dazugehörigen Kopfdämmen.

Gepflügt wurde mit einem typisch ostfriesischen Einschar-Fußpflug, weil der am leichtesten war. Da an den Mädcheenden, sprich auf dem Wendeacker, noch keine Übergänge waren, mussten die Pferde samt Pflug, wenn ein Mädche fertig gepflügt war, über den Graben auf das nächste Stück springen. Das war ganz und gar nicht ungefährlich, denn trat ein Pferd in den Graben, lief es Gefahr, im schlickig - weichen Untergrund steckenzubleiben. Ein Reuterpfahl von ca 1.80 Länge ließ sich ohne große Anstrengung mit der Hand in den Schlick drükken. Unmittelbar hinter dem Sommerdeich verlief nämlich die *Störtebekerriede*, ein sehr breiter Priel, der aus Marienhafe kommend dem legendären Seeräuber Störtebeker als Fahrwasser gedient haben soll, - so wurde es erzählt.

Die vielen, vielen Grabenkannten wurden sorgfältig und so grade wie möglich abgepflügt. Es war eine besonders schwierige Arbeit, da die Pferde so dicht wie möglich an der Grabenkante laufen mussten. Eine gerade Furche, so dicht wie möglich am Graben, war Ehrensache und wurde stets kritisch begutachtet; sie galt als Beweis für die Fähigkeit, dass der Bauer mit Pflug und Pferden umzugehen verstand. Dieses vor allem im ersten Jahr eine unvorstellbar schwere Arbeit, auch für die Pferde. Die Wendeacker zu pflügen, glich einem Zirkusakt, da die Pferde alle 10 m über den Graben springen mussten. Mein Vater lenkte den Pflug. Ich führte die Pferde am Kopf, um ihnen vor jedem Sprung über den Graben Mut zu machen, und meine Mutter führte die Leine. Solche kleinen dramatischen Pionierereignisse vergesse ich natürlich nie und ich denke mal, wenn ich es nicht niederschreibe, werden in 50 Jahren nur noch »Sagen und Märchen« erzählt.

Gesät wurde im ersten Jahr nur Gerste, weil diese den Salzgehalt des Bodens am besten vertrug.

Das Grabensystem, zumindest hinter dem Sommerdeich, blieb uns viele Jahre erhalten, bevor dort wegen des weichen Untergrundes drainiert werden konnte.

Diese Gräben zu erhalten und zu pflegen war schon fast eine sommerausfüllende Arbeit. Alle Schlote mussten ständig mit dem Spaten sauber gehalten und mit der Sense ausgemäht werden. Überlegt mal, allein hinter dem Sommerdeich: 4 ha, pro ha 1,5 km, also insgesamt 6 km Gräben.

Während unsere erste Ernte heranreifte - wie gesagt nur Gerste -, nahm die Arbeit um das Haus schier kein Ende. Der Garten wurde angelegt, die Weiden mussten eingezäunt werden, und was die meiste Arbeit machte, war der Ausbau der Gräben. Entwässerung war vom Anfang an erstes Gebot. Der Aushub wiederum wurde abgefahren, um irgendwelche Löcher zu füllen, die es zu Hauf gab, oder um Übergänge anzufertigen.

Spatenarbeit ohne Ende, fast verzweifelte ich an dieser elendig schweren Arbeit.-

Transportiert wurde die Erde mit einer »Erdkarre«. - Das war ein dreirädriges Fahrzeug, zwei größere Holzräder hinten und ein kleines, lenkbares vorn, und es hatte eine kleine kastenähnliche Ladefläche, die einen halben qm Erde fasste und nach hinten abzukippen war. Außerdem konnte man vorn schön bequem sitzen. Da das Gefährt klein war, konnte ein Pferd es ziehen. Wenn ich die Arbeit allein machen musste, spannte ich immer den Herrmann davor, er war zugfest und gottseidank faul, das heißt, hatte ich die Erdkarre vollgeladen, wurde sie von A nach B gefahren, oft ein beträchtliches Stück. Ich saß vorn auf der Erdkarre, und je langsamer Herrmann lief, um so länger waren die äußerst willkommenen Pausen. Nach dem Abkippen fuhr ich wieder zurück und dazu ein kleines Dönchen: - Durch das stete Hin-und Herfahren waren die Wege ziemlich löchrig und aufgeweicht, besonders während der Regenperioden, die übrigens nie Anlass waren, die Arbeit zu beenden, - ein Pferd hatte keinen Schlupf wie ein Trecker. - Meine Oma vermachte sich ständig etwas auf den Feldern, wobei sie ob ihrer radikalen Individualität nie das machte, was sie aufgetragen bekam. Die größte Chance hatte man, wenn sie etwas Spezielles machen sollte, ihr dies zu verbieten. So duldete jeder stillschweigend ihr Tun. - Chemische Unkrautbekämpfung gab es noch nicht, und da Disteln in den ersten Jahren wegen des fetten Bodens üppig wucherten, war Oma den ganzen Sommer mit »Distelstechen« beschäftigt, wobei sie überhaupt keine Scheu hatte, selbige auch mit der bloßen Hand herauszuziehen. - Nun kam ich einmal mit meiner Erdkarre des Weges, und da sie nach Hause wollte, nahm ich sie natürlich mit. Dies geschah einmal ziemlich weit draußen auf dem Feld. Es hatte geregnet, der Weg stand voller Wasser, und Oma war besonders froh über die Mitfahrgelegenheit. Ich blieb also stehen, und Oma setzte sich hinten, die Beine herunterbaumelnd, auf die Ladefläche der Erdkarre. Hüh, sagte ich, und die Fahrt ging in Herrmanns kleinstem Gang in Richtung Hof. Unterwegs sprang ich während der Fahrt von der Erdkarre herunter, um einen Gegenstand mitzunehmen, der des Weges lag, dachte dabei aber überhaupt nicht an meine Oma, die ja hintendrauf saß . Nun hatte ich aber die Kippvorrichtung nicht verriegelt. So wie ich absprang,

kippte der Kasten nach hinten, und nachdem Oma in der Pfütze saß, klappte der Kasten, so wie er es immer tat nach jedem Kippvorgang, von selbst nach vorn. Indes hatte ich meinen Gegenstand am Wegesrand aufgehoben und setzte mich wieder auf die bereits wieder ordnungsgemäß zurückgeklappte Ladefläche. Ich übersah dabei, dass ich inzwischen meine Oma abgekippt hatte, die ich auch nicht hörte, weil die quatschenden und klappernden Nebengeräusche der Erdkarre das wahrscheinlich mörderische Schimpfen meiner Oma übertönte. - Verträumt, die Leerfahrt genießend, kam ich zu Hause an. Erst da bemerkte ich, dass ich »Fracht« verloren hatte. Im Eiltempo fuhr ich zurück. Oma saß noch da, wo ich sie unfreiwillig abgekippt hatte, mitten in einer riesigen Pfütze, aus der sie sich nicht befreien konnte. Omas Schimpfrepertoire war immer gewaltig, und in diesem Fall zog sie alle Register.
Bevor ich weiter vom ersten Erntejahr erzähle, wieder einiges von meinen Pferden:
War im Frühjahr die Feldbestellung beendet, zu der wir beide Pferde benötigten, konnte eines von ihnen den Sommer auf einer Pensionsweide verbringen. Da Herrmann etwas ruhiger war, nicht so temperamentvoll, und deshalb als Einspänner ein paar mehr Vorzüge hatte, wurde Liese immer in die Sommerfrische geschickt. In den ersten zwei Jahren weidete sie auf der Restfläche des zu 1/3 besiedelten Polders, zusammen mit vielen anderen Pferden. Wurde Liese zur Spätsommerzeit oder auch mal zwischendurch gebraucht, musste ich sie von dieser 750 ha großen Fläche herunterholen. Dazu eine kleine Geschichte: Es war mal wieder so weit, Liese wurde benötigt, und ich hatte den Auftrag, sie von der

Weide zu holen. Liese kannte mich zwar, doch wusste ich nicht, wie sie und all die anderen Pferde reagieren würden. Damit ich ihr das Zaumzeug so schnell wie möglich umlegen konnte, nahm ich ein Stück Schwarzbrot mit, ein willkommener Leckerbissen für alle Pferde in der grünen Sommerzeit. Bewaffnet mit diesen Utensilien machte ich mich auf den Weg, konnte schon von weitem die Riesenherde Pferde sehen und erkannte sofort mein Pferd mittendrin. Misstrauisch, mit angelegten Ohren, musterten mich alle Pferde. Da ich von ihren verschiedenen Charakteren wusste, im Gegensatz zu den dusseligen Kühen, war mir nicht ganz klar, ob nicht einige Fieslinge dabei waren. - Ich rief einmal - »Liese«- , sie hob den Kopf, sah mich, ich zeigte ihr das Stück Schwarzbrot, und im schnellen Schritt löste sie sich von der Herde auf mich zulaufend. Eine Unmenge Pferde liefen aber hinter ihr her, was mir nicht geheuer erschien. Ein Kneifen gab es nun nicht mehr, dafür war es zu spät. Ich lief ebenfalls auf Liese zu, gab ihr das Stück Schwarzbrot und während sie es kaute, legte ich ihr das Zaumzeug um. Vorsichtig faßte ich sie an der Mähne und schwang auf ihrem Rücken. Nach einem Schnalzton von mir setzte sie aus dem Stand in Galopp. Es war für sie eine unwiderstehliche Aufforderung, sich sofort im schnellsten Tempo fortzubewegen. Nach jedem Schnalzton wurde sie schneller. Die ganze Pferdemeute aber galoppierte hinter mir her, weshalb, wusste ich nicht, jedenfalls hatte ich höllische Angst. Im schnellsten Galopp ritt ich zunächst bis zum Deich, dann auf der Deichkuppe weiter, weil ich dachte, dass sie mich zumindest nicht auf der steilen Seite verfolgen könnten. Da ich die Meute aber immer noch nicht abschütteln konnte, ritt ich quer ab in Richtung 8. Graben, über den noch keine Brücke führte. Ich ritt einfach im gestreckten Galopp auf den Graben zu in der Hoffnung, Liese würde darüber springen und sie tat es auch ohne anzuhalten. Danach hielt ich an und sah, wie die Pferdemeute vor dem Graben eine Vollbremsung machte.

Liese war ein ganz liebes Pferd, sie war für eine Ostfriesin sehr schlank, temperamentvoller und fleißiger als Herrmann. Sie war sehr empfindlich und nahm es übel, wenn man einmal schimpfte. Ich hatte das Kommando noch gar nicht ausgesprochen, da wusste sie schon, was gemeint war. Ganz besonders beim Hacken auf den Gemüse- oder Rübenfeldern lief sie schnurgerade und bemühte sich, mit ihren Hufen keinen Schaden anzurichten, auch eine Folge ihrer extrem schmalen Gangart. Ohne Leinenführung drehte sie auf dem Wendeacker von selbst und lief in die nächste Reihe.

Später, als dann der andere Teil der Leybucht ebenfalls besiedelt wurde, verbrachte Liese den Sommer auf Norderney auf den Weiden der Domäne Thünbak, die ein guter Bekannter von mir verwaltete. - Es war immer ein wunderschönes Erlebnis, sie dort hin zu bringen. - Zunächst ritt ich nach Norddeich zum Hafen, und dann durfte meine Liese ganz vorn auf einem Frisiadampfer stehen. Nur auf der schmalen Gangway zum Schiff hatte sie ein wenig Angst, ansonsten betrachtete sie die Überfahrt mit Gelassenheit. Die Besatzung des Schiffes »veräppelte« mich stets im wahrsten Sinne des Wortes. Für jeden »Apfel«, den das Pferd fallen ließ, musste ich 50 Pfennige bezahlen. In Norderney dann ritt ich genussvoll vom Hafen durch die Dünen am Leuchtturm vorbei bis zur Domäne Thünbak. Wie mein Vater es sich nicht nehmen ließ, einen allsonntäglichen Spaziergang auf die Hellerweiden vor dem Deich zu machen, um dort die Entwicklung seiner - unserer - Rinder zu begutachten, mit anschließendem »Elführtche« (Frühschoppen oder Korn um elf Uhr), in Gegenwart von Jürgen, dem Kuhhirten, so nahm auch ich den Besuch meines Pferdes auf den Norderneyer Hellerweiden zum Anlass, einen ausgiebigen Ausflug auf die Insel zu machen, zu dem damals noch recht erschwinglichen Preis von 3.50 DM pro Fahrt für Einheimische. Hin und wieder durfte ich ein paar Tage bleiben. Ihr seht, wenn ich von meinen Pferden erzähle, finde ich kein Ende.

Nun aber noch ein wenig vom »gesellschaftlichen Leben« der Anfangszeit in Leybuchtpolder, bevor ich von der ersten Ernte berichte: - Spontane Ausflüge nach Feierabend zwecks Freizeitgestaltung wurden schon im Keime erstickt. Selbst wenn wir in der Woche einmal woandershin gewollt hätten, wohin wohl und mit was? - und dann war der Tatendrang nach Feierabend nach schwerer Tagesarbeit sowieso nicht allzu groß. - Nachdem die musikalische Tradition, so wie sie in Schlesien stattfand, nach der Flucht abrupt zum Stillstand kam, fand nach einigem Aufflackern im Hager Kirchenchor Musikalisches in Leybuchtpolder nur noch als Hausmusik statt. Mein Vater kaufte sich eine Laute, und oftmals sang er seine schlesischen Schnoken und Lieder auch zusammen mit meiner Mutter beim abendlichen Zusammensein.
Renate, wurde damals von viel männlichem Jungvolk umworben, das sich regelmäßig bei uns einfand, nicht zuletzt auch wegen der sehr geselligen und gastlichen

Musikalität meiner Eltern. Mein Vater war ein glänzender Erzähler, gab gern in gemütlicher Runde vieles aus seiner Jugendzeit zum Besten und fand dankbare Zuhörer, wenn er seine Schnoken und Witze aus vergangener Zeit erzählte, hin und wieder auch musikalisch begleitet.

»Doas äne mol a« (das eine mal auch), so begann er stets und oft wiederholte er sich, doch das tat der Freude seiner Zuhörer keinen Abbruch, immer wieder amüsierte man sich. Die Stimmung wurde nicht selten ausgelassen, und ging der Schnaps zur Neige, lautete die Standartfrage der ostfriesischen Gäste: »Häst noch`n Mag« (hast du noch`ne Mark). Nachdem jeder seine Mark oder auch zwei spendiert hatte, opferte sich einer, um von weither den nötigen Stimmungsschluck herbeizuschaffen.

Dieses ganze Jungvolk, das sich fast regelmäßig bei uns einfand, war erheblich älter als ich mit meinen 15-16 Jahren, drum erlebte ich die stimmungsvollen Abende meist nur am Rande. Auch war ich nicht in der Lage, ob der vielen und vor allem am Anfang sehr schweren und ungewohnten Arbeit abends lange aufzubleiben. So zog ich mich oft zeitig auf meinen Strohsack in Omas Zimmer zurück.

Etwa alle 14 Tage, manchmal nur einmal im Monat, je nach Arbeitsaufkommen-und intensität, durfte ich das Wochenende bei meinen Freunden Hans und Ernst in Holzdorf oder Westerende verbringen. Ich freute mich schon immer riesig auf diese bescheidene Abwechslung. Mein Fahrrad schob ich, je nach Wegeverhältnissen, bis zum Deich und fuhr dann quer durch bis zum Lütetsburger Wald und dann auf unserem »Hasenpatt«, einem Schleichweg durch die Wälder, den wir Freunde uns als Abkürzung ausgekundschaftet hatten, bis zu meinem Ziel. Ich erfreute mich an der Abwechslung, die allein die Landschaft mir bot und genoss vor allem den Wald, wohl auch verständlich, denn oft sah ich tage- und wochenlang keinen Baum, zumindest keinen großen.

Meistens war ich schon sehr früh unterwegs, einerseits wollte ich das kurze Wochenende nutzen, andererseits liebte ich den morgendlichen Wald mit dem Wechselspiel seines einfallenden Lichts. Während der Wind mir in der kahlen Polderlandschaft um die Ohren pfiff, hörte ich ihn hier im Wald nur als Rauschen in den Baumkronen. Es überfiel mich oft, noch in der frühen Blandorfer Zeit, bei solchen Momenten das Heimweh; nun waren es die lieben, manchmal wohl auch ganz unbewussten märchenhaften Erinnerungen an die Wälder der Wolfskoppe und des Kirchelberges, die das Glücksgefühl in mir auslösten. Immer wieder hielt ich an, lief ein Stückchen in den Wald hinein auf der Suche nach einem geeigneten Blickwinkel, um den Zauber des Momentes zu fotografieren. Dabei glaubte ich, meine innere glückliche Verfassung mit festhalten zu können, was man auf den sonst hübschen Bildern freilich nicht sehen konnte.

Mein Freund Hans war schon sehr früh ein begeisterter Fotograf, und ich eiferte ihm ein wenig nach, sehr bescheiden aber. Die verhältnismäßig vielen Fotos aus der frühen Leybuchter Zeit habe ich diesem Umstand zu verdanken.

Die Wochenenden bei meinen Freunden waren meistens ausgefüllt mit Radfahren, Basteleien und vielen

Geheimniskrämereien. Reisepläne schmiedeten wir bis in die kleinsten Details, hielten stundenlange Konferenzen zu Vorkonferenzen zu Hauptkonferenzen ab, planten und durchlebten in allen Einzelheiten unsere Reisen, aus denen aber nie etwas wurde, mangels Zeit und Geld.

Ich denke gern an diese Abwechslung zurück und bin den Eltern meiner Freunde dankbar, dass sie mich stets so behandelt haben, als gehörte ich mit zu der Familie. Ich denke mal, auch umgekehrt wird dies der Grund gewesen sein, dass meine Freunde sich auf unserem Hof wie zu Hause fühlten. Besonders mein Freund Ernst hat dies in unnachahmlichen Gedichten und Reimchen verewigt.

So besuchten wir uns gegenseitig. Unsere Treffen fanden entweder jenseits des Waldes oder diesseits in Leybuchtpolder statt. Nach Jungenart haben wir natürlich auch einiges ausgefressen, ganz bescheidene Auswüchse verspäteter Pubertät. Mädchen spielten wohl schon mal eine Rolle, waren aber meist nur Phantasiegebilde unter strengster Geheimhaltung, ja, wir entwickelten für diese Art Kommunikation richtige Geheimschriften.

Ja, ja - was ihr mit 15 Jahren schon gekonnt habt, haben wir mit 20 noch nicht einmal gewusst.

Die erste Festlichkeit, wenn man es so nennen will, war das Richtfest der Bauernhäuser »Zenker« und »de Vries«, das im Herbst 1952 in einer zugigen Baubude versumpfter Umgebung stattfand, ausgerichtet von Frau de Vries (heute 98 Jahre) und meiner Mutter - bescheiden, sehr bescheiden.

Irgendwelche Vergnügen oder Festlichkeiten fanden immer in der Störtebekergaststätte zu Neuwesteel statt, deren lange Tradition ja nun leider ein Ende gefunden hat.

Normalerweise hatten wir, wollten wir nach Norden oder woanders zu irgendwelchen Ämtern, immer unsere Gummistiefel an und Schuhe im Gepäck, die wir gleich hinterm Deich bei Oma Mina wechselten - und immer wieder das Haus Redenius als großer Dreh- und Angelpunkt. - Beabsichtigten wir aber, an einer Festlichkeit im Störtebeker teilzunehmen, mussten wir uns gleich in Schale schmeißen. Für den Transport in solchen Sonderfällen war auch hier wieder Heino Heyken in seiner grenzenlosen Gefälligkeit mit seinem Unimog gefragt. Er koppelte einen offenen Anhänger an seinen Unimog, legte ein paar Bretter auf die Schotten und holte dann auch noch jeden einzelnen von seinem Hof ab; denn mit unseren guten Klamotten war es uns nur möglich, bis höchstens vor das Haus zu laufen. Unter großem Gejohle fuhr er dann, wenn er alle eingesammelt hatte, in Berg -und Talmanier entweder auf dem Kauweg oder auf Hippens Drift in Richtung Deich und dann in gehöriger Schräglage am Deichfuß bis zum Übergang nach Neuwesteel. Nach durchfeierter Nacht im Störtebeker verlief das Ganze in umgekehrter Form. Das war's denn auch schon an Abwechslung in den ersten zwei Jahren in Leybuchtpolder.

Ach, erwähnen muss ich noch in diesem Zusammenhang Heinz Vehnekamp, einen lieben Freund, mit dem ich, wenn er seine Ferien in Blandorf bei Onkel und Tante auf dem Hof verbrachte, sehr vergnügliche Freundschaftskontakte hatte und von dem ich im Rahmen eines Dönches bereits erzählte. Er wohnte in Neuwesteel. Seine Eltern hatten dort einen Hof, ganz in der Nähe des Norder Tiefs. Ich hielt mich sehr gern auf diesem Hof auf, nicht zuletzt deswegen, weil ich auch in diesem Hause immer willkommen war. Ganz besonderer Anziehungspunkt war stets die Nähe des Kanals, Aufenthalt unzähliger entspannender Angelstunden.

Nach dieser kleinen Exkursion ins vergnügliche Dasein der allerersten Zeit in Leybuchtpolder nun wieder zur ersten Ernte im Herbst 1953, dazwischen aber immer wieder ein paar Dönches zum Aufmuntern.
Die erste sehnlichst erwartete Ernte stand bevor, sehnlichst deshalb, weil wir bis dahin von Sozialhilfe leben mussten. - Das Wetter war schön, das Getreide stand gut, und es bestand Aussicht auf einen guten Ertrag. Die Gerste wurde zur einen Hälfte, da, wo man einigermaßen fahren konnte, mit einem pferdebespannten Grasmäher mit einem sogenannten *Ableger*, gemäht, das heißt, das Getreide wurde garbenweise abgelegt. An der gesamten Erntearbeit war jeder in der Familie, ich betone jeder, oft wochenlang, je nach Wetterverzögerung, von morgens bis abends im Einsatz - Mutter, Vater, Schwestern samt Oma und ich natürlich auch.
Wegen der Unwegsamkeit des Ackerlandes hinter dem Sommerdeich, ich erzählte es bereits, musste die Gerste von Hand gesichtet werden.
Sichten war eine Art des Getreidemähens, wie es nur, so weit es mir bekannt ist, in Ostfriesland üblich war. Da es hier oft Lagergetreide gab, war dies wohl eine gute Methode. Die Sichte war praktisch eine Sense mit kurzem Stiel, die man mit der rechten Hand betätigte, in der linken Hand hielt man einen Pickel, mit dem man die gesichteten Garben ordnete.
Drei Deicharbeiter, die sich mit dieser Arbeit einen Nebenverdienst schufen, wurden für diese Arbeit angeheuert. Gestaffelt hintereinander taten sie ihre Arbeit, als hätten sie ihr Leben lang nichts anderes getan. Als letzter und vierter Mann in der Gruppe hatte ich meine Position. Da ich es zunächst lernen musste, war die Ver-

letzungsgefahr besonders groß, drum hatte ich Holzklumpen an den Füßen, eine wichtige Sicherheitsmaßnahme. Ich lernte es schnell, doch mancher Sichtenhieb landete in meinen Holzklumpen, und es ist schon ein kleines Wunder, dass ich mir dabei keine Verletzungen zugezogen habe. Die drei Sichter hatten aber großes Verständnis für meine Anfängerverlegenheit und halfen mir immer wieder, den Anschluss nicht zu verpassen. - Die Sichte wurde aus dem Handgelenk mit einer kurzen Armbewegung nach oben einige Male so in das Getreide eingeschlagen, dass eine Garbe entstehen konnte, rückwärts mit Pickel und Sichte zusammengeholt und dann auf dem Fuß mit einem kleinen Schwung zur Seite gelegt.

Nun stellt euch diese Tätigkeit in halbgebückter Stellung vor, sie dauerte tagelang. Ich war ja nun erst 16 Jahre alt, aber meinte immer, das gleiche leisten zu müssen wie die Älteren und setzte das Äußerste daran, mithalten zu können und mir keine Schwäche anmerken zu lassen, - als Lohn erhielt ich, fein dosiert, hin und wieder, damit ich nicht den Mut verlor, ein kleines Lob, - Geld gab es sowieso nicht im ersten Jahr.

War die Gerste nun gesichtet, lag sie in tausenden von Garben auf dem Feld. Sie wurden per Hand mit Hilfe einiger Getreidehalme zunächst alle gebunden und dann in Hocken zusammengestellt, eine Arbeit, die von allen gemacht wurde, eine stachelige und grannige Angelegenheit, auf die wir Jüngeren sehr empfindlich reagierten, vor allem wegen der vielen Disteln. Oma und Vater überboten sich gegenseitig an Robustheit; sie schienen Lederhände zu haben, und Grannen in irgendwelchen Kleideröffnungen war für sie kein Thema - unglaublich!

War diese Tagesarbeit beendet, war noch längst kein Feierabend; denn anschließend wartete die Stallarbeit auf uns, das hieß: - Füttern, ausmisten, melken und fegen. Dieser anschließende, sich täglich wiederholende Arbeitsablauf im Stall ging mir stets gewaltig auf's Knerzel, und ich ließ nicht selten meinem Unmut freien Lauf über diese für meine Begriffe zeitraubende, langweilige und wenig rentable Arbeit. Nicht selten entstand Streit deswegen, und mein innerstes Ziel war es, mich so früh wie möglich von diesem Ballast zu befreien, was ich später auch als Erstes verwirklichte.
Einfach zu witzig, dass noch heute für mich die damalige Viehwirtschaft wesentlicher Bestandteil vieler nächtlicher Alpträume ist. Immer endet ein Traum so, dass mein Vater, nachdem ich mich endlich des Viehs entledigt hatte, in klammheimlicher Aktion den alten Zustand wiederherstellte, dabei wache ich ganz erbost auf.
- Zur Stallarbeit aber später noch ein kleines Kapitel.
Die in Hocken stehende Gerste musste nun, um eingefahren und gedroschen werden zu können, zunächst geraume Zeit auf dem Feld bei Sonne und Wind trocknen, wenn's denn bei dieser Wetterkonstellation blieb. Die Witterungsbedingungen waren längst nicht immer nach Wunsch, aber im ersten Jahr hatten wir ausgesprochen Glück. Es war ein trockenes, sonniges und warmes Jahr, und aus diesem Grund entschloss man sich im ersten Abschnitt ganz allgemein, aus der Sonne zu dreschen. Eine Methode, die sehr arbeitssparend war, da das Getreide nicht erst in Scheune und Schelfen gelagert werden musste. Außerdem benötigten alle, aber ganz besonders wir, den Erlös der ersten Ernte und das so schnell wie möglich. Stand die Dreschmaschine auf

dem Hof, die damals noch von einem Lanzbuldog angetrieben wurde, durfte keine Lücke im Arbeitsablauf entstehen. Aus diesem Grunde halfen wir uns beim Einfahren der ersten Ernte gegenseitig. Wir selbst hatten ein Pferdegespann mit einem Ackerwagen und einem Gummiwagen, dann kamen noch zwei Gespanne von Nachbarn hinzu, die uns halfen.

Meine Aufgabe bestand darin, auf dem Wagen die einzelnen Garben, die mir mit der Gabel zugereicht wurden, so zu packen, dass möglichst viel in gutem Verbund geladen wurde. Verbund deshalb, weil es auf den holprigen Feldern oft vorkam, dass die Ladung verrutschte oder gar umkippte. – »Alex, de kann god pakken un god sichten kann he ok«, kamen manchmal Komplimente von Nachbarn und angespornt durch gute Kritik, war ich stets emsig darauf bedacht, hohe, gerade und stabile Fuder zu packen. – »Do häst ober wär en uppackt« (Da hast du aber wieder einen aufgepackt), war dann das Kommentar der anderen, worauf ich stolz war. Ein reines Kunstfahren bedeutete es, mit vollgeladenen Fudern von unseren hinteren Feldern heil herunterzukommen, da die runden Kopfdämme, die wir zur Abfahrt benutzen mussten, immer arge Schräglage bedeuteten; hinzu kam, dass die Gangart der Pferde nicht mit Gängen und Gas zu regulieren war, – im Gegenteil, wenn es brenzlig wurde, übertrug sich das sofort auf die Pferde, die dann meist noch ein schnelleres Tempo anschlugen. – Manches Fuder landete im Graben und musste von neuem beladen werden – mühselig, mühselig.

Um den ekeligen Gerstengrannen Paroli zu bieten und auch der Hitze, hatte ich immer ein weißes Nylonhemd an, oben zugeknöpft und über einer langen Hose hän-

gen, deren Piepen ich über Gummistiefel stülpte.
Die erste Ernte war gottlob sehr gut - für damalige Polderverhältnisse nicht unbedingt selbstverständlich; denn das Risiko in bezug auf den Salzgehalt des jungen Bodens war nicht genau einschätzbar. Der Erlös war denn auch gewaltig für unsere Begriffe, freilich immer hübsch relativ, denn man bedenke unser ärmliches Dasein bis zu diesem Zeitpunkt.
In den Jahren darauf hatten wir einen Mähbinder, der von Pferden gezogen und mit einem kleinen Motor angetrieben wurde, übrigens der allererste »motorisierte« Einsatz auf den Feldern, das heißt also, wir brauchten ab dem dritten Jahr die Garben nicht mehr selbst binden, sie mussten nur noch gehockt werden.
Die Pferde bekamen nun den gesamten Arbeitsrhythmus des ganzen Jahres zu spüren, und nachdem ich euch so das gröbste vom ersten Jahr erzählt habe, nun wieder ein wenig ganz allgemein über die Arbeit mit den Pferden auf dem Feld und im Stall in den ersten Herbsten und Wintern: Die Pflugarbeiten dauerten wochenlang und zogen sich nicht selten bis Weihnachten und darüber hinaus. Die Stoppelfelder wurden erst einmal mit einem Schälpflug ältester Bauart dünn »geschält«. Nach dem Schälen wurde alles geeggt mit einer landesüblichen handgeschmiedeten Zuppegge, das heißt, eine Egge mit kurzen Zinken wurde per Hand mit einer kleinen Kette ständig bewegt, damit sie gut arbeitete und nicht verstopfte. »Zuppegge« ist übrigens ein von meinem Vater geprägtes schlesisches Wort für ein typisch ostfriesisches Gerät. Bei einem Arbeitstempo von ca. 3 - 4 km in der Stunde waren dies in 10 Stunden etwa 30 - 40 km am Tag, und das über holprige Schollen. - Das

stärkt Muskeln und Sehnen! - Ich kann mich nicht erinnern, mich auch nur einmal verletzt zu haben. Diese Feldarbeit war ausschließlich meine Arbeit. Nach der Schälarbeit war es Zeit für die sogenannte Winterfurche, eine schwere Arbeit für die Pferde, denn sie mussten einen einscharigen Fußpflug ziehen, der so tief wie möglich laufen sollte.

Bevor ich etwas »persönlich« werde, nämlich was uns drei, die Pferde und mich angeht, zunächst noch ein bisschen zum Arbeitsablauf im Stall: - Inzwischen hatten wir uns über einen Einrichtungskredit das Nötigste an Vieh und Gerät angeschafft. Im Stall standen vier Kühe, die Pferde und ein paar Schweine, - natürlich das nötige Federvieh. Morgens um 4 Uhr wurde ich geweckt und zwar deshalb so früh, weil erstens die Pferde vor ihrem Arbeitsbeginn um 6 Uhr zwei Stunden fressen mussten, und zweitens wurde die Milch sehr früh abgeholt.

Meine erste Arbeit gleich nach dem Aufstehen war also »Pferde füttern«, währenddessen fütterte meine Mutter die Schweine, das war ausschließlich ihre Arbeit, die sie liebevoll und mit äußerster Gewissenhaftigkeit verrichtete; denn die Schweinemast im Ministiel war ein willkommener Nebenverdienst, der unser stetes Plus-Minus-Konto immer ein wenig aufbesserte. Dies war für den Augenblick des Fütterns aber nur von sekundärer Bedeutung, wichtiger war es, das unerträgliche Quietschkonzert der hungrigen Schweine für den Rest der Stallarbeitszeit zu beenden. Da die Milch so früh wie möglich an die Straße gestellt werden musste, waren am Melken alle beteiligt, natürlich auch meine

Schwestern. Da meine Schwester Renate die Kleinste von uns war, hatte sie die Aufgabe, die Kuh zu melken, unter deren großes Euter kein Eimer passte, sondern nur eine Schüssel. Das Euter der Kuh reichte fast bis zur Erde. Wir Größeren hätten nur mit Mühe in kniehender Haltung diese Melkarbeit verrichten können.

Dann wurde gefüttert und ausgemistet auf den vor dem Haus platzierten Misthaufen. - Das Tränken des Viehs war anfangs noch ziemlich problematisch, denn es gab noch keine Wasserleitung. Das Wasser aus der Regenbacke reichte - und oft auch das nicht - gerade für den Hausgebrauch. So holten wir Wasser von einem nahegelegenen Brunnen im Dorf, das mit einem Windrad gefördert wurde; eine Einrichtung, die noch aus der Zeit vor dem Deichschluss stammte, als das Pensionsweidevieh auf diese Art mit Wasser versorgt wurde. War genug Wasser in den Gräben, holten wir es aus dem benachbarten Grenzgraben. - Die Milch wurde übrigens von unserem lieben Heino Heyken abgeholt, der uns auf der Rücktour die Milchkannen mit Wasser füllte, eine unglaubliche Gefälligkeit.

Immer wieder muss ich erwähnen, wie zuwider mir die Stallarbeit war; ich war auch bald berüchtigt dafür. Vor allem in der späteren Landwirtschaftsschule muss ich diesbezüglich wohl einen bleibenden Eindruck hinterlassen haben; denn Jahrzehnte danach, während eines Klassentreffens, hielt man es mir noch auf lustigste Weise vor. Um mir aber damals nicht das Gespött der Unfähigkeit aufzuhalsen, strengte ich mich in diesem Fach besonders an und konnte hier nur Einsen vorweisen, im Mündlichen wie im Schriftlichen.

Der Umgang mit Pferden aber war mir lieb und teuer. Viele Erinnerungen werden wach, wenn ich den Geruch eines Pferdes wahrnehme, Herrmann und Liese freuten sich stets, wenn ich den Stall betrat und wussten, dass ich sie oft verwöhnte. Schließlich waren sie auch meine Arbeitskameraden, wochenlang von morgens bis abends, jahrein, jahraus. Außerdem galt ganz allgemein ein gut genährtes und gepflegtes Pferd als Symbol für einen rechtschaffenen und gut geführten bäuerlichen Betrieb.

Wenn wir abends feierten, bezeichneten wir Pinkelpausen, die immer im Stall stattfanden, mit »ick mut mol no't Peer kieken« (ich muss mal nach den Pferden kucken), dabei pinkelte man - freilich nur die Männer - auf den Mistgang und begutachtete dabei die Pferde. - Nicht immer aber war solch ein Bedürfnis Anlass, meine Pferde zu besuchen. Oft ging ich allein in den Stall, nahm ihnen eine Handvoll Haferschrot mit und schmuste eine Weile mit ihnen. Immer fand ich Trost bei ihnen, und ihr sympathisches Schweigen mit einem sanften Schaben ihrer samtweichen Nüstern an meinem Hals war mir Antwort genug, wenn ich ihnen Freud oder Leid erzählte.

Noch vor 6 Uhr frühstückten wir alle gemeinsam und besprachen den Tagesablauf. Dann spannte ich die Pferde vor einen, mit dem jeweiligen Arbeitsgerät - Pflug oder Egge - beladenen Eisenschlitten, und so zogen wir gemeinsam auf das Feld. Herrmann lief links und Liese rechts im Gespann. Liese war sehr fleißig, lief immer vorweg und Herrmann, der stets die Ruhe hatte, schlürte hinterherhängend, lose in den Zugketten so mit, was natürlich dazu führte, dass man ihn ständig antreiben musste. Da er so oft den Fleiß der Liese ausnutzte, galt aller Schimpf immer nur ihm. Bei schönem windstillem Wetter, wenn viele Bauern auf den Feldern waren - Treckergetöse störte die Ruhe noch nicht - hörte jeder das Fluchen meines Vaters: »Herrmann, du verfluchtes Luder, Herrmann du verfluchtes faules Os (Aas).« Jeder kannte mittlerweile unsere Pferde, und begegneten wir anderen Gespannen, und sei es auch nur denen der Feldnachbarn, dann riefen sie schon von weitem: »Herrmann du verfluchtes Luder«.

Schimpfen und ein Schnacken mit der Leine reichten aber schon aus, um Herrmann mit Liese auf eine Höhe zu bringen. - Beide Pferde sind nie geschlagen worden, das war so selbstverständlich, wie man eben seine besten Freunde nicht schlägt.

Bei anderen Bauern aber habe ich grausame Szenen mitangesehen. Ich habe mich schon einmal über Grausamkeiten an Tieren auf dem Ackermann'schen Hof geäußert. In Leybuchtpolder habe ich manchesmal gesehen, mit welcher Brutalität hiesige Bauern ihre Pferde schlugen. Der Grund war meistens die Unfähigkeit der Leute, mit Pferden umzugehen, was diese dann meistens mit irgendwelchen Verhaltensstörungen quittierten. Man nahm die Pferde meist auf weichem Acker an die lange Leine. Während einer die Leine führte, schlug ein anderer mit einem Gegenstand brutal auf die Pferde ein; die liefen dann in Panik solange in der Runde auf dem weichen Acker, bis sie fast erschöpft zusammenbrachen. Mein Vater, der dieses Geschehen zuweilen beobachtete, konnte das nicht mit ansehen und wies diese Menschen konsequent auf ihr Fehlverhalten hin - meist wurde er sehr laut dabei.

Ich habe aber auch gesehen, wie liebevoll ein Bauer mit seinen Pferden umgegangen ist, und diesen Namen will ich nennen: Es war Herrmann Aursch, ebenfalls ein Siedler aus dem ersten Abschnitt. Er war ein lieber Kerl, dessen Seele und ganze Leidenschaft an zwei wunderschönen Hannoveraner Rappen hing. So viel er von Pferden verstand, so wenig wusste er von Landwirtschaft. Er ging dann auch beizeiten pleite und starb verarmt in einem kochhausähnlichen Elendsquartier nahe des Leybuchter Wasserwerkes - kein Ruhmesblatt für die Gemeinde Leybuchtpolder.

Der Mann war Ostpreuße, und wahrscheinlich oblag ihm früher auf irgendeinem Gut die Verantwortung für die Pferde. Alles auf seinem Hof war drüber und drunter, nur seine beiden Rappen hatte er stets auf Hochglanz; sie sahen immer aus, als hätte er sie mit schwarzer Schuhcreme poliert. Das Ledergeschirr war vom Feinsten, glänzte und funkelte nur so. Immer wieder fuhr er mit seinem Gespann durch die Leybucht, voller Stolz war er, und man sah es ihm an, welch große Freude ihm das bereitete. Er hat seine Pferde bestimmt nie geschlagen. Aus Liebe zu ihnen setzte er sie sicher nur begrenzt für die Feldarbeiten ein - dementsprechend sah es auch auf seinen Feldern aus, was ja auch ein bitteres Ende nahm.

Mein Pferdearbeitstag begann um 6 Uhr morgens. Ich hatte entweder zu pflügen, zu eggen oder auch nur mit einem Pferd irgendwelche Hackarbeiten mit der Reihenegge in Hackfruchtkulturen zu machen. Die einzelnen Arbeitsgänge dauerten oft Tage, ja manchmal Wochen, und da sie nur selten wechselten, gab es auch keinerlei Stress, es sei denn, das Wetter ärgerte, was natürlich vorkam. Doch die schönen Tage überwogen, zumindest in meinen Erinnerungen, und ich genoss die herrliche Natur in vollen Zügen, ohne jedes Getöse einer Maschine. Die Lerchen sangen, die Kibitze verteidigten ihre Nester, und Austernfischer, die beharrlich immer wieder ihre alten Brutplätze einnahmen, saßen friedlich auf ihren Nestern, und wussten, dass ihnen nichts geschah. Nie habe ich erlebt, dass die Pferde ein Nest zertraten. Sie scherten einfach aus oder blieben konsequent davor stehen. Ich würde ja sagen, sie reagierten menschlich, doch angesichts dessen, dass diese Brutplätze heute durch den maschinellen, sprich menschlichen Einsatz fast vernichtet sind, ist dieses Prädikat nicht angebracht. Als sehr beruhigend und geradezu wohltuend empfand ich das Geräusch des Pfluges, wenn er behutsam die Furchen zur Seite legte.

Man müsste meinen, dass in diesen unendlich vielen Stunden Langeweile aufkam, doch das tat es nicht, - fast unerklärlich - wirklich nie. Viel, viel Zeit zum Nachdenken hatte ich während dieser unhektischen Arbeiten und da ich sonst nichts besonderes erlebte, war meine Gedankenwelt die einzige Abwechslung. Ab und zu gönnte ich mir einen kleinen Plausch mit den Feldnachbarn, die ja fast alle die gleiche Arbeit hatten. Ganz in der Nähe erklang die Stimme von Hannes, der sich mit lautem, fröhlichem Gesang die Zeit hinter den Pferden vertrieb. Und so rückte die zweite Frühstückspause immer näher. Mangels Uhr, niemand trug diesen Luxusartikel während der Arbeit, verließ ich mich auf mein Gefühl, das mir untrüglich sagte, jetzt muss es gleich 9 Uhr sein, na immer noch nicht - aber da endlich, und ich verpasste es nie, wenn meine Mutter oder eine mei-

ner Schwestern aus der Tür trat, um mir das Frühstück zu bringen. Alle drei, die Pferde und ich, genossen die Pause mit Brot, Tee und einer Zigarette, die zusammen mit Streichhölzern in Papier eingewickelt war - immer ganz liebevoll.
Um die Mittagszeit wurde »geflaggt«, so nannten wir das. Ein Handtuch wurde aus einem der oberen Fenster herausgehängt, - es war Zeit zum Ausspannen. - Ganz lustig: Alle, die unser Haus einsehen konnten, richteten sich nach unserer Beflaggung! Jeder wusste, wenn mittags das Handtuch zum Fenster heraushing, war es 11,30 Uhr und abends 17,30 Uhr. Damals in der ganz frühen Zeit versperrte noch kein Baum die Sicht, die Häuser wirkten wie rote Flecken in der meist noch grünen Landschaft. - In der Vesperpausenzeit wiederholte sich die Zeremonie wie am Vormittag. Ich setzte mich wieder auf den Pflug, den Wegrand oder auf eine Ackerfurche, nur jetzt dachte ich schon an den Feierabend. Die Stimmung stieg mit zunehmender Feierabendnähe, ja, ich ließ das obere Fenster unseres Hauses nicht mehr aus den Augen und selten verpasste ich den Vorgang des Fensteraufmachens mit der anschließenden »Beflaggung«. Dann aber übertrug sich das sofort auf die Pferde, die ich dann statt anzutreiben, ständig zügeln musste. Sie reagierten, indem sie mit einem Auge ständig nach hinten schielten in Erwartung des erlösenden »Prr«. Dann aber endlich »hop, hop,« zurück, den Knüppel vom Pflug abgehakt und in den Eisenschlitten eingehakt und, als gelte es ein Rennen zu gewinnen, trabten meine Pferde, fast nicht zu bändigen, `gen Hof und Stall. Kaum hatte ich ihnen das Geschirr abgenommen, waren sie auch schon in Richtung Stall verschwunden. Dort in der

Futterkrippe lag, das wussten sie schon, von meinem Vater angerichtet ein leckeres Gemisch aus Haferschrot und Futterrübenschnitzel, das Liebste für die Pferde, so wie für euch Sauerkraut mit Braten.
Meistens hatten meine Lieben zu Haus die Stallarbeiten schon fertig, aber es kam schon vor, dass ich dies und jenes noch machen musste; darauf reagierte ich meist brummig, doch wohl auch verständlich nach einem 30 km Marsch!
Damit ihr nicht einschlaft, erzähl ich euch erst mal wieder ein Dönchen von Oma, das hier ganz gut zu passt: Eines Tages, als ich ausspannte, um zu Hause die zweistündige Mittagspause zu machen und meine Pferde gerade vor den Eisenschlitten spannen wollte, kam Oma des Weges. Sie fragte mich, ob sie mitfahren könnte, was ich aber wegen der komplizierten Sitzmöglichkeit auf dem Eisenschlitten verneinen musste. Nun, sie kam vom Rübenroden und hatte ein Messer in der Hand. Da sie nun nicht mitfahren konnte, setzte sie sich an den Wiesenrand am Sommerdeich, um sich noch etwas auszuruhen und um mir scheinbar etwas Wichtiges mitzuteilen. Sie saß mit dem Rücken direkt am Weidezaundraht und erzählte mir von einer für sie wichtigen Begebenheit »datte henda«(dort hinten). Jedes Mal, wenn sie »datte henda« sagte, zeigte sie mit dem Messer nach hinten und kam dabei an den elektrischen Weidezaundraht. Jedes Mal, wenn sie nach hinten zeigte, bekam sie einen Stromschlag und jedes Mal jaulte sie dabei auf. Technik war für sie etwas gänzlich Unbegreifliches. Dass fließender Strom in einem unscheinbaren dünnen Draht ihr Schmerzen bereiten könnte, war für sie nicht denkbar. - Ich saß bereits auf meinem Schlitten,

lachte mich halbtot und zog sie auch noch auf, indem ich sie immer wieder fragte, wo das gewesen sei, was sie »datte henda« erlebt hätte, und prompt zeigte sie wieder mit dem Messer nach hinten, kam an den Draht, jaulte auf und schimpfte. - Das Ganze wiederholte sich einige Male, wobei Oma immer wieder auf mein erneutes Anfragen hereinfiel. Da sie die Technik eben nicht begriff, sich aber dennoch so langsam Gedanken machte, brachte sie das Ganze mit meinem Lachen in Verbindung und meinte, ich würde Schabernak mit ihr treiben. - »Nä«, sagte sie dann, »iech sah schon, du machst Spektakel met mer (Ich seh schon, du machst, na, sagen wir mal, - Schabernak mit mir) - da Herrgoot wat diech nooch bestroofa« (Der Herrgott wird dich noch bestrafen) -, stand auf und zog vondannen.

Bei gangbarem Wetter lief Oma gern querfeldein, um den Weg abzukürzen, dabei kam es vor, dass sie Weidezäune überwinden musste, die sie aber absolut nicht als Hindernis betrachtete, was für uns undenkbar war; denn selbst wenn wir genau wussten, dass im Weidezaundraht kein Strom war, überquerten wir ihn mit Respekt und ohne ihn zu berühren: Oma nahm den Draht in beide Hände, drückte ihn nach unten, hob erst das eine Bein und dann das andere darüber, wobei sie bei jedem Stromschlag einen kurzen kräftigen Jaulton ausstieß. Hatte sie das Hindernis überwunden, lief sie weiter, als wäre nichts geschehen.

Herrmann und Liese wussten natürlich immer, wer hinter ihnen lief. Meinem Vater und mir zollten sie Respekt. Nun kam es hin und wieder vor, dass meine Schwester Gabriele mit den Pferden irgendwelche Eggen - oder Striegelarbeiten machen musste. So lange mich die Pferde in der Nähe wussten, liefen sie einigermaßen respektvoll, sobald sie mich aber in Abwesenheit wähnten, benahmen sie sich, als wäre überhaupt niemand da. Ich beobachtete das manchmal aus versteckter Perspektive und amüsierte mich köstlich. Während Gabriele heulend und schimpfend versuchte, die Pferde anzutreiben, schielte Herrmann immer nach hinten, wohl wissend, dass ihm nichts passieren würde, und ließ sich derart hängen, dass er fast über die Zugketten trat. Liese, etwas eifriger als Herrmann, hatte das aber bald satt und blieb stehen, was für Herrmann erst recht kein Problem bedeutete. Irgendwann ließen sie sich dann bewegen weiterzulaufen, aber nicht weiter als bis zu dem Grabenrand, wo sie erst einen kleinen Imbiss zu sich nahmen. Sobald sie mich aber erspähten, und ich konnte ohne weiteres noch weit entfernt sein, setzten sie sich in Bewegung und zunehmend mit meiner Nähe normalisierte sich ihr Arbeitstempo.

Im Herbst und Winter kamen die Pferde in den Stall, im Sommer aber verbrachten sie ihre Fress-und Ruhezeiten auf der Weide oder auf einem Kleestück. Die Kleestücke kannten sie natürlich genau und obwohl sie schwer gearbeitet hatten, konnte ich sie beim Ausspannen kaum bändigen. Kaum hatte ich ihnen das Geschirr abgenommen, rannten sie aus dem Stand im gestreckten Galopp in Richtung Kleefeld. - Oftmals kam Oma angewackelt und verkündete panikartig: »Alexan sein die Pfade fattgemacht« (Alex sind die Pferde fortgemacht - durchgebrannt), nichtwissend, dass sie nur eiligst ihren Futterplatz aufsuchten.

Die Ackerarbeiten zogen sich oft in den Winter hinein, das war dann schon häufig sehr schwer. Es regnete, war kalt und es schneite auch hin und wieder. Es war eine Quälerei, mit dem Gerät umzugehen, die Leine war glitschig vom Lehm, der Pflug verklebt und die Stiefel schwer wie Blei. Dass ich durchhalten musste, war selbstverständlich, und der Gedanke kam gar nicht auf, etwas früher Feierabend zu machen oder gar die Arbeit abzubrechen. War es zu schlimm, setzte ich mich auf den Pflug und heulte eine Weile. Vor einem Schnee, - Hagel - oder Regenschauer verkroch ich mich unter die Pferde, die das selbstverständlich duldeten. Vor großem Unwetter war ich aber nur begrenzt geschützt; denn regnete es zu stark, lief das Wasser unter dem Bauch der Pferde zusammen und mir verstärkt irgendwohin. War der Schauer vorbei, ging ich nach vorn und legte meinen Kopf an ihren warmen Hals und hatte ich kalte Hände, wärmte ich sie mir zwischen den Beinen meiner Pferde. Wie ihr seht, habe ich solch eine Idylle sogar mal fotografiert.

Fand die Getreideernte im ersten Jahr noch mit gegenseitiger Nachbarschaftshilfe statt, war dies in den darauffolgenden Jahren reine Familienangelegenheit. Nicht immer brachten wir die Ernte in der Scheune unter, vor allem dann nicht, wenn sich keine Gelegenheit bot, das Korn aus der »Sonne zu dreschen«, wie ich es schon erzählt habe. Das Getreide in Garben musste dann zusätzlich in sogenannten Schelfen im Freien am Hof gelagert werden. Während ich das Korn mit Hilfe eines »Aufstakers« vom Feld zum Hof brachte, luden Mutter, Schwestern, oft auch Onkel Erich und mein

Vater die Fuder ab. Die Schelfe wusste mein Vater so zu bauen, dass es in sie nicht einregnete; denn sie wurden erst im Winter gedroschen. Die Schelfe verjüngten sich in der Höhe, und da mein Vater nicht ganz schwindelfrei war, rief er immer, wenn er eine Garbe zugereicht bekam: »Verflucht nooch amol, nee wackan« (Verflucht noch mal, nicht wackeln).

Im Winter kam dann eine Dreschmaschine mit Arbeitskolonne. Die Dreschmaschine wurde von einem Lanzbulldog über einen langen Riemen angetrieben. Meist dauerte die Drescherei 1-3 Tage, eine aufregende und äußerst staubige Angelegenheit für die ganze Familie. Das Korn wurde entweder verkauft oder auf dem Boden, wo heute die Zimmer sind, gelagert. Da ich noch nicht die Kraft eines Arbeiters hatte, war es immer eine fürchterliche Quälerei, die oftmals 1,5-2 ztr. schweren Säcke auf den Boden zu schleppen, um sie dort auszukippen. Ratten und Mäuse waren kein Thema, sie waren immer präsent, mal mehr mal weniger, allerdings gab es, aus welchen Gründen auch immer, keine Ratten im Wohnbereich. Die Arbeitskolonne wurde im Haus beköstigt, eine irre Arbeit für meine Mutter, und überhaupt, wie alle mit dem Dreck und Staub klarkamen, ist aus heutiger Sicht unvorstellbar. Eine Duschgelegenheit gab es nur, wenn nach einem großen Gewitterregen die Dachrinnen überliefen, wie ich bereits erwähnte. Das nutzten wir sofort, um uns darunter zu stellen, - nur im Winter war's damit nichts.

Die Dreschkolonne arbeitete meist bis spät in die Nacht und schlief dann im Heu oder Stroh oder, wenn es besonders kalt war, im Kaff (Spreu). Wie sollt ihr es auch wissen, das sind die Spelzen des Getreides, die ebenfalls gelagert wurden, um sie dann im Winter zusammen mit Futterrüben als Rübenschnitzelgemisch zu verfüttern. Ich hatte einmal die Aufgabe, die Kolonne früh morgens zu wecken. Als ich auf den Scheunenboden kam, bot sich mir ein lustig - schauriges Bild: Alle Arbeiter hatten sich in einem großen Spreuhaufen vergraben, und nur die Köpfe schauten heraus - ein witziges Bild im dämmrigen Morgenlicht.

So vergingen die ersten Jahre mit viel und schwerer Arbeit. Die vielen Entbehrungen und Einschränkungen durch die fehlende Infrastruktur wurden von uns noch nicht als belastend empfunden, da die Euphorie, etwas Eigenständiges zu besitzen, gepaart mit viel Pioniergeist, noch überwog. - Letztendlich besserte sich die Situation. Es wurden Straßen gebaut, Wasserleitung gelegt, und natürlich hatten wir als erstes Strom. Die anderen Siedlungsabschnitte wurden nach und nach errichtet mit einem Dorfzentrum und einer Gastwirtschaft, in der sich die Jugend traf, freilich waren die Kriterien für diese Besiedlung ganz andere. - Ich selbst war nicht mehr darauf angewiesen, mir die Gummistiefel auf das Fahrrad zu packen, um dann meine Freunde in der Blandorfer Ecke zu besuchen. Die nun zunächst im ersten Abschnitt erbauten Straßen erleichterten die Verbindung in die mittel- und unmittelbare Umgebung. Busverbindung gab es aber viele Jahre noch nicht. Zunächst fuhr nur ein Bus von Norden in Richtung Pewsum, dann aber gab es eine Verbindung von Neuwesteel aus - Haltestelle Redenius - Oma Mina - Ecke Deichdurchstich. Bis dahin mussten wir laufen oder mit dem Rad fahren. Und so ergab es sich, dass nach wie vor Abwechslung und Vergnügen oft im Haus stattfanden. Die musikalische Geselligkeit meiner Eltern zog nach wie vor viele Jugendliche an, und die Gastlichkeit in unserem Haus sprach sich nicht nur im hiesigen Raum herum. Es reisten viele Verwandte und ehemalige Schlegeler Heimatfreunde an. Alle waren gern gesehen, denn sie brachten etwas Abwechslung in unser Leben. - Da war zum Beispiel der »Franz August«, der uns oft besuchte, ein Schlegeler, wie er im Buche steht, und ein ebensolches Original. Da hatten sich zwei gefunden, mein Vater und August, allein das wäre ein eigenes Geschreibsel wert. Wenn die beiden am Abend ihren Schnaps tranken, sagte mein Vater: »Na, woas määnst`n August, schmeiß mer a Fropper weg?« (na, was meinste August, schmeißen wir den Korken weg?). Das hieß dann so viel wie: Die Flasche machen wir leer. Sie unterhielten sich dann im original Grafschaft - Glatzer -Schlesischen Dialekt. Wir Jüngeren saßen oft im Nebenzimmer und lauschten den Geschichten und Erinnerungen an Schlegel und lachten Tränen über die Schnoken, die sie sich am laufenden Band erzählten. Wollte meine Mutter zwischendurch ein paar Schnitten servieren, damit das Mannsvolk nicht zu sehr besoffen wurde, sagte »Franz August«: »Nä, etze gie ok met da Schnieta weg, mir sein groade a su schien besoffa.« (Nein, jetzt geh doch mit den Schnitten weg, wir sind gerade so schön besoffen.). - Mein Vater hatte das Jagdrecht in Schlegel und Franz August war der bekannteste Wilddieb in seinem Revier. Nun, wo die Wilderei der Vergangenheit angehörte, sprachen sie offen miteinander, und viele lustige Geschichten kamen zutage. - »Miär hotta ju a nee viel zu assa«, sagte Franz August, »on do woar iech fruh, wenn iech'n Sonntichsbroata ei dr Schlenge hoatte - gell

Bättelt, doas verstieste etza.« (Wir hatten ja auch nicht viel zu essen, und da war ich froh, wenn ich einen Sonntagsbraten in der Schlinge hatte - gell Berthold, das verstehste jetzt).

Über Franz Augustens ersten Besuch haben wir uns köstlich amüsiert. Es hatte sich im Bekanntenkreis meiner Eltern herumgesprochen, mit welchen infrastrukturellen Missständen wir in unserem jüngsten Dorf Deutschlands zu kämpfen hatten. Inzwischen hatte sich die Situation aber entdramatisiert, doch Franz August dachte immer noch, wir würden auf so,ner Art Hallig wohnen, oder was er sich auch immer vorstellen mochte. Er erschien bei uns bei seinem ersten Besuch deshalb nicht wie ein normaler Reisender, sondern wie jemand, der sich für ein Überlebenstraining gerüstet hatte. Gummistiefel, langer Stock und einen Rucksack mit Proviant. - » Näh«, sagte er, »iech hoa gedoocht iech muuß dorchs Woasser woata wenn iech euch besucha mechte« (Nein, ich habe gedacht, ich muss durchs Wasser waten, wenn ich euch besuchen möchte).

Oft war unser Haus auch voll belegt - sozusagen. Ich erinnere mich an eine Episode aus der mittelfrühen Zeit in der Leybucht. Die vielen Verwandten, die uns besuchten, mussten ja auch irgendwo schlafen. Nun, es waren denn auch alle Ecken belegt, bis unter den Dachstuhl. - Als ich eines Abends einmal spät in der Nacht von einer Feier nach Haus kam und ohne Licht anzumachen, mich möglichst unbemerkt in meine Schlafstätte auf dem Boden schleichen wollte, bot sich mir ein Szenario wie aus dem Gruselkabinett: Nun, zunächst einmal kam ich immer vom Stall her, ging, wie gesagt, ohne störendes Licht anzumachen, durch die Wohnküche, wo an-

grenzend in der kleinen Stube meine Eltern ihre Schlafstätte hatten. Von dort erklang zunächst die Overtüre zum darauffolgenden Gruselkonzert in Form jaulender, tiefer melodisch klingender, gruseliger Jammertöne, die immer höher wurden, bis sie in aufschreckendem Grunzen endeten. Das beeindruckte mich aber noch nicht sonderlich, weil wir das von unserer Mutter schon kannten. Dann aber, oberhalb der Treppe zum Boden unter der Schräge lag Tante Martha. Als berüchtigte Schnarcherin machte sie ihrem Ruf alle Ehre und röhrte, dass das Treppengeländer zitterte. - Bei offener Tür sah ich Oma teilentblößt in ihrer schafwollenen Reizwäsche silhouettenhaft am aufgeklappten Fenster stehen, in das der Vollmond herein schien. Sie hatte ihre religiösen Anwandlungen, indem sie die Arme hochstreckte und lauthals zum Fenster hinaus betete: »Gegrüßet seist du Maria, voll der Gnaden der Herr ist mit Dir - usw«.
Auf dem Boden, direkt unter den Dachziegeln, lag Tante Hella, bekannt für ihre akustischen Eskapaden während des Schlafes, nichts fehlte in ihrem Repertoire, sie winselte, jammerte und gab zwischendurch markdurchdringende Töne von sich. Alles zusammen war es ein Gruselorchester, das jeden Outsider in die Flucht geschlagen hätte. Eine Weile hörte ich mir diese Musik an, dann aber wurde es mir zu bunt und ich schrie: »Wollt ihr wohl aufhören!« Und ähnlich wie bei nächtlich jaulenden Katzen, die man auseinanderscheucht, gab es ein kurzes Rascheln, und Ruhe kehrte ein.

Die Wirtschaft in Deutschland fing an zu boomen, die Landwirtschaft aber hatte ihre goldenen Jahre unmittelbar nach dem Krieg hinter sich. Die ungeheure Nachfrage der hungernden Nachkriegsdeutschen war beendet, und die Landwirtschaft sah sich das erste mal vor einem Überangebot ihrer Produkte. Ganz besonders betroffen waren natürlich die kleinen Betriebe, so wie sie in Leybuchtpolder entstanden waren, ein unter der Fachwelt schon immer vorhergesagtes Manko. Frühzeitig waren wir darauf angewiesen, mit Sonderkulturen zu arbeiten. Allgemein war es wohl so, dass durch die Maschinenextensivität und die Handarbeit, die die Familie machte, noch keine große Verschuldung entstand. Es war aber auch nie großes Geld vorhanden. Die finanziellen Löcher waren immer so, dass sie mit irgendeiner kleinen Einnahme wieder gestopft werden konnten.

Ich merkte dieses Stagnieren und eigentlich Aussichtslose frühzeitig und machte mir Gedanken über alles, was sich nicht rentierte. Da war die leidige Tierhaltung, die auf unserem kleinen Betrieb überhaupt nicht expansionsfähig war, am wenigsten einbrachte, aber die meiste Arbeit verursachte und uns nie zur Ruhe kommen ließ. Und es begann der übliche Generationenkonflikt, wie er ganz allgemein in der Landwirtschaft in den Vater-Sohnbetrieben die Entwicklung störte; hier das Festhalten am Althergebrachten und dort der oft vergebliche Versuch, etwas Neues zu entwickeln, das natürlich immer mit Risiko verbunden ist.

Viel Freizeit hatten wir nie, das heißt, im Winter war es zwar ruhiger, doch das Vieh verlangte unsere stete Anwesenheit, selbst nach Feiereien die Nacht hindurch gab es kein Ausschlafen. - Oftmals kamen wir gar nicht ins Bett, mussten gleich in den Stall, und mein Missmut senkte die Hemmschwelle für Kritik, wobei ich mich stets unbeliebt machte.

All die Miseren sah mein Vater nie; er war sehr fleißig und stolz auf seinen Hof. Jedem, der kam, erzählte er mit für mich schon fast beschämendem Selbstbewusstsein über die Vorzüge seines Hofes, egal ob es ein fettgemästetes Schwein war oder die Schaltung einer pferdegezogenen Grasmähmaschine oder auch das technische Wunderwerk eines Zweitakthilfsmotors, der den Kornselbstbinder antrieb. Ich konnte sein Selbstbewusstsein höchstens bewundern, aber nicht nachvollziehen.

Ganz besonders gepflegt wurden die verwandtschaftlichen Beziehungen zu Onkel Moritz und Tante Dora. Sie waren treue Freunde meiner Eltern, vor allem meines Vaters, der in seiner Jugendzeit sehr viel Zeit bei »Moritz« verbracht hatte und auch oft davon erzählte. Ihren Wohlstand, den sie bereits in den frühen fünfziger Jahren erreichten - sie konnten ihre Kroatzbeerfabrik im Westen unmittelbar nach dem Krieg gleich wieder errichten und profitierten von dem großen Nachholbedarf des Nachkriegsdeutschlands - verbargen sie nicht, protzten aber auch nicht damit, und die Geselligkeit, die herrschte, wenn Onkel Moritz mit meinem Vater zusammen war, war ähnlich lustig wie die, wenn Franz August da war.

Da ich anfangs versprochen habe, meine Sicht der Dinge nicht zu verhehlen, muss ich hierzu aber sagen, dass mir der Standesunterschied sehr deutlich bewusst wurde. Während wir nur zwei rostige Fahrräder besaßen und

uns auch nicht mehr leisten konnten, kamen Thienelts schon mit Auto und Schofför angefahren. - Ich betone aber, dass ihre Natürlichkeit und freundschaftliche Zuneigung in keiner Weise von irgendetwas beeinträchtigt war, - aber so war's halt. - Drum war der Aufwand, wenn der Besuch sich ansagte, besonders groß, das Wenige, was wir besaßen, einigermaßen vorzeigbar zu gestalten, was dann mangels fachkundigem Interesse sowieso keine Resonanz fand - Dazu muss ich ein Dönchen loswerden: Wieder einmal war es soweit, besagter Besuch hatte sich angemeldet. Während meine Eltern in solcher Situation sich ausschließlich um den Besuch kümmerten, war es die Aufgabe meiner Schwestern und meine, die Arbeiten im Stall zu erledigen. Zu jener Zeit waren unsere Kühe von Durchfall und Husten geplagt, eine Folge von schlecht vergorener Silage, das heißt, sie bombardierten nicht selten die gegenüberliegende Wand mit ihrem »Spinat« im direkten Beschuss. Nun, während ich unter einer solch »durchfälligen« Kuh saß, um selbige zu melken (mit der Hand selbstverständlich), musste der Besuch, wenn er mal »musste«, auf dem Kuhstallgang zum Plumpsklo am hinteren rechten Ende. Als Tante D einmal vom »stillen Örtchen« und an mir vorbei kam, verwickelte ich sie in ein vermeintlich wichtiges Gespräch und versuchte, sie so lange wie möglich aufzuhalten. Nichts Böses ahnend stand sie hinter der Kuh und hörte interessiert zu, was ich zu sagen hatte. Doch urplötzlich nahm das Gespräch mit einem gewaltigen Aufschrei ein jähes Ende: Meine Absicht war in Erfüllung gegangen, die Kuh, unter der ich saß, hatte gehustet und Tante D mit einer vollen Ladung ins Gesicht gesch.
Schuld daran war natürlich die Kuh.

Von meinem Vater und seinen Charaktereigenschaften hab ich schon viel erzählt. Er war überall bekannt und beliebt, nicht zuletzt durch sein Fluchen zu allen Gelegenheiten. Ein Fluch kam fast in jedem seiner Sätze vor und war für ihn mehr eine originelle Redewendung als etwas Verfluchtes, er bekundete damit Negatives, Positives, Neutrales, ja sogar in der Kirche fluchte er.

Na, ich denke mal, das muss ich in Form einiger Schnoken etwas ausführlicher erzählen: In der Anfangszeit in Leybuchtpolder gingen wir hin und wieder in die katholische Kirche in Norden. Da wir grundsätzlich immer zu spät kamen, waren natürlich alle Plätze besetzt, und wir mussten ganz hinten stehen. Nicht so mein Vater, er nutzte das ständige Aufstehen und Hinsetzen in der Katholischen Kirche, indem er sich in einer Stehphase einfach neben eine Bankreihe stellte und sich als erster wieder hinsetzte. Wir amüsierten uns immer köstlich, denn wir konnten von hinten sehen, wie die ganze Bankreihe um eine Hinternbreite zur Seite rückte. - Saß er denn schließlich, drehte er sich erst einmal in alle Richtungen, um Bekannte zu entdecken. Einige Reihen hinter ihm saß einmal der Schneider Panzenhagen. Als er ihn sah, winkte er ihm grüßend zu und rief ohne Hemmungen, für alle hörbar: »Panzenhagen, nä verflucht nooch amol, konnste mer ne a poar Manchesterhosa macha!« (Panzenhagen, nein verflucht noch mal, kannst du mir nicht eine Manchesterhose machen). Panzenhagen hatte plötzlich das Bedürfnis niederzuknieen, nicht aus Gläubigkeit - nein wegen Peinlichkeit.

Es kam einmal ein Heimatfreund zu Besuch, mein Vater freute sich riesig: »Nä verflucht nooch amol«, begrüßte ihn mein Vater, »ies doas schien doas de ons ach amol besucha kemmst« (ist das schön, dass du uns auch einmal besuchen kommst). Er saß dabei auf einem Sessel direkt am Fenster in einem Sonnenstrahl, und jedes mal, wenn er vor Begeisterung auf die Armlehne klopfte, entwich dem Polster eine Staubwolke, die im Sonnenlicht wie ein Atompilz zur Decke stieg. Kaum hatte sich die Staubwolke verzogen, schlug er erneut laut fluchend vor Freude auf die Armlehne, und wieder erhob sich eine Staubwolke. Diese Fluch- und Klopfprozedur wiederholte sich viele Male. Ich, der ich sonst noch anwesend war, beobachtete dieses Spielchen und wäre vor Peinlichkeit fast im Erdboden versunken, denn ich wusste, dass es für den Besucher ebenfalls unübersehbar war.

War etwas schön, dann sagte mein Vater: »Doas ies verflucht schien«(das ist verflucht schön) oder: »Doas Assa schmeckt verflucht gutt«(das Essen schmeckt verflucht gut). War etwas nur zum ärgern, fluchte er ganz betont.

Ich kann mir vorstellen, dass es für viele etwas befremdlich sein mag, wenn ich die Fluchmentalität meines Vaters so schildere. Es war aber so, niemand nahm Anstoß daran; es war einfach originell, alle fanden es symphatisch. Es ist schwer sich das vorzustellen, denn die Schlesische Grafschaft-Glatzer Mundart ist dabei nicht wegzudenken.

Einmal kam ein Bekannter, dessen Schwiegermutter er aus der Heimat gut kannte, die Frau hieß Bartsch: »Nä verflucht nooch amol, sä amol woas macht`n die Boartsch`n. Doas tomme Luder koan miech dooch a amol besucha« (Nein verflucht noch einmal, sag einmal, was macht denn die Bartschn, das dumme Luder kann mich doch auch einmal besuchen).

Ein Dönchen, das gerade dazu passt, aber sehr viel späteren Ursprungs ist, will ich noch hinzufügen: Als ich sehr viel später die Erbeerfelder hatte, Apa (Vater) sehr alt war und ab und zu auf der Bank vor dem Erdbeerhäuschen saß, um die Abwechslung durch die viele Kundschaft zu genießen, kam plötzlich auch die »Boartsch´n doas tomme Luder« mit ihrer Tochter zum Erbeerpflücken. Die »Bartsch´n«, die schon alt und geistig verwirrt war, setzte man neben meinen Vater, der ihren verwirrten Zustand nicht bemerkte und sich über den Besuch sehr freute. Während die »Bartsch´n« immer geradeaus starrend mit leerem Blick neben ihm saß, begann Apa auf den Stock gestützt, ganz stolz von unserem Betrieb zu erzählen. Wie ich schon sagte, konnte er das ja prima. Er zählte alle Trecker auf, die wir besaßen, prahlte über die großen Erdbeer- und Gemüsefelder - weit und ausschweifig. Hanna und Joachim in dichter Nähe am Erdbeerhäuschen die Kundschaft bedienend, beobachteten diese lustige Begebenheit. Mein Vater prahlte und wollte der »Bartsch´n« imponieren. Diese aber saß teilnamslos, den Blick starr nach vorn gerichtet, neben ihm. Nach einiger Zeit bemerkte auch mein Vater die Teilnahmslosigkeit dieser Frau, drehte sich zu Hanna und Joachim in Richtung Erdbeerhäuschen und konstatierte laut und deutlich mit dem Stock auf die »Bartsch´n« zeigend: » Iech gläb die hot´se a nemme olle« (Ich glaub, die hat sie auch nicht mehr alle).

Kam der Tierarzt Volkmar Jansen, der meinen Vater besonders liebte, um eine kranke Kuh zu behandeln, dann begrüßte er meinen Vater: »Guten Tag, Herr

Zenker, verflucht noch mal, wo steht denn das kranke Luder, verflucht noch mal?«

Ein Kirchendönchen hab ich schon erzählt, aber da fällt mir noch eines ein: Anlässlich der Konfirmation eines seiner Enkel saß mein Vater in der Kirche, und nachdem er seine übliche Rundumsichtsinspektion gemacht hatte, schlief er, wenn er sonst nichts Interessantes entdeckte, grundsätzlich ein, so auch diesmal. Pastor Meyer hatte eine sehr markante, ja fast originelle Ausdrucksweise, die zunächst alle amüsierte, dann aber einschläfernd wirkte. Zwischendurch wachte mein Vater auf und bemerkte für alle verständlich: »Da hoot a verfluchtes Gemahre« (Der hat ein verfluchtes - Gemähre, Gelarber - oder so) und schlief wieder ein.

Während mein Vater durch seine natürliche, robuste und individuelle Art sich völlig seiner Umwelt anpasste und auch von allen akzeptiert wurde, war meine Mutter ganz anders. Sie liebte auch die Geselligkeit, trug ganz wesentlich das Ihre dazu bei, doch lag es ihr nicht, sich nach außen hin auf so robuste Art zu profilieren. Ihre Musikalität mit dem dazugehörigen kulturellen Umfeld hatte nach Schlegel und der Flucht in Blandorf ein abruptes Ende gefunden. Die üble Flüchtlingssituation in Blandorf und dann die viele, viele Arbeit in Leybuchtpolder und nicht zuletzt auch mangelnde Gelegenheit gestatteten es ihr nicht, ein neues kulturelles, freundschaftliches Umfeld wiederaufzubauen. Um so mehr pflegte sie die verwandtschaftlichen Kontakte, die mit zunehmender Zeit aber immer umständlicher wurden.

Meine Großeltern, Amama und Apapa, und unsere liebe Tante Eva, zogen von Blandorf nach Wilhelmsfeld bei

Heidelberg. Tante Bärbel, die in Heidelberg arbeitete, hatte dort ein hübsches Domizil in Form eines kleinen Häuschens, halb aus Holz, an einem Berghang direkt am Waldesrand in dörflicher Idylle ausgemacht, in dem sich meine Großeltern in einer landschaftlichen Gegend, die der heimatlichen sehr ähnlich war, am wohlsten fühlten. Man muss hinzufügen, dass die Älteren stets von Heimweh geplagt wurden. An die ostfriesische Umgebung konnten sie sich gar nicht gewöhnen, und diese neue Umgebung war zumindest etwas heimwehlindernd. Meine Mutter bedauerte den Umzug sehr, war es ihr nun nicht mehr möglich, sich Trost und etwas Abwechslung in der Nähe zu holen, zumal denn auch Tante Käthe 1959 verstarb. Eine ganz liebe Tante übrigens, die ich sehr verehrte und die immer für uns da war, egal ob es sich um ein frisches knuspriges Brötchen handelte, eine Rarität in der Einöde Leybuchtpolders, oder um eine Sorge, die man ihr offenbaren konnte. In der Zeit, als ich noch mit dem Fahrrad überall hinfuhr, war Tante Käthe oft ein angenehmes Ziel für mich. Im Winter, wenn die Kanäle zugefroren waren, besuchte ich sie auf Schlittschuhen; denn ihre Wohnung lag in Hage direkt am Kanal.

Mein Vater war Hans Dampf in allen Gassen, meine Mutter aber lebte sehr zurückgezogen, immer vertieft in die viele Arbeit. Ihre Häuslichkeit hatte zur Folge, dass sie unentwegt mit meiner Oma in Berührung kam, worunter sie sehr litt und was ihre Freiheit sehr einschränkte. Oma scherte sich um nichts, lebte ihre Individualität voll aus und ging damit nicht nur meiner Mutter auf die Nerven. Sie ist damit Gegenstand manch unvergesslichen Dönchens geworden, drum will ich noch ein paar erzählen:

Oma hatte in ihrem Zimmer auf dem Boden zunächst einen Kohleofen, in dem sie »ruchweg« ungefähr alles verfeuerte, was nicht niet - und nagelfest war. Die ostfriesische Sitte, glühende Teile, sei es Torf oder Kohle in ein Stövchen zu verstauen, um damit die Füße zu wärmen, hatten auch wir übernommen. Während wir die glühenden Stücke mit Hilfe einer Feuerzange in das Stövchen brachten, kannte Oma solche Geräte nicht. Sie leckte sich kurz die Finger nass und blitzartig schnappte sie sich die glühenden Teile, um sie in das Stövchen zu legen. Ihre Lässigkeit damit umzugehen merkten wir an den vielen Brandkratern auf dem Holzfußboden. Das zu unterbinden, indem man es ihr verbot, war vollkommen und grundsätzlich nutzlos. Wenn wir nun aber meinten das Problem wäre gelöst, wenn wir ihr das Stövchen einfach wegnahmen, so hatten wir uns mächtig geirrt. - Oma schaffte Ziegelsteine in ihr Zimmer, die sie auf die Herdplatte legte. Wenn sie sich abends und immer sehr früh zu Bett begab, wurde einer der Ziegelsteine mehrfach in Lappen eingewickelt und am Fußende in das Bett gelegt. - Kam ich dann zur späten abendlichen Zeit nach oben, roch ich nicht selten schon am Treppenaufgang »den Braten«. Mit einem Eimer Wasser, den ich schnell holte, betrat ich dann ihr Zimmer. Oma lag seelenruhig schnarchend im Bett, während stinkende Rauchwolken von ihrem Fußende hoch zur Decke aufstiegen. Ich riss die Bettdecke von ihren Füßen und goss das Wasser über den in Lappen eingewickelten Ziegelstein und ihre angesenkten Socken. - Dass das Haus hierbei nie abbrannte, ist mir aus heutiger Sicht ein Wunder. Ihr lauthalses Beten zu nächtlichen Unzeiten muss wohl doch etwas genutzt haben. - Mangels Sauer-

stoffzufuhr entstand um ihren Ziegelstein immer nur ein Schwelbrand, der sofort in Flammen aufging, wenn ich die Bettdecke zurückzog. Der Eimer Wasser musste dann das seine tun. Oma wachte aber nicht wegen des Schwelbrandes auf, sondern wegen des Wasserschocks. Anstatt froh zu sein, einem Flammeninferno entgangen zu sein, beschwerte sie sich aufs härteste über die Nässe, bestritt obendrein die Brandursache und sagte: »Nä, da Stähn woar goar ne häß, iech hoa a ju salber eia Hända gehoat on hoa Loppa salber drem geweckelt« (Der Stein war gar nicht heiß, ich hab ihn ja selber in den Händen gehabt und den Lappen selber drumgwickelt).
Ein heiztechnischer Fortschritt war die Umstellung von Kohle-Torföfen auf Ölöfen. Ein technisches Phänomen, das Oma große Probleme bereitete. - Dass da eine Flüssigkeit brannte und heizte und das den ganzen Tag, ohne etwas nachzulegen, war ihr unbegreiflich, zumal sie nun kein gesammeltes Brennmaterial mehr verheizen konnte. Sie schmiss dann immer noch alles mögliche in den Ölofen, mit der Folge, dass es einfach nicht brannte. Nur das war Grund, diese Versuche schließlich aufzugeben. - Es war meistens meine Aufgabe, den Ofen mit Heizöl zu versorgen, was Oma stets interessiert zur Kenntnis nahm. Da die Flüssigkeit rein optisch wie Wasser aussah, schloss sie daraus, das Brennmaterial, das ich da in den Tank goss, mit Wasser verdünnen zu können. Die Folge davon war, dass ich oft bis zur Verzweiflung den Ölofen auseinandernehmen musste, um aus den Leitungen das Wasser zu entfernen.
Oma saß selten in ihrer Stube. Sie nutzte sie nur, um Dinge zu tun, die wir in unserem Bereich nicht gestattet hätten, so wie zum Beispiel ihre ganzen Experimen-

te mit und um den Ofen. Dann braute sie sich oft irgend welche Heilsubstanzen zusammen, deren oft penetrante Gerüche nur deshalb nicht durch das ganze Haus zogen, weil sie oben gleich entweichen konnten. Ein beliebtes Heilmittel, das sie auch uns immer wieder andrehen wollte und vor dem uns grässlich ekelte, war gekautes Butterbrot - »käut Putterbrut« - , das sie auf Geschwüre und alle möglichen »Entzündlichkeiten« legte. Sie propagierte ständig ihre Heilmittel so vor sich hin labernd, zum Beispiel wenn jemand Bauchschmerzen hatte: » Nahmt ok Lorberpolver, da Wengler Lehrer noahm doas a emmer«. Da niemand auf ihre Ratschläge hörte, weil ihre Sprüche Gebetsmühlencharakter hatten, fühlte sie sich wohl verpflichtet, dies ständig zu wiederholen.

Ebenso schwor sie auf »Hoasafett« (Hasenfett), mit dem sie alle möglichen Körperteile einschmierte und das auch dementsprechend stank. Wo sie das Zeug herbekam, war uns immer ein Rätsel. Wir bemerkten nur, dass sie ab und zu auf Wanderschaft ging, um irgend etwas zu organisieren. Als ich viel später den Jagdschein machte und Ubbo Müller kennenlernte, einen leidenschaftlichen Jäger, der wunderschön erzählen konnte und dessen Gesellschaft ich oft in Anspruch nahm, berichtete mir dieser, dass meine Oma oft bei ihm war, um ihn nach »Hoasafett« zu fragen, was ihn natürlich köstlich amüsierte. Nun, hier war also des Rätsels Lösung.

Wie schon gesagt, bewohnte Oma ihr Zimmer nur selten. Sie saß zwischen uns, entweder in der Wohnküche oder im kleinen Wohnzimmer, hörte zu, was wir zu sagen hatten, und gab ständig vor sich hin murmelnd ihren Kommentar dazu, was meine Mutter am meisten nervte. Kamen irgendwelche Verehrer meiner Schwestern, dann hatte sie immer den Spruch drauf: »Nä ihr Meidlan, tutt ok'n Bomta heiroata, do brauch'ter ne arbta« (Nein, ihr Mädchen, tut doch'nen Beamten heiraten, da braucht ihr nicht zu arbeiten). - Oder wenn wir des abends ausgehen wollten, bemerkte sie regelmäßig: »Nä, bleit ok derhäme on gitt ok schloffa« (Bleibt zu Hause und geht schlafen), womit sie schon manchmal recht hatte. - Konnte sie nicht auf irgendetwas von uns reagieren, dann führte sie Selbstgespräche, die Arme vor sich verschränkt, den Blick schräg nach unten gerichtet: »Nä woas hoammer ok verbrocha, doass die verflichta Pollaka ons rausgeschmessa hoan (die Flucht betreffend).Wenn mer ok blos wieder häm kenda« (Nein, was haben wir verbrochen, dass die verfluchten Polen uns rausgeschmissen haben, wenn wir doch bloß wieder nach Hause könnten). -

Meine Eltern wussten natürlich um die eingeschränkten Möglichkeiten, außerhalb des Dorfes etwas zu erleben. Ihre Toleranz war deshalb sehr groß, wenn wir im Hause unseren Budenzauber veranstalteten. Nie habe ich auch nur ein nörgelndes Wort von ihnen gehört, oder vielleicht, dass sie uns darauf hingewiesen hätten, unsere Feiereien wegen der langen Arbeitstage doch etwas einzuschränken. Hierzu hab ich etwas Lustiges zu erzählen: Aus Gründen irgendeiner Feierei wurde die untere Etage unseres Hauses bereits von unseren Eltern genutzt. Wir jungen Leute suchten daher eine Ausweichmöglichkeit. Es stand uns hierfür nur noch Omas Zimmer zur Verfügung, keine schlechte Idee, zumal wir wussten, dass sie immer eine Flasche Schnaps versteckt hatte. Wir warteten eine gewisse Zeit, bis Oma, leicht angesäuselt - denn sie scheute sich nicht, kräftig einen zu nehmen, wenn sich die Gelegenheit dazu bot - sich zur Ruh begab. Sie schlief denn auch immer schnell ein und war durch nichts mehr zu wecken, was wir natürlich ganz genau wussten. Wir schlichen dann nach oben, vergewisserten uns eine Weile ihres Tiefschlafs und machten uns nun daran, Oma zu evakuieren. Mit einigen kräftigen jungen Leuten trugen wir sie samt Bett vorsichtig aus ihrem Zimmer hinaus, die Treppe hinunter, dann rechts durch die Brandgiebeltür und stellten sie, die von alledem nichts mitbekam, einfach in die Scheune,. Daraufhin hatten wir sturmfreie Bude. - Aber wehe, wehe, wenn ich auf das Ende sehe, möchte ich frei nach Wilhelm Busch sagen. Am frühen Morgen wachte Oma auf und fand sich in der kühlen Scheune wieder. - Als sie alles begriffen hatte, machte sie sich Luft, und ihr gesamtes Schimpfrepertoire prasselte auf uns nieder: »Die verflichta Äester, doas verflichte Kroopzeug, wenn's nooch ähne Gerechtigkeit gebt, dann wat euch der Teifel hulla«. War der Dampf abgelassen, entspannte sich die Lage auch schnell wieder.

So verging die Zeit in den frühen fünfziger Jahren. Wir arbeiteten auf unserem Betrieb vollbiologisch, obwohl es diesen Begriff damals noch gar nicht gab. - Da war der Misthaufen hinter der Stalltür, der jedes Jahr in mühsamer Handarbeit auf die Felder gefahren wurde. Auf dem Felde taten die Pferde ihre Arbeit mit Pflug und Egge. Das Korn wurde eingefahren und im Winter gedroschen. Das Unkraut auf dem Acker kannte noch keine Herbizide. Die Disteln zogen oder stachen wir mit der Hand, und in den Hackfrüchten zogen wir Reihe für Reihe mit einer von einem Pferd gezogenen Reihenegge über die Felder. Alles dauerte lange, lange Zeit, und Hektik konnte gar nicht entstehen, weil es einfach nicht möglich war, eine Arbeit, die tage- oder wochenlang dauerte, hektisch zu machen. Das kam erst später, als es möglich wurde, durch maschinellen Einsatz mehrere Arbeitsgänge in kurzer Zeit zu bewältigen. Grüne Bohnen und Erbsen, die für den Frischmarkt und für Konserven vertraglich angebaut wurden, waren ebenfalls nur per Hand kultiviert. Die reifen Felder wurden von riesigen Kolonnen von oft über 150 Personen, die mit Bussen angefahren wurden, per Hand gepflückt. Nicht selten hatte ich am Tag über tausend Säcke mit 25 kg von den Pflückern zur Waage zu tragen. Noch klingt es mir in den Ohren: »Junger Mann, könn'se eben den Sack abtragen«. Diese vielen Säcke musste ich am gleichen Abend auf einen LKW verladen. - Rübensamenvermehrung war zwar eine lohnende, doch böse und ultraschwere Arbeit - vor allem dann, wenn die reife, aber noch grüne Saat mit dem Grasmäher gemäht und dann per Hand mit einer Gabel auf Reuter gepackt wurde. Eine Arbeit, die mich oft zur Verzweifelung gebracht hätte, wären da nicht die fleißigen Leute wie der Herr Hoffmann gewesen, die gestählt durch ihre schwere Arbeit hinter dem Deich, uns oft zur Seite standen. Für uns und besonders für mich waren diese Männer eine unentbehrliche Entlastung.

Der Winter war geprägt von der Stallarbeit und den Außenarbeiten zur Pflege der Vorflutgräben. Nach einer guten Ernte 1955 ging mein sehnlichster Wunsch in Erfüllung: Ich bekam ein Motorrad NSU Cornet 200 ccm. Autos hatte hie und da mal jemand, das geläufigste private Verkehrsmittel war aber das Motorrad. Jenes freudige Ereignis ist unbeschreiblich und nur vorstellbar für jemanden, der in der Lage ist, sich in unsere damalige Situation zu versetzen. Ganz plötzlich erschlossen sich für mich Dimensionen, von denen ich zuvor nicht zu träumen gewagt hätte. Für meine fast gefängnisartige Einsamkeit taten sich plötzlich die Tore auf, das heißt, für eine Fahrt zu meinen Freunden benötigte ich kein ganzes Wochenende mehr. Nach getaner Tagesarbeit war es möglich, zum Beispiel ins Kino zu fahren oder jemanden zu besuchen, der nicht gleich hinter dem Deich wohnte, was früher mit dem Fahrrad undenkbar war. Noch nie war ich so richtig aus Ostfriesland herausgekommen, und nun waren meiner Fantasie keine Grenzen mehr gesetzt. Ich plante und plante große Fahrten mit dem Motorrad. Mein lieber Freund Hans und ich verbrachten Stunden und Tage mit der Planung großer Reisen, doch meine Eltern setzten mir deutlich Grenzen, die mich dazu bewogen, die Reiseziele näher zu stecken, - heraus kam dabei eine Fahrt durch Deutschland, von Verwandten zu Verwandten, die ich dann auch genehmigt bekam. Diese Reise war für mich das eindrucksvollste Freizeiterlebnis als Heranwachsender in der frühen Leybuchter Zeit. Davon möchte ich erzählen, zumal mir vor kurzem, »bei der Durchsicht früher Schulsachen« ein Aufsatz in die Hände fiel, den ich mal in der Siedlerschule in Katlenburg geschrieben habe, in dem ich, ganz »nümig«, diese Fahrt schildere, und ich habe mich entschlossen, ihn wortgetreu wiederzugeben, nicht zuletzt deswegen, weil er unverfälscht zeigt, wie diese Fahrt mich beeindruckt hat und ein wenig meine Schilderungen von der Leybucht unterstreicht:

»Wir lebten die erste Zeit im Polder sehr einsam. Es war nicht leicht, den ganzen Tag schwerste Arbeit zu leisten und dann Abend für Abend in der Stube zu sitzen. Die Wege waren so schlecht, dass man nicht ohne Gummistiefel vor die Tür konnte. Mein Traum war deshalb natürlich ein Motorrad, es war für mich in dieser Zeit der Inbegriff des Höchsten und als ich es dann bekam, war ich der glücklichste Mensch. Die Welt war plötzlich kleiner geworden. Strecken, die ich mit dem Fahrrad stundenlang, besonders noch bei Wind gefahren war, waren jetzt nur noch Katzensprünge. Es überkam mich immer ein prickeln- freudiges Gefühl, wenn ich an mein Motorrad dachte und an die weite Welt. Ich hätte mich ja nun einfach draufzusetzen brauchen und in einem Tag wäre ich bei meinem Onkel in Bayern gewesen.

Ich bekam dann die Erlaubnis für eine Fahrt durch Deutschland und startete gen Süden. Noch nie hatte ich vordem überhaupt eine große Reise gemacht, alles sollte neu für mich sein. In Münster hatte ich schon ein kleines Erlebnis: Unerfahren wie ich war, fuhr ich auf nasser Strasse in eine Straßenbahnschiene und stürzte unweigerlich hin. Die Leute lachten mich aus als sie sahen, dass nichts passiert war, und ich war deprimiert. Nun, ich fuhr weiter und stand nun vor der Autobahn und überlegte, wie die flitzenden Fahrzeuge da oben überhaupt draufgekommen waren. Stolz dieses Problem gemeistert zu haben, fuhr ich gen Düsseldorf zu Verwandten. Herrlicher Sonnenschein umgab mich, als ich auf der Autobahn fuhr und ich beneidete keinen Autofahrer. Erst als ich am nächsten Tag bei strömendem Regen von Heidelberg nach Neumarkt St. Veit in Oberbayern fuhr, schielte ich immer auf die vorbeiflitzenden Autos und auf die Leute, die darin saßen mit hochgekrempelten Ärmeln. Immer mein Ziel vor Augen, konnte mich aber nichts erschüttern, ich war eben ein kleiner König auf meinem Motorrad. Selbst eine Speichenpanne, wegen der ich extra von der Autobahn herunter musste, um mir in Karlsruhe eine Vertretung aufzusuchen, konnte mich nicht erschüttern. Die Leute, die ich fragen musste um dorthin zu kommen, waren alle sehr nett, so empfand ich es jedenfalls. - Hinter München blieb ich einmal stehen, um ein Schulkind nach dem Weg zu fragen. Kaum war ich aber stehen geblieben, da starrte mich das Kind mit erschrockenem Gesicht an, drehte sich um und rannte weg. Sah ich denn so schrecklich aus, ich auf meinem schönen Motorrad? Ich holte mir einen Spiegel aus der Tasche, schob meine Brille auf den Sturzhelm, beguckte mein Gesicht und wäre fast vor mir selbst weggelaufen. Durch die lange fahrt war mein Gesicht schwarz verquollen und da wo die Brille saß war ich weiß und das Weiße war rot umrändert. Kein Wunder dachte ich und fuhr weiter. In St. Veit war Halbzeit. Mein Onkel Alex lobte mich und mein Selbstbewusstsein stieg. Es erreichte aber auch seinen Tiefststand als ich des nachts von Nürnberg nach Hannover fuhr und wiederum im Regen. Aufgeblendet fuhr ich hinter einem VW her. Plötzlich blieb dieser stehen, nachdem der Fahrer mir ein Zeichen gegeben hatte und als ich neben dem Wagen hielt, drehte er das Fenster herunter und brüllte mich an:« Mach die Lampe aus du Idiot!« Wie ein begossener Pudel stand ich im Regen und obwohl eigentlich nichts Passiert war, war ich dem Heulen nahe.- Eine halbe Stunde später stand ich mit leerem Tank auf der Autobahn. Als ich schiebender Weise eine Tankstelle erreichen wollte, blieb plötzlich ein Motorradfahrer neben mir stehen und half mir indem er aus seinem Tank zwei Liter Benzin abzapfte. - Dazu möchte ich usw, usw —.

Ich erzähl' euch noch einen kleinen Nachtrag zu diesem Aufsatz: Die Fahrt war etwas Weltbewegendes für mich, heute vielleicht mit einer Weltreise zu vergleichen. Noch nie hatte ich eine Autobahn gesehen und ich weiß noch, wie ich an einer Seitenstraße neben der Autobahn stand und staunend rätselte, wie ich auf die Fahrbahn gelangen sollte. Dass es hierfür eine Auffahrt gab, wusste ich nicht. Als ich versuchte, akrobatisch eine Wiesenböschung hinaufzufahren, um auf die Fahrbahn zu gelangen, beobachtete dies ein heuwendender Bauer, der mir zunächst panisch zuwinkte, um mir dann zu erklären, dass es hierfür extra Auffahrten gäbe. Von der Autobahn selbst, als ich sie denn schließlich erreichte, war ich tief beeindruckt, ständig blieb ich zunächst stehen und fotografierte den »Massenverkehr«. Die Fotos sind zum Totlachen: Hin und wieder ein Oldtimer - aus heutiger Sicht. - Nach meinem Sturz, so wie beschrieben, fuhr ich mit einem völlig demolierten Motorrad, eben noch gerade fahrbereit, auf abenteuerliche Weise bis nach Düsseldorf, wo mir jugendliche Bekannte, die dort in einer Werkstatt tätig waren, in nächtlicher Arbeit das Motorrad wieder so herstellten, dass ich am nächsten Tag nach Wilhelmsfeld bei Heidelberg weiterfahren konnte. Dort war die Freude riesengroß, als ich auf einem steilen, unbefestigten Weg bergab zu dem einsam gelegenen Knusperhäuschen am Waldesrand geradewegs auf die Runde der auf der Terasse kaffeetrinkenden Gesellschaft von Großeltern und Tanten zufuhr: »Satt ok, do kemmt ju doas Alexla«, riefen meine Großeltern und empfingen mich freudig.

Mein Paten- und Lieblingsonkel Alex in Bayern war nicht minder freudig überrascht, als ich stolz mit meinem Motorrad vorfuhr. Als Braumeister in der jetzt leider nicht mehr existierenden Klosterbrauerei zu Neumarkt St. Veit, war er ein in der kleinstädtischen Gesellschaft angesehener und bekannter Mann. So wie es in der Bayernhierarchie einer solchen Gemeinde nun mal üblich war: Zunächst kam der Pfarrer und dann der Braumeister. Stolz stellte er mich allen Leuten vor: »Achtzehn Jahre ist der Bengel und kommt aus Ostfriesland.«

In München besuchte ich die DLG Schau, die zu dieser Zeit stattfand und traf einige ostfriesische Bekannte, die dort das Ausstellungsvieh betreuten. Auf dem Heimweg fuhr ich das NSU-Motorradwerk in Nürnberg an, mit einer Empfehlung eines Händlers aus Ostfriesland. Dort gab ich mein noch immer ziemlich ramponiertes Motorrad ab, ganz unbedarft freilich. Ich konnte im Voraus ja nicht ahnen, dass ich es am nächsten Tag wie neu zurückbekam und nichts dafür bezahlen brauchte, sogar die Übernachtung in einer werkseigenen Wohnung war umsonst - heute alles undenkbar.

Ich habe im Laufe meines Geschreibsels immer wieder von meinem Heimweh nach jener unbeschwerten märchenhaften Zeit meiner frühen Kindheit in unserem Heimatdorf Schlegel im Glatzer Bergland in Schlesien erzählt, einer Epoche, die als vollständiger Film in meinem Gedächtnis vorhanden ist. Dieses Heimweh war natürlich nicht mehr so dramatisch wie in der anfänglichen Blandorfer Zeit; doch war es stets in latenter Form vorhanden. Vor allem in nächtlichen Träumen durchwanderte ich immer und immer wieder alle Stationen meiner kindlichen Märchenzeit. Ich fand mich wieder auf einem sonnigen Spaziergang zu unseren Feldern mit dem dunklen Wald der Wolfskoppe im Hintergrund und blickte versonnen auf jenes Dorfpanorama mit dem Kirchelberg, das ich mir so deutlich einprägte, als ich mit meiner Seifenkiste am Mistwagen meines Vaters angehängt gemächlich den Berg hinaufgezogen wurde. Ich hörte das Plätschern der »Baache,« als wollte sie mich an die wunderschönen Begegnungen mit ihr erinnern. Ich saß inmitten der duftenden »Keilaka«, der Himmelsschlüsselchen, auf der Schloskiwiese. Ich lauschte in der Schlegeler Kirche dem wunderschönen Gesang meiner Mutter, deren Stimme nicht nur mich so beeindruckte, und ganz sentimental wurde ich, wenn ich mit meinen Skiern durch den in der Sonne funkelnden Pulverschnee glitt. Eine Weile hielt das Heimweh im Wachzustand an und nicht selten kamen mir die Tränen, bevor ich wieder einschlief. - Es hatte absolut nichts Negatives, ganz im Gegenteil, das frühe kindliche Einssein mit der Natur, hatte mich auch in all den späteren Jahren positiv geprägt. Ein besinnlicher Tag irgendwo in der Natur, sei es auf dem Feld, hinter dem Deich oder im Wald, hat mich in dem Hier und Jetzt dieser schönen Augenblicke über vieles hinweggetröstet.

Schneite es im Winter, und das tat es in den früheren Jahren oft und ausgiebig, geriet ich in Hochstimmung. Schnee faszinierte mich stets, und die Ursache hierfür ist wohl auch in den idyllischen frühkindlichen Erlebnissen zu finden. Die Schneeverhältnisse sind und waren hier in Ostfriesland aber immer ganz anders. Immer wehte ein starker Wind, und die Straßen wurden unpassierbar. Maschineneinsatz war zu dieser Zeit noch nicht selbstverständlich. So mussten wir zur Selbsthilfe greifen und uns von Dorf- zu Dorfabschnitt freigraben. Eine Arbeit, die ich mit Begeisterung machte, nicht zuletzt auch deswegen, weil die Dorfschaufelgruppen sich irgendwo begegneten, und dann gab's erst einmal kräftig einen aus der Flasche. Da Schnee alles zudeckte, auch weniger angenehm Aussehendes, zwang er einen zu einer gewissen Gelassenheit und Passivität. Jede Aktivität im Freien war zwangsweise unterbunden, und so widmete man sich oft und gern geselligen Teilen im Tagesablauf, sei es einem Grog bei dem Nachbarn oder einem abendlichen Gang in die Kneipe im Dorf. - Das Motorrad, einziges Verkehrsmittel, wurde natürlich im Winter nicht abgemeldet. Die Maschinen damals waren noch überwiegend sehr handlich und den Gegebenheiten angepasst, da viele Straßen noch in einem miserablen Zustand oder gar nicht vorhanden waren, so wie zum Beispiel in unserem Dorf. Meine Akrobatik auf dem Motorrad war allgemein berüchtigt, wie mir kürzlich auf einem Klassentreffen noch bestätigt wurde. Kein Hindernis war mir zu schwer, kein Deich zu steil, und durch frische Schneeverwehungen zu fahren, machte mir besonders Spaß. Ebenso war Glatteis kein Grund, das Motorrad nicht zu benutzen, und da gesellige Zusammenkünfte nie einen nüchternen Ausgang nahmen, waren obendrein meistens noch viele Promille im Spiel. Nicht selten drehte ich mich einige Male auf der Straße, doch nie ist etwas passiert. Auch im Sommer waren die leichten Motorräder von Vorteil, vor allem dann, wenn unwegsames Gelände zu überwinden war. Ich erinnere an die sandgefüllten Straßentrassen in unserem Dorf mit ihren schönen lang ausgefahrenen Löchern, in Regenzeiten mit Wasser gefüllt. Ausgetrocknet verführten sie zu Geländefahrten, bei denen man mit einer gewissen Geschwindigkeit nach den Wellentälern so schön abhob. – Mein Freund Ernst und ich kamen einmal von einem Motorradausflug aus Richtung Marienhafe. Ich vergaß meinen Sozius im Rausche des Fahrens durch die Wellentäler der ausgefahrenen Sandstraßen, und als ich zu Hause ankam, hatte ich unterwegs meinen Sozius verloren (s. Gedichtchen). Ich fuhr zurück und fand Ernst vor dem Deichdurchstich, mir schimpfend entgegenkommen.

Meine Freunde Hans und Ernst waren mir die treuesten in jener einsamen Zeit. Mit ihnen habe ich viele schöne Stunden verbracht, und beide haben unvergesslich Schönes hinterlassen, jeder auf seine Weise. Hans hatte sich von Anfang an der Fotografie verschrieben. Leidenschaftlich betrieb er dieses Hobby, und seine Kreativität vor allem im fototechnischen Bereich war schier unerschöpflich. Dies hatte zur Folge, dass manch schöne Aufnahme, besonders aus der Pionierzeit der Leybucht, von ihm gemacht worden ist. Ich versuchte, ihm etwas nachzueifern, und wenn meine Versuche auch recht stümperhaft blieben, so haben die damals uninteressanten Perspektiven heute doch schon Seltenheitswert. Wenn Ernst im Polder war, folgte meistens ein lustiges Gedicht über seine Erlebnisse, oft garniert mit vortrefflichen Fotos.

Oh schönes Land, oh Leybuchtpolder du geliebtes,
oh Omas Tongefäß, von Kugeln längst durchsiebtes,
oh altes Schiff, von Eisenschemeln bombardiert
und dann versoffen,
oh Superratte, weiße, von einer Kugel tödlich
einst getroffen ...
Ihr alle habt vor langer, langer Zeit
mit eurem Dasein mich und andere erfreut.
Doch auch die alte Cornet will ich nicht vergessen
Auf der ich bangen Herzens oft gesessen,
bis dann bei einer Fahrt durch einen Pril
mein Anatomium herunterfiel.

Oh »Müller‚s Lust«, du hattest so ein schönes Loch,
und wenn man eifrig schöpfte fuhrst du doch.
Oh altes Pferd, wie hast du damals uns betrogen,
weil nicht du uns,
sondern wir dich nach Haus gezogen.
Oh Ferkel du dressierter Meisterspringer
An dir verbrannte Alex sich die Finger;
Als Schwein warst du zu mager und zu schlau
Und wurdest niemals eine gute Sau.
Oh Requisiten der Vergangenheit
Noch heut' bereitet ihr mir manche Freud'

Doch auch in diesen letzten Tagen
gab's keinen Grund, sich zu beklagen,
denn manche wunderschöne Stunde
verbracht' ich in der Zenker-Runde...

Oh Bierchen, bei Johanna aufgeschlurftes,
oh Bäumchen auf dem Dreieck,
du umkurvtes -
and I was very crazy and so blue
and found selbst in my bed noch keine Ruh.

Oh du im ersten Gang so schneller Trecker,
um auf dir wachzubleiben,
braucht man einen Wecker;
von hier nach München möchte ich mit dir jagen
bekäm ich Urlaub erst von 83 Tagen
Oh du in Oldenburg verkaufte Blume,
auch du verhalfest uns zu neuem Ruhme;
und weil wir alle losgeworden
fuhr Alex glücklich heim nach Norden;
auch ich fuhr voller Stolz und Glück
in meine Heimatstadt zurück

Wann werden solche schönen Zeiten
Uns wieder einmal Spaß bereiten???

»Wann werden solche schönen Zeiten uns wieder einmal Spaß bereiten?« - Dieses Gedichtchen schrieb Ernst, da war er längst in Amt und Würden. Fast sehnsuchtsvoll erinnert er sich an die »schönen Zeiten« und lässt einige Streiche und Ereignisse reimchenweise Revue passieren.

Warum war es wohl so schön? Ich denke mal, dass gerade die aus heutiger Sicht bescheiden anmutenden Möglichkeiten der Freizeitgestaltung der Grund waren, so viel Einfallsreichtum zu entfalten; drum sind uns wahrscheinlich diese Zeiten auch so unvergesslich. Irgendwelche Einflüsse oder Trends, denen wir hätten eventuell frönen können, erreichten und beeinflussten uns deshalb so gut wie gar nicht, hierfür fehlte das Medium.

Wo hielten wir uns überwiegend auf? Wer war Partner und Ursache all unserer Streiche und Einfälle? Natürlich die Natur mit ihren vielen Möglichkeiten, vor allem jenseits des Deiches auf der Seeseite.

Zunächst zu Fuß und etwas später per Rad war allerdings der Radius unserer Freizeitgestaltung begrenzt, sehr begrenzt. Bei schlechtem Wetter, vor allem im Winter, waren wir auf Haus und Hof angewiesen, und so ergab es sich einmal, dass wir während einer Rattenplage auf die Idee kamen, Ratten zu schießen, die wohl schon vor uns eingezogen waren, - mit meinem Luftgewehr, jenem Relikt, das noch in der frühen Blandorfer Flüchtlingszeit Ursache einer großen Weihnachtsfreude gewesen war, wie ich es euch geschildert habe.

Wir richteten uns oben auf dem Gulf in der Scheune einen kleinen Schießstand ein, getarnt mit einigen Strohballen. Eine Stalllaterne, die wir an den Ausgang der Rattenlöcher platzierten, diente als Notbeleuchtung. Der krönende Höhepunkt dieses Unterfangens war, als eine »weiße Ratte« auftauchte und wir diese auch noch erlegten. - So wie andere ihre Tagebücher schreiben, hatte Ernst immer einen Schreibblock parat, um abends, wenn wir uns oben auf dem Kornboden in Omas Zimmer auf Stohsäcken zur Ruh begaben, das Tagesgesche-

hen in Reimchen festzuhalten, zu unserem allergrößten Vergnügen; vor Lachen konnten wir nicht einschlafen. Natürlich war an jenem Abend die »weiße Ratte« Mittelpunkt seiner dichterischen Kreativität.
Oma bekam nie etwas mit. Wenn sie schlief, war sie durch nichts zu wecken; darum entging es ihr freilich auch, als wir nach getaner dichterischer Tätigkeit auf die Idee kamen, uns vor dem Schlafen noch ein wenig die Zeit zu vertreiben, um vom Bett aus mit dem Luftgewehr die Nippfiguren auf dem Schrank zu zerschießen... »oh Omas Tongefäß, von Kugeln längst durchsiebtes« ...
An freien Wochenenden im Sommer, wenn die Sonne schien, zog es uns fast unbewusst, wie Wild auf einem Wechsel - na wo wohl hin? natürlich an den Seedeich, möglichst nahe an's Wasser. Das Leybuchtsiel, in seiner damals noch beschaulichen, natürlichen Gestaltung, vor allem auf der Seeseite, war fast immer unser Ziel. - Hier traf sich die Jugend. - Warum wohl gerade hier? Nicht überall gab es so eine plausible Erklärung für ähnliches. Ich denke dabei an Noostens Hof in Ostdorf. Hier war es ein einsamer, alter, alleinstehender, gar nicht mal so auffälliger Baum, unter dem sich die Jugend traf. - »Wo kommst du denn her?« hörte ich einmal Noostens fragen, als ihr Sohn vom abendlichen Ausgang nach Haus kam, »vom BAUM«, sagte er.
Am Leybuchtsiel aber gab es immer etwas zu erleben. Sowohl der kleine Sammelbeckensee mit seinem Inselchen und dem breiten Kanal in Richtung Norden, Ort vieler lustiger Bootsfahrten und Badegelegenheiten, als auch die vielen unterhaltsamen und abenteuerlichen Möglichkeiten, jenseits des Sieles im Wattengebiet mit

seinem vielfältigen pflanzlichen und tierischen Leben.
- Wir trafen uns, klönten, gingen zu Fuß oder fuhren per Boot auf Buttfang oder badeten in einem Priel. Die Wasserknappheit auf dem Hof und sonstige fehlende Badegelegenheiten, - Hallenbäder gab es noch nicht, Freibäder wohl schon, doch unerreichbar für uns, - machten das feuchte Erlebnis zu einem besonderen Vergnügen; wir nutzten es genüsslich.

Am Leybuchtsiel, an einem Dalben vertäut, lag einmal ein alter, ausrangierter, wahrscheinlich zum Verschrotten vorgesehener Zollkreuzer namens »Hindenburg«. Neugierde trieb uns dazu, dieses gespenstisch aussehende Schiff gründlichst zu inspizieren. Oben auf dem Deck lag lose ein schwerer Eisenpoller. Wir rollten ihn zu einer Luke und ließen ihn hineinfallen. Nach einem kurzen Krachen und anschließendem Blubbern machten wir uns auf und davon.

Am nächsten Tag sahen wir das Schiff, das man wohl versucht hatte nach Norden zu schleppen, in Höhe des Inselchens »Kiel oben« liegen. ... »oh altes Schiff, von Eisenschemeln bombardiert und dann versoffen« ... .

Herrmann Müller, ein lieber Freund unseres Hauses, besaß damals »schon« ein kleines Ruderboot aus Holz. Dieser ausrangierte morsche Kahn, der seine besten Zeiten längst hinter sich hatte, wurde von Herrmann liebevoll restauriert, so gut es ging, bemalt und mit einem Namen versehen: »Müller's Lust!« - Wie viel Spaß hatten wir mit diesem Boot, diesseits und jenseits des Deiches. Knapp oberhalb der Wasserlinie befand sich ein Loch, wegen Morschheit nicht zu reparieren, wo nur hin und wieder etwas Wasser hereinschwappte. Wollten nun aber zusätzlich mehrere Personen an Bord, dann mussten diese ihr Vergnügen damit bezahlen, dass sie ständig Wasser schöpften. Das Loch im Boot war natürlich nun unterhalb der Wasserlinie. ... »oh »Müller's Lust«, du hattest so ein schönes Loch und wenn man eifrig schöpfte fuhrst du doch« ... .

Wie ihr seht, haben meine Pferde auch bei meinen Freunden Eindruck hinterlassen, freilich nicht den Besten, doch hat es gereicht, im Reimchen verewigt zu werden. Ich glaube, ich erzählte es bereits oder werde es noch erzählen, wie respektlos »Herrmann« seine Leinenführer behandelte, wenn er wusste, dass sie keine Ahnung hatten und er aufgrund dessen nichts zu befürchten hatte. Seine Faulheit ging dann so weit, dass er wie ein Esel von der Stelle gezogen werden musste. ... »weil nicht du uns, sondern wir dich nach Haus gezogen« ...

Na und dann die Zenker- Runde; oft hab ich sie in meinem Geschreibsel erwähnt; es fühlten sich halt alle wohl darin und denken gern an diese Zeit zurück. -

So viel zu Ernsten's »Prosa«.

In den Wintern 1955-56 und 56-57 besuchte ich in Norden die Landwirtschaftsschule. Ich lernte dort viele Berufskollegen kennen, und auch einige Freundschaften bahnten sich an, die vereinzelt noch heute Bestand haben. Um nach Norden zur Schule zu gelangen, liefen wir morgens zur Bushaltestelle nach Neuwesteel. Da es im Winter oft »unwehrig« war, rief uns Oma Mina oft in ihre Kadenhausküche. Nicht selten bot sie uns Tee an und schwatzte mit uns in ihrer urtümlichen Art. Sie war für ihre rauhe Herzlichkeit bekannt, und ich erzählte ja schon, dass mein Vater aus der Zeit des Deich-

baues nur Gutes von dieser Familie zu berichten wusste.
- Der Bus kam immer von der Westermarscher Seite und wenn er über das Siel fuhr, hupte er. »Kinner«, sagte dann Oma Mina, «ji mutten up Stroat, HE BLOAST al!« (Kinder, ihr müsst auf die Straße, er bläst schon, sagte sie statt hupen)
Dann machte ich mein Wehrpflichtjahr bei der Bundeswehr. Es war mehr ein Kann als ein Muss, denn ein Einspruch hätte in unserer bäuerlichen Lage gewiss Erfolg gehabt; aber ich tat so, als müsse es sein, da ich meinte, sowieso irgendwann eingezogen zu werden. Ich nutzte die Pseudomusssituation, um einmal aus dem Haus zu kommen. Ich muss sagen, es war keine gute Entscheidung; denn nie in meinem Leben habe ich Dümmeres und Widerlicheres erlebt. Das ganze Ausbildungspersonal war von dummer, arroganter Borniertheit und stammte zum Teil noch aus dem vergangenen Krieg. Nichts habe ich dort gelernt. Es war einfach eine vertane Zeit, über die es sich eigentlich nicht lohnt zu reden, wiewohl es mir auf der Zunge kocht, mich darüber auszulassen. Es ist mir aus heutiger Sicht unmöglich, wie gut 10 Jahre nach dem schrecklichen Weltkrieg so etwas in völliger 08/15 Manier vonstatten gehen konnte.

In den fünfziger Jahren passierte nichts umwälzend Neues. Kühe, Schweine, Hühner - Gerste, Weizen, Hafer und viele arbeitsaufwendige Hackfrüchte beschäftigten nach wie vor die ganze Familie. - 1956 pachteten wir das Land von den Eheleuten Krieger an der Karl Venholt Straße. Das war ein gehöriger zusätzlicher Arbeitsaufwand, der mit Pferden bewältigt werden musste.

Da der Boden dort ziemlich schwer zu bearbeiten war, mussten wir uns zum Pflügen ein Pferd hinzuleihen. Die Anfahrt zu diesen Feldern an der Parallelstraße war lang aber auch erholsam, da die Pferde nur zwei Gänge hatten, einen langsamen Schritt- und einen schnelleren Trabgang. Bevorzugter Gang zur Arbeit war im Interesse aller, das heißt dem der Pferde und dem meinigen, der Schrittgang. Auf dem Heimweg zur Futterkrippe legten sie unaufgefordert schon mal einen Gang zu. Galopp gab es nur, wenn die Pferde durchbrannten, hierfür musste aber ein ganz besonders schwerwiegender Grund vorliegen. Es kam so gut wie nie vor, doch wenn, dann war auch höchste Alarmstufe angesagt. - Bei anderen Gespannen habe ich das oft beobachtet.
Lustig waren aber einige Begebenheiten, die ich angrenzend an diese Felder erlebte. - Die Kriegers verpachteten ihr Land aus Altersgründen, sie waren ebenfalls Schlesier. Der alte Herr Krieger hatte einen Schlaganfall erlitten und war dadurch arg gehbehindert, was aber seinen Humor keineswegs beeinträchtigte. - Ich kam einmal auf sein Hofgrundstück und sah, wie er immer rückwärts um den Misthaufen lief. Als ich ihn fragte, warum er dies täte, sagte er: »Emmer wenn iech nooch känn Tee gehoat hoa, muhß iech reckwärts lafa« (Immer wenn ich noch keinen Tee gehabt habe muss ich rückwärts laufen) und verschwand rückwärts gehend in sein Haus - wahrscheinlich um Tee zu trinken.
Als ich ihn einmal anläßlich eines Bundeswehrurlaubs traf, berichtete er mir das Neueste: Die Leute wären immer so neugierig gewesen, wollten wissen, was wir auf seinen verpachteten Flächen angebaut hätten, worauf er ihnen erzählte: »Uuf dam änen Stecke hon'se ruta

Zwänn on uuf dam andän Stecke hon'se schwarza Zwänn gesät« (auf dem einen Stück haben sie roten Zwirn und auf dem anderen Stück haben sie schwarzen Zwirn gesät). - Auf eine Frage von mir, ob er sonst nichts Neues wisse, sagte er mir, der Nachbar hätte einen neuen Trekker bekommen und da er, wie meine Oma die Technik nur gröbstens unterschied, antwortete er auf meine Frage - was denn für einen: »N' grinn« (Einen Grünen).
Gegenüber jenen Feldern, auf der anderen Straßenseite, wohnte ein Landwirt und Mitsiedler mit seiner Frau und seinen zwei Söhnen. Er bewirtschaftete seinen Hof nach Wildwestmanier, so nach dem Motto: Was du heute kannst besorgen, verschiebe lieber doch auf morgen. Sie waren ganz liebe, hilfsbereite, äußerst gemütliche, stets philosophierende und intelligente Leute: Sie nutzten jede Gelegenheit, um der Arbeit aus dem Wege zu gehen. Der alte Herr war ein Typ im Aussehen und im Gehabe wie der Schauspieler Rudolf Vogel (Wirtshaus im Spessart), seine beiden Söhne waren nicht minder beredt und im Habitus insgesamt, wenn sie da so standen, sahen sie aus wie zerlumpte Gestalten aus dem Mittelalter. - Morgens um 6.30 Uhr begann ich wie gewohnt bereits meine, zum Beispiel Pflugarbeiten. Die Feldlänge war beträchtlich, und so ein Pfluggang vom äußersten Ende bis zur Straße dauerte fast 20 Minuten. Um 10 Uhr etwa erschienen die drei Männer zur Feldarbeit, als ich das zweite Frühstück bereits hinter mir hatte. Sie standen dann aber zunächst alle drei auf der Straße, bestückt mit zerbrochenen Gabeln oder Spaten über der Schulter, oft über 20 Minuten, bis ich mit meinem Pfluggespann den Wendeacker an der Straße erreicht hatte. - Nun sprangen sie über den kleinen Stra-

ßengraben zu mir auf das Feld, und eine freudige Begrüßung fand zunächst statt. Dann aber philosophierten sie wortgewaltig und gestenreich über Gott und die Welt und über alles, was ihnen wichtig erschien. Den Abbruch solcher Stehkonvente musste stets ich herbeiführen, nicht etwa weil sie langweilig waren, nein, ich hätte ansonsten nahtlos in die Mittagspause übergehen können. Die drei lieben Gestalten - ein Bild für die Götter - zogen dann gemütlich auf ihr benachbartes Feld, sichtlich froh darüber, dem Tag etwas Zeit gestohlen zu haben. - Diese drei Typen hatte ich richtig lieb gewonnen, und sie sind fester Bestandteil meines geistigen Bilderbogens aus jener Zeit, drum will ich gleich noch ein paar Dönches hinzufügen: - Ich war mit meinem Gespann auf dem Feld, als plötzlich ein Gewitter aufzog. Die dazugehörige alte Dame dieser drei zu dieser Zeit gerade nicht anwesenden Männer rief mich, ob ich ihr nicht helfen könne, ihre zwei Kühe einzufangen, die in ein Weizenfeld ausgebüchst waren. Ich unterbrach meine Arbeit selbstverständlich, fing die Kühe ein und führte sie zum Haus an die Stalltür. Mein Bemühen, diese Tür zu öffnen, war aber vergeblich, was die gute Frau auch wohl wusste, denn sie sagte, sie müsse die Tür von innen öffnen, jedoch müsse ich einen zehn Meter Abstand einhalten, wenn sie dies täte. Sie verschwand denn auch vorn im Haus, und nach einer Zeit merkte ich, wie sich die relativ schwere Stalltür von oben her zu öffnen begann und dann vor meiner Nase der Höhenlänge nach auf den Boden krachte. - Die Stalltür war geöffnet. - Nachdem ich die Kühe im Stall angebunden hatte, ebenfalls auf abenteuerlichste Art, betrachtete ich die »raffinierte« Verschlussmechanik der

Stalltür. Um diese zu schließen, wurde sie zunächst mit einem ziemlichen Kraftakt hochgeklappt und dann mit einem langen Sisalhüselband um einige Ecken an einem Pfeiler im Pferdestall festgebunden. Hierfür waren stets zwei Personen erforderlich; einer, der die Tür von außen hochklappte und einer, der das »Hüselband« von innen befestigte. - Alle drei Männer hatten am nächsten Vormittag wieder einen Grund, Tageszeit zu schinden, indem sie zu mir auf das Feld kamen und sich, ausgiebig philosophierend, bei mir bedankten.

Als ich einige Jahre später meinen kleinen Hanomagschlepper bekam und damit in kalter Vorweihnachtszeit fröstelnd meine Feldarbeit machte, brach es den drei Männern schier das Herz, mich da so frierend auf dem offenen Schlepper sitzen zu sehen. Plötzlich kam der alte Herr (Rudolf Vogel) mit einer Gummiwärmflasche quer über das Feld zu mir gelaufen. Ich war gerührt und sagte, die Flasche sei doch leer und wo solle ich ständig das warme Wasser hernehmen. Mit einem freudigen und vielsagenden Lächeln ging er vorn zum Schlepper, drehte das Ablasskränchen des Kühlers auf und füllte die Flasche mit heißem Wasser. »Wenn sie kalt ist, kippst du sie oben in den Kühler rein und füllst von unten wieder heißes Wasser nach«, sagte er und zog strahlend wieder von dannen.

Gestikulierend und schon fleißig redend, obwohl ich noch gar nichts verstehen konnte, kam er einmal zu mir auf's Feld gelaufen und forderte mich auf, ihm zu folgen, um mir seine neueste Errungenschaft vorzuführen. Es handelte sich hierbei um seinen gerade erst erworbenen Einachsschlepper. Der Ablauf dieser Schau ist eine komplette Vorlage für einen Zeichentrickfilm, einen Comic oder sonst etwas Witziges. - Er schmiss seinen Einachser an, legte einen Gang ein und ab ging die Fahrt. Stolz fuhr er quer zu mir über sein Hofgelände auf den Garten zu, bis vor die Hecke, doch das Problem bestand darin, dass er das Ding nicht zum Stehen brachte. Mit den Fußhacken grub er sich, an der Lenkgabel festhaltend nach hinten gelehnt, in die Erde, aber der relativ große Einachser war stärker, und so nahm das Schicksal seinen Lauf. Zunächst walzte er die Ligusterhecke nieder und landete in seinem Garten; der Einachser aber bahnte sich unverdrossen weiter seinen Weg, walzte einige kleine Bäumchen nieder, rollte durch einen flachen Graben und dann wieder durch den schönen Garten, noch einmal musste die Hecke dran glauben, und in seiner Verzweiflung steuerte er das Gefährt auf die Wand der Scheune zu, um es vielleicht so zum Stehen zu bringen. Rudolf Vogel, so nenne ich ihn mal, verfehlte aber die Wand und nahm Kurs auf das Scheunentor. Er walzte auch dieses nieder, verschwand in der Scheune, und aus irgendeinem Grund hatte die Vorführung dort ein Ende. - Wenn nun jemand meinte, solch ein Vorfall wäre Anlas zu Verdruss gewesen, der irrte gründlich. Zwar etwas aus der Puste, doch lachend entstieg er den Trümmern und gestenreich redete er so lange, bis alles wieder im schönsten Sonnenschein leuchtete. - Es gäbe noch mehr von diesen sympathischen Menschen zu erzählen, alles in allem wäre dies ein treffliches Drehbuch für einen Film. Sie schafften mit einem Minimum an Arbeit ihr Auskommen; die ganzen Miseren um sie herum nahmen sie scheinbar nicht zur Kenntnis, stets waren sie frohgemut und machten aus allem eine positive Philosophie. So manches mal hielten sie mich damit von der Arbeit ab, worüber ich aber gar nicht böse war und im nachhinein sowieso nicht bin, nein, es zählt mit zu meinen lustigsten Erinnerungen.

Ich machte meinen Jagdschein, nicht unbedingt aus Leidenschaft, sondern es ergab sich einfach so, vor allem deswegen, weil damals die Wattenjagd noch frei war, das heißt, für ein geringes Entgeld konnte man die Jagd auf Entenvögel hinter dem Deich ausüben. Bei diesem Hobby ging es mir aber weniger um das »Streckemachen« als mehr um den Aufenthalt in der wunderschönen Flora und Fauna hinter dem Deich, deren fantastische Vielfalt Anlass war für manche Stunde fast meditativen Verweilens. Man sollte doch eigentlich meinen, dass ich eher die Gelegenheit nutzen würde, um der Einsamkeit des dörflichen und bäuerlichen Lebens zu entfliehen - das tat ich schon. Doch nichts liebte ich so sehr wie einen Gang hinter den Deich. Dort fand ich völlige innere Zufriedenheit in der mit Leben erfüllten lauten Stille des Hellers und des Wattenmeers. Obwohl die Luft erfüllt war mit den vielfältigsten Stimmen der Wattenvögel, war dies kein Lärm. Es war eine laute Stille. - Im Spätsommer saß ich dann oft inmitten eines Meeres von blaublühenden Strandastern, Spatina, Queller und vielen anderen Wattenpflanzen und genoss den harmonisch würzigen Duft im Einklang mit dem unverkennbaren Geruch des Wattenmeeres, wartend auf die abendliche Dämmerung, um vielleicht hie und da mal eine Ente zu schießen. Während dieser erbaulichen Stunden in der weiten Landschaft, die keine Grenzen zu haben schien, wanderten auch meine Gedanken in die Ferne, und unweigerlich wurden mir die Parallelen zu meiner Kindheit bewusst. Das Glücksgefühl, das mich in dieser herrlichen Landschaft inmitten von blühenden Strandastern überkam, war so, wie ich es auch als Kind auf der Schloskiwiese in Schlegel erlebt hatte, als ich aus kindlicher Perspektive, sitzend auf der Wiese, nur gelbe duftende Himmelsschlüsselchen gesehen hatte.

Bei meinen Jagderlebnissen will ich nun ein wenig verweilen; sie haben mir wunderschöne Stunden beschert; vieles war mir aber auch unsympathisch, drum möchte ich das Wort »Jagd« auch gar nicht so betonen. - Da ich ja nun den Jagdschein besaß, hatte ich bald die Gelegenheit, mich hier im Polder in das jagdliche Geschehen einzugliedern. Es ergab sich einfach so, aber diese Erlebnisse waren mehr gesellschaftsjagdlicher Natur. Die Art und Weise, wie man dem Wild nachstellte, lag nicht in meiner Natur. Es gab einige, die so dachten wie ich, doch viele hatten eben nur Freude am Schießen. Ganz besonders zuwider waren mir große Treibjagden, von denen ich mich auch zunehmend distanzierte. - Die Jagd hinter dem Deich, oder mehr der Aufenthalt dort mit den vielen herrlichen Naturerlebnissen, sind mir in unvergesslicher Erinnerung, und da ich mich dort in keine jagdliche Gemeinschaft eingliedern musste, konnte ich mir als Einzelgänger hinter dem Deich meine Jagdfreunde aussuchen. Da war zunächst Jürgen Redenius, Sohn von »Oma Mina«, mit ihm und dem Fischer Adolf Loden aus Greetsiel zusammen habe ich den Jagdschein gemacht. Meine ersten Erinnerungen beginnen also da, wo auch mein Vater seine ersten Kontakte knüpfte, als er die Arbeit am Bau des Deiches begann, nämlich bei »Oma Mina«.

Wieder einmal war das Haus Redenius Dreh - und Angelpunkt.
Wenn ich nicht allein hinter den Deich gehen wollte, holte ich Jürgen ab, und wir gingen gemeinsam auf Jagd. Jürgen war ein Original und manches Dönchen ließ er vom Stapel, eine Eigenschaft die wohl familientypisch war. Da wir selten viel Beute machten, schimpfte Oma Mina, seine Mutter, immer, wenn wir mal wieder loszogen: »Ji mit jo oll Jachteree, ji schkeeten joa souwiesou nix. Ji mutt'n ok of un to moal en achtert Hus offknippken wenn ji wat kriegen will'n." (Ihr mit eurer ollen Jachterei, ihr schießt ja sowieso nichts. Ihr müsst sehn, dass ihr auch ab und zu mal etwas hinterm Haus abknippst) wohlwissend, dass wir das mangels eigener Jagd nicht durften. - Nicht immer, aber auch nicht selten ging es nach der Jagd in die Kneipe zum »Störtebeker«. Dort saß als Stammgast immer »Lügenmüller« und erzählte den fremden Gästen seine gewaltigen Jagderlebnisse aus alter Zeit hinterm Deich. »Tou«, forderte Jürgen ihn meistens auf, »vertell em, wo wer dat ok noch mit de Gos de du achtert Diek sckkoten häst!« (Erzähl eben, wie war das noch mit der Gans, die du hinterm Deich geschossen hast) - »Jo«, fing Lügenmüller ganz langsam und vielsagend an, schob sein Bierglas sachte beiseite, wackelte mit seinem Schnäutzer und belinste wichtig mit schrägem Blick über seine dicken Brillengläser alle Gäste, bis alle aufmerksam waren, »oberst ick set mol achtert Diek, do häb'k n' Gos schkoten de wäg fiefteiln Pund, de full herunner as'n Lamm, hel Watt wer an dröhn'n, oberst de Gos häb'k sülst ne holln, de hät Kreisleiter krägn« (Aber ich saß mal hinterm Deich, da hab ich'ne Gans geschossen die wog 15

Pfund, die fiel herunter wie ein Lamm, das ganze Watt war am dröhnen, aber die Gans hab ich selbst nicht behalten, die hat der Kreisleiter gekriegt).

Während die Gäste staunten, mussten wir, um seine Glaubwürdigkeit nicht zu untergraben, hin und wieder den Raum verlassen, weil wir das Lachen nicht verbergen konnten.

»Ick set mol achtert Buschdamm in't Watt«, erzählte er dann weiter, »dat wer wat dokig, Onten flogen so dep un al tegen Buschdamm an achter de ickset. Ick bruk't Onten blosig noach uptosammeln. As ick sech, dat Onten denn wat hoger flogen, häb ick min Gewehrlop wat hoch holln, - do süns dor al tegen an flogen. Kiek, dor hak'n Rummel Onten un häb ne en mol schkoten. - Jau, denn up't Umtur doach ick, as ick sou an't Diek lang leep, büst vn doach noach keen Schköt quit worn, nu schkützt mol ut Pläser up'n Multbüllt. Ick schkot, leep an't Multbült vörbie, dor leegen do fieftein Rabhöhner dr'achter, de hak al ut Versehns dotschkoten. Kiek, do hak fieftein Rabhöhner ut Pläser.« (Ich saß mal hinterm Buschdamm im Watt, es war etwas nebelig, die Enten flogen so tief und flogen alle gegen den Buschdamm an, hinter dem ich saß. Ich brauchte die Enten nur noch aufzusammeln. Als ich sah, dass die Enten etwas höher flogen, hab ich meinen Gewehrlauf etwas höher gehalten, da sind sie da alle gegenangeflogen. Kuck, da hatte ich einen Haufen Enten und habe nicht einen Schuss abgegeben. - Ja, auf der Umtour dachte ich, als ich so am Deich lang lief, hast heute noch keinen Schuss abgegeben, nun schießt du mal aus Vergnügen auf einen Maulwurfshaufen. Ich schoss, lief am Maulwurfshaufen vorbei, da lagen da 15 Rebhühner dahinter, die hatte ich alle aus Versehen totgeschossen. Kuck, da hatte ich 15 Rebhühner mit einem Schuss).

Bei Oma Mina war ich voll in das Familienleben integriert. Ahnungslos kam ich eines Abends, um Jürgen zur Jagd abzuholen, gummibestiefelt, mit entsprechenden Klamotten für das schlickige Watt, so etwa das Schäbigste zogen wir uns dafür an, nur tarnfarbig musste es sein und dreckig konnte es sein und war es auch immer. - Oma Mina empfing mich in der Kadenhausküche, so wie immer, nichts deutete auf etwas Besonderes hin. »F'n dach könn ji ne up Jachd goan, Zenker« sagte sie energisch, konsequent und unwiderruflich, »treck die't Stefels man ut on koum na förn, wie sünd net an't Hoachtied fiern, Jan hät f'n dach Hoachtied« (Heute könnt ihr nicht auf Jagd gehen, Zenker. Zieh dir die Stiefel man aus und komm nach vorn, wir sind gerade am Hochzeit feiern, Jan hat heute Hochzeit). - Ich zog meine Gummistiefel aus, und mit der allergrößten Selbstverständlichkeit nahm ich vorn in der guten Stube in der Hochzeitsrunde Platz. Nach einiger Zeit wurde ein Plattenspieler auf der Herdplatte im Kadenhaus installiert. Oma Mina, hochbetagt, die neben mir saß, stand auf, zerrte mich energisch vom Stuhl und sagte: »Tau Zenker, wie willn äbn danzn!« (Zu Zenker, wir wolln eben tanzen). Auf Schafwollsocken und in Tarnkleidung eröffnete ich mit Oma Mina den ersten Tanz auf dem Estrich im Kadenhaus. - Zu fortgeschrittener Stunde verzog sich das junge Paar in das genau darüberliegende Zimmer. Oma Mina nahm dies noch schweigend hin; als aber deutliche Hochzeitsnachtgeräusche zu vernehmen waren, was alle schmunzelnd zur Kenntnis nahmen, sagte sie mit gerunzelter Stirn, schräg nach oben blickend, mehr vor sich hin, nicht darauf achtend, dass jedermann es hörte: »Nu mut ji mol hörn, wo de al to Kehr goant, mut dat denn nu al wedn« (Nun hört mal, wie die schon zu Kehr gehen, muss das denn jetzt schon sein).

Mit Adolf aus Greetsiel hatte ich nie die Möglichkeit, auf Entenjagd zu gehen. Er hatte seine Jagdgelegenheit auf der Hauener Hooge, dem Heller bei Greetsiel, etwas zu abgelegen für mich. Ein Versuch, mal miteinander loszuziehen, scheiterte am Einspruch seiner Frau. Wir hatten uns verabredet, und als ich in seiner Küche stand, um ihn abzuholen, erschallte plötzlich aus den hinteren Gemächern in kreischend befehlshaberischem Ton die durchdringende Stimme seiner Ehefrau: »Fleitjepiepen, dor wort nix van!« (So etwa: Pustekuchen, da wird nix draus).

Mein zweites und letztes jagdliches Erlebnis mit Adolf war, als wir unsere Hunde zu einer Jagdhundprüfung führten. Ich holte Adolf früh morgens zur Prüfung ab. Er hatte einen kleinen schmächtigen Münsterländer, dem er vor der Prüfung noch etwas Gutes tun wollte, indem ihm seine Frau, diesmal nicht »fleitjepiepen«, fünf Pfannkuchen gebacken und gefüttert hatte. Dass diese Zahl stimmte, bewies der Hund, indem er alle fünf Pfannkuchen auf der Fahrt zur Prüfung in das Auto kotzte.

Da ich nun bei den Hunden bin, ist es mir ein Leichtes, den Übergang zu Hein zu finden. Durch meinen ersten Hund, einen kleinen Münsterländer, lernten wir uns kennen. Es bahnte sich eine Freundschaft an, die bis zum heutigen Tag Bestand hat. Hein arbeitete bei dem Bauamt für Küstenschutz und ging im Winter Stempeln. Diese Zeit nutzte er überwiegend zur Entenjagd hinter dem Deich. Wir hatten so viele Gemeinsamkeiten, dass eine Freundschaft gar nicht ausbleiben konnte. Ich kenne niemanden, der dieser Tätigkeit so leidenschaftlich und gleichzeitig fair gegenüber stand. Auch ihm lag nichts am gesellschaftsjagdlichen Teil. Mit einem guten und treuen Hund, allein oder zu zweit, in der freien Natur hinter dem Deich zu sein, bedeutete ihm alles. Er entwickelte sich zu einem Jagdhunderzieher, wie es seinesgleichen nie gegeben hat und nicht mehr geben wird. Wenn er schoss, traf er auch und was er anschoss, fand immer sein Hund. Er war kein Gamsbartjäger, alles, was er diesbezüglich tat, war kernig und fair.

Ihr könnt euch vorstellen, dass ich jede Minute mit ihm hinter dem Deich genoss. Er hatte mehr Zeit als ich und wenn er mich anrief, um mit mir hinter den Deich ins Watt zu gehen, war der Tag für mich gerettet. Er hatte immer alles auf's Itüpfelchen organisiert, von der Lockente bis zu den eingegrabenen Tonnen weit draußen im Watt. - Wie ich bereits erzählte, möchte ich die vielen Stunden hinter dem Deich, ganz einsam für mich allein in der einmaligen Natur nicht missen. Suchte ich mir aber einen Partner, so muss ich sagen, war die Zeit zusammen mit Hein das Schönste, was ich in dieser Beziehung erlebt habe. Das freundschaftliche Zusammensein mit allen gemeinsamen Interessen stand immer im Vordergrund. Nie war etwas Spezifisches allein maßgebend, weder Schießgeilheit noch sonst etwas Negatives, das ich in Gesellschaftsjagden oft erlebte. Es war ein homogenes Gemeinsames, in dem vieles eine Rolle spielte: Es gehörten die Hunde, das Wetter, der Wind, die Lockenten und vor allem die einmalig wunderschöne Natur hinter dem Deich und ganz bestimmt nicht zuletzt sehr, sehr viel Humor dazu und noch vieles mehr. So ein Jagdtag begann oft schon früh am Morgen. Thea, Heins liebe Frau, wusste, dass frische Brötchen für uns abgelegene Polderaner etwas Besonderes waren, drum machte sie mir jedes mal diese Freude, und Kirschmarmelade gehörte dazu und natürlich die obligatorische Tasse Tee.

Als wir dann einmal eines morgens den Weg hinter den Deich zur Mittelplate antraten, um in unsere Tonnen zu gelangen, ein langer und oft beschwerlicher Weg über Gräben und Schlickflächen, mussten wir an der Windrose vorbei, die Süßwasser aus einem Tiefbrunnen in ein Betonbecken für das dort im Sommer weidende Vieh pumpte. Nun aber im Winter war das Becken leer, und schon von weitem sahen wir darin etwas Ungewöhnliches herausragen und sich bewegen. Als wir näher kamen, sahen wir, dass in dem Becken ein Gastjäger saß. Sein maßgeschneidertes grünes Outfit deutete auf einen Sonntagsjäger aus der Hochwildbranche hin. Die Bewegungen, die wir zuvor ausgemacht hatten, stammten von seinem grünen Hütli, das mit einem mächtigen Gamsbart verziert war. Auf die Frage von Hein, was er in dem Wasserbecken wolle, antwortete er, er suche Deckung, um auf Enten zu warten. Daraufhin sagte Hein ihm, die Chance, hier in seiner Position einen Rothirsch zu schießen, wäre mindestens ebenso groß. - Wir wurden nicht müde, solche Situationen in den lustigsten Farben auszumalen. Wir lachten Tränen, den ganzen Weg bis zu unseren Tonnen. Der arme Mann aber in dem Wasserbekken fühlte sich veräppelt, und wir sahen ihn vondannen ziehen. Sicher stand ihm ein Hochsitz besser zu Gesicht.

Bei den Tonnen angekommen - sie waren in Watthöhe eingegraben, - mussten wir, bevor wir uns hineinsetzen konnten, das Wasser herausschöpfen. Dann pflockten wir die Lockenten in einem gewissen Abstand in den Schlick und legten noch einige Attrappen in Form von Spitten aus, Spaten aushübe, die für die anfliegenden Enten aussehen wie ihresgleichen. Nun setzten wir uns in die Tonnen, die uns eine hervorragende Deckung boten und warteten bei auflaufendem Wasser auf vorbeiziehende Enten. Nach 2-3 Stunden mussten wir dann eiligst unseren Standort verlassen, um so schneller, je heftiger der Wind das Wasser herantrieb.

Wenn ich nun noch all das berichten wollte, was ich hinter dem Deich erlebt habe, würde mein Geschreibsel nie ein Ende finden. Allein das wäre schon eine Lektüre für sich; drum schränke ich mich etwas ein und erzähle nur noch zwei Geschichten, die eh' noch lang genug werden.

Es war der Winter 1963, einer der härtesten, längsten und schönsten Winter, an den ich mich erinnere. Es begann bereits im November alles zuzufrieren, und der Frost hielt bis zum Frühjahr an. Das allgemeine Interesse an der Jagd hinter dem Deich ließ mit zunehmendem Frost nach, nicht aber bei Hein und mir; wir erlebten den schönsten Jagdwinter unseres Lebens. - Das Wattenmeer war zugefroren und hatte sich in eine bizarre, wunderschöne Landschaft verwandelt.

Ihr müsst euch das folgendermaßen vorstellen: Die bizarre Vielfalt entsteht erst nach und nach. So eine lange Kälteperiode geht einher mit einer konstanten Ostwindwetterlage. Das bedeutet, dass mit zunehmender Dauer solch einer Wetterlage sich die Flutgrenze hinter dem Deich nach und nach zurückzieht. An jeder Flutgrenze türmen sich Eisschollen oft zu großen und gespenstisch aussehenden Formen, nicht selten viele Meter hoch. Tag für Tag zieht sich die Flutgrenze weiter zurück, und immer neue Linien von aufeinandergetürmten Eisschollen entstehen, bis schließlich nach langer Zeit, so wie in jenem Winter, sich die Flutgrenze ziemlich konstant verhält, weit draußen im Wattenmeer. Dort geht die feste Eislandschaft über in einzelne Eisinseln, die vom Flutwasser umspült werden. Eine feste Eisdecke, mit vielen Zerklüftungen freilich, besteht aber bis zu dieser Linie, wo das Wasser nicht mehr aufläuft. Bei dieser eisigen Kälte mit einer steifen Ostwindbrise traute sich niemand mehr hinter den Deich. Hein und ich aber marschierten jeden Morgen, den ganzen Dezember hindurch, Tag für Tag in die Eiswüste des Wattenmeeres. Blutrot leuchtete die Morgensonne bei klirrendem Frost zwischen den Eisbergen am schier unendlichen Horizont der vereisten Wattenlandschaft, wenn wir den Deich überstiegen und mit unseren Seestiefeln, die Flinte auf dem Buckel, den langen Weg bis zur Flutgrenze antraten. Ich vertraute mich dem unnachahmlichen Orientierungssinn von Hein an, der das Wattenmeer kannte wie seine Westentasche. Zunächst wanderten wir am Norder Fahrwasser entlang und bogen dann rechts ab. Nach einigen Kilometern kamen wir zu einem Eisberg, der uns wegen seiner ungewöhnlichen Höhe als markantes Ziel diente und den wir »Buschermanscharo« tauften, deswegen, weil das Gebiet, das wir durchwandern mussten, um weit, weit draussen im vereisten Watt diesen Berg zu erreichen, der »Buscher Heller« war. Diesen Berg kletterten wir hinauf und bauten uns eine kleine Sichtschutzhütte aus Eisschollen. Die einsame, im Sonnenlicht glitzernde Schönheit dieser Landschaft bezauberte uns jeden Tag auf's Neue. Auf dem langen Weg bis zur Flutgrenze herrschte einsame Stille, nicht ein einziges Lebewesen war zu sehen. Doch änderte sich dieses Bild ganz plötzlich mit Erreichen der Flutgrenze. Dort herrschte reges Leben. Alle Arten von Wasser- und Entenvögeln umflogen die einzelnen vom Wasser umspülten Eisplateaus. Im Schutze unseres Eishauses schossen wir meist einige Enten. Wer nun meint, die seien ob des kalten Winters mager gewesen, der täuscht sich, - es war nicht eine Ente dabei, von der man hätte sagen können, sie mache einen verhungerten Eindruck. Das Watt ist unerschöpfliche Nahrungsquelle, und selbst in diesem harten Winter schien es den Entenvögeln an nichts zu fehlen. - Es ging uns auch hier wieder nicht ums Beutemachen allein, es waren die einzigartige Gesamtheit dieser Erlebnisse und Bilder, die wir jeden Tag aufs Neue genossen. Vergnüglich saßen wir im Schutz unserer Eishütte und wurden nicht müde in der Betrachtung dieser fantastischen Natur. - An einigen Spätnachmittagen, wenn die Sonne sich langsam zum Horizont neigte, begann ein Schauspiel, das weder Hein noch ich jemals wieder erlebten. Wie gesagt, neigte sich die Sonne, war es Zeit zum Aufbrechen, wenn wir vor Beginn der Dunkelheit den Deich erreichen wollten. Kaum waren wir aber los-

gelaufen, verfinsterte sich die Sonne, immer zum gleichen Zeitpunkt und an derselben Stelle. Es war kein Nebel und es war kein Unwetter, es waren tausende von Gänsesägern, die plötzlich am Horizont aufstiegen und in relativ geringer Höhe über uns hinwegflogen. So unerwartet, wie dieser Zug begann, so schnell war er auch wieder vorüber. - Immer und immer wieder bis zum heutigen Tag erinnern wir uns: »Hein - Alex - weißt du noch als wir ...« - Dann aber traten wir den Heimweg an, schnellen Schrittes; denn stets waren wir zum Schluss etwas unterkühlt, und wir freuten uns auf das, was uns bei der lieben Thea erwartete: Immer hatte sie etwas Leckeres gekocht. Aber zunächst genossen wir den Heimweg durch das geheimnisvolle, vereiste Wattengebiet. Erreichten wir den Deich, drehten wir uns noch einmal um, und schauten, wie die untergehende Sonne diese einzigartige Eislandschaft in ein rotgelbes Licht tauchte. - Der nächste Tag begann wieder so und endete auch so und das viele unvergessliche Tage lang.
Und nun noch ein Letztes über die Jagd.
Ich lernte Hein kennen, als ich einen Hund für mein jagdliches Hobby brauchte. Hein hatte einen kleinen Münsterländer, namens Dunja, aus deren ersten Wurf ich eine Hündin erhielt, die ich »Anke« taufte. Den Hund bildete ich selbst aus, von der Jugendsuche bis zur Herbstzuchtprüfung, aber unter getreuer Leitung von Hein. - Die Hunde waren eigentlich immer Mittelpunkt all unserer jagdlichen Erlebnisse und unsere ständigen Begleiter, außer in den bitterkalten Wintern. Sie waren in der Lage, aus unsren Gesten und Gedanken zu erraten, was sie tun sollten, ohne dass unbedingt ein Kommando erfolgen musste. So kam es des öfteren vor,

dass wir auf unseren Ansitzplätzen auf dem Heller oder im Watt irgendeinen Gegenstand vergaßen. Ohne ein Kommando, allein aus der Art unseres abrupten Stehenbleibens mit vielleicht dem Ausruf: »Ach, du liebe Zeit«, wussten die Hunde, was zu tun war. Meistens riefen wir nur noch hinterher, - hol mir den Schemel, Handschuh oder sonst etwas. Sie rannten dann oft weite Strecken zurück und brachten uns den Gegenstand, ohne Ausnahme. - Dass sie ihre jagdlichen Pflichten erfüllten, war selbstverständlich. Es gab oft Situationen, die einem schier unglaublich erschienen. Schoss ich eine Ente hinter dem Deich, die in das auflaufende Wasser fiel, lief der Hund grundsätzlich nicht auf die Stelle zu, wo er die Ente hatte fallen sehen, was man eigentlich annehmen müsste, sondern in die entgegengesetzte Richtung, um sich Witterung zu holen, wohlwissend aus welcher Richtung, in welcher Stärke der Wind wehte und wo die Ente in der Strömung hintrieb.

An einen Wortwechsel erinnere ich mich im Zusammenhang mit den Hunden. Als Hein und ich einmal im Watt auf unseren Schemeln in einem Spatinabüschel saßen und in der Dämmerung an einem windstillen und sehr hellhörigen Tag auf den abendlichen Entenflug warteten, riefen wir uns zu: »Hein, hast du Zigaretten?« - »Ja, Dunja wird sie dir bringen«. Dunja brachte mir die Zigaretten. »Alex,« rief Hein anschließend, »mir fehlen Streichhölzer!« Ich gab Anke Streichhölzer in den Fang, und sie platschte durch das Watt hinüber zu Hein.

So gab es unendlich viele und wunderschöne Erlebnisse, die ich hinter dem Deich hatte. Stunden saß ich, oft auch ganz allein, neben mir der Hund in geduldiger

Erwartungshaltung, in einem Spatinabüschel, umrahmt von lila-blaublühenden Strandastern, deren Duft in Harmonie mit dem kernig salzig riechenden Watt mir ebenso unvergesslich ist, wie der liebliche Duft der Himmelsschlüsselchen auf der Schloskiwiese aus der Kinderzeit in Schlegel. Vor mir spiegelte sich die untergehende Sonne in dem in der Ferne bereits auflaufenden Wasser. Wattvögel zu hunderten und aberhunderten zogen am Horizont, aber auch in der Nähe an mir vorbei. Hie und da ließen sie sich nieder oder zogen über meinen Kopf hinweg, um im abendlichen Schutz der Dämmerung Nahrungsgebiete im Binnenland aufzusuchen. Erst wenn es richtig dunkel war, trat ich den Heimweg an.
Heute ist die Wattenjagd verboten, eine richtige Maßnahme, und da wir sowieso in erster Linie die Freude an der Natur genossen, fiel es uns auch nicht schwer, die Flinte an den Nagel zu hängen.

In den frühen sechziger Jahren gab es noch keine maßgeblichen Veränderungen in unserem Betrieb. So langsam aber begann die Technik Einzug zu halten. Wir bekamen den ersten Schlepper, einen 27 PS Hanomag, der heute noch wie damals unentbehrlich im Betrieb ist. - Das Tragische an der Entwicklung war, dass ich langsam Abschied nehmen musste von meinen geliebten Pferden. Sie hatten nun nur noch leichte Arbeiten zu machen, meistens einspännig. Die Folge war, dass ich zunächst von Herrmann Abschied nehmen musste. Er war mangels Bewegung und wegen seiner Faulheit zu fett geworden und bekam einen Kreuzverschlag nach dem andern. Er wurde dann auch zwecks Notschlachtung verkauft; diesen jämmerlichen Abtransport hatte er wahrlich nicht verdient, dieses treue Tier. - Ich habe sehr darunter gelitten. Da ich Angst hatte, wegen meiner Trauer verhöhnt zu werden, schloss ich mich in mein Zimmer ein und trauerte eine ganze Nacht. -

Dann aber, Anfang der sechziger Jahre, trat eine Entwicklung ein, die für die betriebliche Entwicklung entscheidend werden sollte. Wir begannen mit dem Kultivieren von Blumenzwiebeln, zunächst Narzissen, und zwar auf genossenschaftlicher Basis. Da mir die Unrentabilität der Tierhaltung in unserer Größenordnung sowieso immer ein Dorn im Auge gewesen war, förderte ich diese Entwicklung zielstrebig. Noch war ich aber nicht Herr im Haus und hatte gegen konservative Ansichten im eigenen Lager anzukämpfen, was mich viel Zeit und Energie kostete.
Noch war ziemlich alles beim alten, und so will ich ein wenig in dieser Zeit verweilen. Die Familie war noch vollständig im Betrieb tätig, samt Oma, die noch sehr fit war, obwohl sie bereits auf die Neunzig zuging. Die Technik allerdings machte ihr arg zu schaffen und war ihr nach wie vor unbegreiflich. Ein primitives Badezimmer, das wir auf Kosten eines Kuhstandes bauten, hatte auch ein Spülklosett, so dass das Plumpsklo eigentlich nicht mehr genutzt wurde, von Oma aber doch. Das Spülklosett war ihr unheimlich, drum meidete sie es tunlichst, so lange, bis ich das Plumpsklo unbenutzbar machte, indem ich dort einen Öltank installierte. Omas Jammer war schier unermesslich: »Näh, do hon'se mer män Oabtrett zugemacht« (Nein, da haben sie mir meinen Abtritt zugemacht), und da

sie meinte, wir wollten sie damit nur schikanieren, mussten wir das übliche Schimpfrepertoire über uns ergehen lassen.

Dann war da das Fernsehen, von dem sie sich veräppelt fühlte. So ging sie zum Beispiel zu unserem Kaufmann und fragte ihn, ob er die vielen Pferde, die sie am Abend zuvor im Fernsehen gesehen hatte, beherbergen würde und wenn nicht, wo die denn alle geblieben wären. Warum sie gerade den Kaufmann fragte, als Unkompetentesten, wussten wir auch nicht.

Ein Dönchen von Oma, nun aber das letzte, muss ich noch erzählen: Omas große Leidenschaft und Heiligtümer waren »Lappen«. Manchen Streit brach sie vom Zaume, indem sie durchs Haus ging und alle Lappen an sich nahm mit dem Anspruch: »Doas ies mei Loppa« (Das ist mein Lappen). Ein Lappen wurde sowieso nicht einfach weggeschmissen. Da unser Hauptschuhwerk im Betrieb Gummistiefel waren, fanden Lappen als Fußlappen eine ideale Verwertung. Rosshaarsocken gab's noch nicht einmal als Vokabel. - Omas Vielseitigkeit in der Lappenverwertung war riesig. Sie machte aus Stoffetzen »Fleckladecka« (Fleckenteppiche), wickelte heiße Ziegelsteine als Fußwärmer darin ein, wie ich schon berichtete, und vor allem machte sie daraus für alle die berühmten »Potscha«. Sie nähte viele Lappen übereinander zu einer Sohle und fertigte geschickt, wiederum von Lappen, das Oberteil an. Jeder im Hause hatte seine »Potscha«, sie waren unübertrefflich - warm und bequem.

Ein Freund des Hauses, der uns einmal besuchte und sein Fahrrad draußen abgestellt hatte, konnte dies, als er wieder nach Hause wollte, nicht wiederfinden und meinte, es wäre ihm gestohlen worden. Oma aber hatte große Lappenwäsche und hatte das Fahrrad kurzerhand als Wäscheständer benutzt, so dass vom Rad nichts mehr zu sehen war.

Meine Mutter hatte nun gesundheitlich arg zu kämpfen. Meiner Ansicht nach hatte sie nach wie vor den schwersten Part in der Familie. Die körperliche Arbeit war für sie nicht weniger, doch obendrein sorgte sie mit aller Kraft und Selbstdisziplin für eine gemütliche Atmosphäre im Haus. Ihre empfindsame Natur reagierte besonders auf die Einsamkeit in dem traditionsarmen, kulturellen Niemandsland des neuen Dorfes Leybuchtpolder. Ich bin überzeugt, dass sie es nicht überstanden hätte, wenn meine Schwester Gabriele sie nicht immer so tatkräftig unterstützt hätte. Gabriele war der Sonnenschein in der Familie mit einem toleranten Gemüt, das ihresgleichen sucht - nie missmutig, stets hilfsbereit und nie ein Spielverderber, auch wenn es galt, die Freizeit zu gestalten. Meine Schwester Renate war oft außer Hauses; sie war eine äußerst liebe Person mit einem riesengroßen Herzen, doch befand sie sich nicht auf der Sonnenseite des Lebens. Sie litt sehr darunter und scheiterte letztendlich daran. Der Geist ihres großen Herzens aber lebt über allem weiter.
Viel Ausgleich und Trost fand meine Mutter stets bei Tante Eva. Aber nicht nur meine Mutter, alle Familienmitglieder trafen sich oft in Wilhelmsfeld bei Heidelberg, und das ist auch so geblieben. Wilhelmsfeld wurde für alle ein kleiner Wallfahrtsort, und wer dort gewesen war, kam immer zufrieden wieder und hatte viel zu erzählen.

Junge Leute, Verwandtschaft und Heimatfreunde meiner Eltern fühlten sich stets wohl in unserem Haus. Die Gastfreundschaft meiner Eltern wurde nach wie vor sehr geschätzt. Vergnüglichkeiten und Abwechslung beruhten immer noch überwiegend auf Eigeninitiative, und unser Einfallsreichtum diesbezüglich war bei allen bekannt und beliebt. Obwohl ich von allen meinen Freunden derjenige war, der am schwersten arbeiten musste, hatte ich stets die besten Ideen. Ich organisierte Kutterfahrten mit Adolf Loden. Die dabei gefangenen Makrelen wurden anschließend gebraten und mächtig begossen, - betrunken wurden wir selten, weil wir immer bis zur Besinnungslosigkeit tanzten, es war die Zeit des Rock'n Roll. - Da waren die Bootsfahrten in meiner Segeljolle auf dem Kanal bis nach Norden. Mit bis zu fünfzehn Leuten saßen wir in dem kleinen Kahn und amüsierten uns köstlich bei Bier und Schnaps. Unterwegs wurde bei dem Gasthaus zum Störtebeker angelegt und nachgetankt. Irgendwann war dann so eine Episode zu Ende. In diesem Fall lag es daran, dass Johann das Boot zum Kentern brachte, indem er in seinem alkoholbedingten Übermut am Mast hochkletterte. Es traute sich dann niemand mehr mitzufahren. - Dann, unser Klootschießen nicht zu vergessen. Dass wir alle Dilettanten waren, tat der Freude keinen Abbruch. Wir nannten unseren Verein denn auch dementsprechend »Van Bom to Bom« (von Baum zu Baum).
Viele Feten in allen möglichen und unmöglichen Räumen, wie Gewächshaus usw., organisierte ich, und je mehr improvisiert wurde, um so begeisterter waren alle. Da meine »Hoffotografen« Hans und Ernst immer dabei waren, ist auch dies alles lückenlos fotografisch be-

legt. - Ich erwähne dies alles, weil der Eindruck entstehen könnte, wir hätten so eine Art Eremitendasein geführt. Die Einsamkeit zwang uns zu einem großen Einfallsreichtum in Punkto Freizeitgestaltung, über die sich natürlich eine Menge erzählen ließe.

Ich möchte nun noch kurz die Entwicklung bis Ende der sechziger Jahre schildern, um dann zu einem Ende zu kommen, das mich wieder an den Ursprung meiner Erzählungen führt.
Wie gesagt, ich förderte den Blumenzwiebelanbau. Nicht nur weil es mir einträglicher erschien, es machte mir auch mehr Spaß, als mich mit dem Flair eines Misthaufens zu umgeben. Übrigens - und das passt eigentlich gar nicht dazwischen - aber apropos Misthaufen: Wir gingen damals oft auf Bälle, hauptsächlich Bauernbälle, das war so üblich; doch auch die ersten discoähnlichen Kneipen kamen auf. So hab' ich zum Beispiel die allerersten Anfänge von »Metas Disco« in Norddeich erlebt mit den schönen Linden vor dem Haus, als wir noch auf küchenähnlichen Holzstühlen saßen und nach der Musik einer Kapelle tanzten. Manches Mädchen wird die Nase gerümpft haben, wenn sie die Geruchskombination von Kuh- und Schweineschiete, übertüncht mit *Pitralon*, an mir gerochen hat. Wohn- und Stallteil auf dem Hof waren nämlich nur durch eine Stalltür getrennt, und der Geruch zog natürlich durch das ganze Vorderhaus. Hinzu kam, dass vor dem Ausgang ein Besuch im Stall unausbleiblich war - drum waren unsere Chancen natürlich am größten, wenn die Mädchen » aus ähnlichem Stall kamen«.
Die reine Narzissenzwiebelvermehrung nur der Zwie-

bel wegen gab ich bald auf und konzentrierte mich auf den Blütenverkauf, was entschieden einträglicher war. Da ich die genossenschaftliche Grundlage der Zwiebelvermehrung nicht mehr erfüllte, kündigte man mir die Mitgliedschaft. Ich fing dann an, das Ganze etwas professioneller zu betreiben im Rahmen meiner bescheidenen finanziellen Möglichkeiten. Aus Dachlatten baute ich mir folienbespannte Rahmen, die ich flachdachmäßig in Selbstbauweise zu langen Tunneln zusammenstellte. Die Verfrühung der Blütezeit nutzte ich, um die Verkaufszeit in die Länge zu ziehen. Da der Ertrag der Blüten meiner war, hatte ich bald mehr Geld als mein Vater, der deshalb meiner Entwicklung diesbezüglich nichts mehr in den Weg legte. Die langen Folientunnel habe ich sogar zum Teil beheizt, mit Ölöfen in Selbstbauweise, deren Wärme ich mit einem Gebläse durch die Tunnel beförderte. Eine Konstruktion, die anlässlich der ständigen Geldknappheit an Primitivität nicht zu überbieten war, köstlichst dargestellt in einem beigefügten Gedicht von Ernst:

Übrigens: In den langen Tunneln blieb oft ein Werksgegenstand liegen, der mir immer von meinem Hund, der Anke, herausgeholt wurde.

1966

Was hier gezeichnet mit der Feder,
das kennt in Leybuchtpolder jeder,
auch überall in Stadt und Land
ist dieses Bauwerk gut bekannt.
Ein jeder weiß- ob Hein ob Harm-
Das ist die Osterglocken-Farm.

Dem Farmer, hier als Siamese,
zieht schon der Oelmief in die Nese.
Bedächtig schnuppert er und weiß:
Das Ding ist wieder mal zu heiß.
So geht er ins Narzissenhaus
Und macht den Mechanismus aus.

Die Heizung nun, das muss man wissen,
nur konstruiert für die Narzissen,
ist für moderne Gärtnerei
der wirklich allerletzte Schrei!

Das Oel, gekauft vom grünen Plan
Das läuft auf einer schiefen Bahn
Gesteuert über ein Ventil
Genau an sein bestimmtes Ziel.
Dort gibt es eine Explosion,
gefolgt von einem dumpfen Ton,
worauf der Fachmann gleich erkennt,
dass nunmehr eine Flamme brennt.
Alsbald dringt schon aus jeder Ritze
Viel Qualm und Rauch, doch wenig Hitze.

Das Auge tränt, es läuft die Nase
Und schon in dieser ersten Phase
Erkennt ein jeder und begreift:
Die Konstruktion ist ausgereift.

Sehr fortschrittlich ist außerdem
Ein raffiniertes Warnsystem,
das seinen Meister informiert,
wenn irgend was nicht funktioniert,
was nun in diesem Fall bedeutet,
das häufig eine Glocke läutet-
Gar mancher ist in tiefer Nacht
von dem Spektakel aufgewacht.

1969

Von dem, was ich bis jetzt beschrieben
Ist nicht mehr allzu viel geblieben:
Wo einst die Bretterbude stand
Erkennt man nur noch Ackerland.
Man blickt verwundert in die Weite
Und denkt: jetzt ist der Alex pleite -
Hier aber irrt sich der Beschauer,
denn weiter hinten, an der Mauer,
verdeckt durch Büsche und durch Bäume
und ebenso durch eine Scheune
entstand durch Fleiß und Bauernschläue
das Blumentreibhaus nun aufs Neue.

*

Kein einer wird es nun bestreiten:
Vorbei sind der Romantik Zeiten,
wo man mit Stiefeln und mit Leuchte
hinabstieg in des Loches Feuchte,
um all die Zwiebeln zu betrachten,
die eifrig grüne Stengel machten.
Natürlich herrscht auch heute noch
ein Wachstum wie dereinst im Loch,
jedoch die Zwiebeln aller Sorten
befinden sich auf hohen Borten,
wo sie von Mäusen unbenagt
kein rauchgeschwärztes Schicksal plagt.
Die Heizung ist modernisiert,
damit im Winter, wenn es friert,
sowohl die Tulpen als Narzissen
vor Kälte nicht mehr frieren müssen.

1970 (Neuzeit)

Der Wind heult wieder um das Haus
Jedoch verschwunden ist die Maus,
die einst aus schauerlichen Gründen
in allen Versen war zu finden.
Veschwunden sind auch Pferd und Kuh
Und niemand macht im Stall mehr »Muh«,
weil auch der Stall mit Duft von Mist
so übernacht verschwunden ist.
Und Milch von glücklich-fetten Kühen
Muß man vom Kaufmann jetzt beziehen.
Und schließlich ist - oh welch ein Jammer
Verschwunden auch die Speisekammer
Wo wir noch oft in später Nacht

Was Gutes fanden gegen Schmacht.
Selbst das Symbol der Zenkerei
ist ein für alle Mal vorbei,
denn statt des alten »Dö- Schewo«
fährt man im Polder jetzt Renault.
Und weit und breit wohin man sieht
Erkennt man jetzt modernen Schkiet.
Nur Alex selbst, der alte Knacker
Ist immer noch genau so wacker
Und jeder hofft, dass er so bleibe
Ob ohne oder mit'nem Weibe.
Er möge hoch und lange leben
Und darauf lasst uns einen heben!

Wir begannen, die Osterglocken auf dem Wochenmarkt zu verkaufen. Da ich aufgrund meiner jugendlichen Unbeschwertheit die Angelegenheit noch nicht so ernst nahm, hatten wir immer viel Spaß beim Verkauf der Blüten. - Zitat aus Ernsti's Prosa: »Auch du in Oldenburg verkaufte Blume, auch du verhalfest uns zu neuem Ruhme, und weil wir alle losgeworden, fuhr Alex glücklich heim nach Norden.«

Viele, viele Jahre saßen wir gemeinsam zu Weihnachten unter dem Tannenbaum und hatten unser Schicksal geteilt, - nun aber begann sich vieles zu ändern. Meine Schwestern heirateten und gingen aus dem Haus. Mein Vater erreichte das Rentenalter und übertrug mir 1966 den Betrieb. Inzwischen hatte ich die Blumenzwiebelfläche stark vergrößert, und hinzu kamen Tulpen der verschiedensten Sorten. Es gehörte der Pioniergeist des Anfangs dazu, um die Proble-

matik dieser völlig neuen Materie zu meistern. Sehr viel Hilfe bot mir die Familie Nijssen aus Riepe, die diese Art der Blumenzwiebelvermehrung-und Treiberei bereits sehr professionell betrieb. Herr Nijssen war Holländer und sein Vater einer der größten Tulpenexporteure von Holland. Ohne die freundliche Unterstützung dieser lieben Familie hätte ich das Blumenzwiebelgeschäft nie so in den Griff bekommen. Stets waren sie nett zu mir und standen mir bei mit ihrer großen Erfahrung.
Die stete Knappheit des Geldes spornte mein Improvisationstalent an. Schulden zu machen kam gar nicht in Frage; drum konstruierte ich alles selbst, was einer zügigen Entwicklung des Betriebes nicht unbedingt förderlich war.
Der Gemüseanbau für die Konservenfabriken kam völlig zum Erliegen. Als Ersatz kultivierte ich Gemüse aller Art für den hiesigen Gemüsehandel, entdeckte dann aber sehr früh die Chance zur Selbstvermarktung - dies bereits Ende der sechziger Jahre. Es betraf ebenso den Narzissen-und Tulpenblütenverkauf. Ich steigerte die Selbstvermarktung bis zu 90% unserer Erzeugnisse. Da ich einer der ersten war, hatte ich bald eine marktführende Position, deren Rentabilität sich auch positiv auf die Bilanz auswirkte, zumal dann noch später Erdbeer-und Himbeerflächen zum Selbstpflücken hinzukamen. - Nun, mein Geschreibsel soll kein Betriebsbericht werden, drum möchte ich, bevor ich aufhöre, noch kurz hinzufügen, dass mit Beginn der siebziger Jahre eine völlig neue Epoche begann, betrieblich wie auch familiär, und dass ich darüber nicht mehr berichten werde.

Kurz möchte ich noch erwähnen, dass 1968 neunzigjährig meine Oma verstarb. - Im gleichen Jahr musste ich Abschied nehmen von meinem letzten Pferd, der Liese, die mir 17 Jahre treue Arbeit geleistet und Freude gemacht hatte.

Zum Abschluss möchte ich von zwei Ereignissen berichten, die mich wieder an den Anfang meiner Erzählungen führen, nämlich in die unbeschwerte ganz frühe Kindheit, an die ich mich so gern erinnere und die eigentlich mein Verhältnis zur fortlaufenden Gegenwart sehr und positiv geprägt hat. Ich hatte deshalb schon während der Flucht und lange Zeit danach unsägliches Heimweh, in der Art, dass ich eben wieder nach Hause wollte. Diese Art des Heimwehs legte sich aber, freilich nicht plötzlich. - Der unauslöschliche, so vollständige Film meiner frühen märchenhaften Kindheit wiederholte sich in zahllosen nächtlichen Träumen, und so wurde ich dieses, nun mehr latente Heimweh, eigentlich nie ganz los - nichts, aber gar nichts Negatives war daran. Es war nicht so, dass ich wieder nach Hause wollte, natürlich nicht, und ich fand immer wieder Parallelen, oder sagen wir mal, meine frühkindlichen Erlebnisse in der Natur ermöglichten es, dass ich solche finden konnte, seien es die herrlichen Strandastern hinter dem Deich, ein angehender Frühling mit dem erwachenden Leben oder aber auch jene fast kindliche Begeisterung, die sich auf alle anderen übertrug, wenn es zum Pilzesuchen in schwedischen Wäldern ging und vieles mehr, und alles war positiv. -

Zu einem aber fand ich keine Parallelen, und gerade das vermisste ich am meisten. Es war die Faszination Schnee, dessen kristalline Vielfalt mich als Kind so begeisterte, und jener charakteristische frostklare Geruch des Schnees, der mich immer in Hochstimmung versetzte. Nichts Vergleichbares begegnete mir in all den Jahren, drum war mein sehnlichster Wunsch, dem Märchenland meiner Kindheit noch einmal zu begegnen.

Anfang der Siebziger konnte ich mir diesen Traum erfüllen. Ich leistete mir einen zehntägigen Skiurlaub in einem bayrischen Alpendorf. Schon in der Planung geriet ich in eine kindliche Vorfreude, als ginge es auf den tief verschneiten Kirchelberg. Viel mehr als meine Vorfreude besaß ich auch nicht, Geld hatte ich nur für das Allernötigste und Ausrüstung sowieso nicht.

Ein älteres Lehrerehepaar bot mir am Bahnhof in dem Skiort ein Quartier an, das mir finanziell verkraftbar erschien, drum nahm ich es an. Als ich erzählte, dass ich Skilaufen wollte, schauten sie mich verwundert an, denn mein Äußeres ließ das nicht erkennen. Auf dem Weg zu meinem Quartier sah ich schneebedeckte Wiesen, Wälder und Berge. Ich war sprachlos vor Glück, nur ab und zu quiekte ich vor Freude wie ein Hund, der sich auf die bevorstehende Jagd freut. Meinen Vermietern blieb dieses freudig komische Gebaren nicht verborgen, und sie fragten mich verwundert, warum ich so quieken und strahlen würde. Ich erzählte ihnen ganz kurz meine Geschichte, und ihr anfangs etwas argwöhnisches Verhalten änderte sich in freudiges Verständnis. - Am nächsten Tag war ich der erste bei einer Skischule, um mich für einen Anfängerkurs anzumelden. Meine innere freudige Aufgeregtheit übertrug sich auf alle, mit denen ich zu tun hatte. Die junge Dame, die meine Anmeldung entgegennahm, strahlte mich an, und als ich meine Leihskier in Empfang nahm, war es so, als überreichte mir ein guter Geist die Skier meiner Kindheit. Ich trug sie nach Haus zu meinem Quartier, als hätte ich etwas Lebendiges im Arm; dort stellte ich sie so hin, dass ich sie immer wieder im Blick hatte. Solch eine Begeisterung, sagten meine Vermieter, hätten sie noch nie erlebt.

Natürlich erschien ich pünktlich am Treffpunkt meines Skikurses - aber wie. Meine Erscheinung stand irgendwie im krassen Gegensatz zu meiner Begeisterung, sie war so, dass ich für eine Karikatur die beste Vorlage abgegeben hätte, wenn ich meinen Habitus im nachhinein so rekonstruierend betrachte. Als Skihose dienten mir ein paar ausgeleierte Jeans in Übergröße, damit meine schafwollene Unterhose darunter passte, die ich von unserem »ambulanten Textilhändler«, dem Fritze Patzelt, in Leybuchtpolder erworben hatte. Als Oberbekleidung hatte ich einen dunkelblauen Mantel, so'ne Art Duffelcoat mit drei Knöpfen und langen Revers, den ich zu Hause nur » fürs Gute« anzog, dass heißt - Beerdigungen, Festlichkeiten, feiertags usw. - Um den Hals gewickelt trug ich einen von meiner Mutter gestrickten gelben Schal, und meinen Kopf zierte eine dunkelblaue Seemannspudelmütze mit Quaste, die ich tief ins Gesicht und über die Ohren gezogen hatte. An den Händen trug ich ein Paar Maurerschutzlederhandschuh, wie man sie heute im Supermarkt für 3.50 DM kaufen kann, darunter hausgemachte Fingerhandschuh. - Unter all dieser Verkleidung strahlte ich wie ein Pfannekuchen, doch bin ich überzeugt, dass nicht nur meine innere Freude die Gemüter der anderen Kursteilnehmer zum Lachen brachte. Bald zollte man mir aber Respekt, und wäre ich nicht so verkleidet gewesen, hätte man mir den Anfänger auch nicht abgenommen. - Es war irre lustig, die Skilehrerin war einfach entzückt von meiner Begeisterung und dem Kontrast zwischen meiner witzfigürlichen Erscheinung und meiner begeisterten Gelehrigkeit. Mir zuliebe hing sie oft ein viertel Stündchen an, - nur für mich - und es machte ihr Freude, mir das ganze Bewegungsrepertoire zu zeigen, und oft fuhren wir parallel den Hang hinunter. - Niemand aber wusste von der Ursache meiner Freude. - Die Begegnung mit dem Schnee und den Ski war wie ein Wiedersehen mit alten Bekannten, die eine märchenhafte Zeit miteinander verbracht hatten und die stets Heimweh nacheinander gehabt hatten.

So zog ich bald allein auf die verschneiten Hänge. Ganz besonders genoss ich den frühen Morgen oder den zur Neige gehenden Tag. Wenn die Schneekristalle funkelten in einer frostklaren Luft und ich versonnen durch den Schnee glitt mit all den vertrauten Geräuschen - dann war es wie auf dem Kirchelberg, und ein nicht zu beschreibendes Glücksgefühl kam in mir auf. Schneite es dann noch, verfiel ich in eine meditative Besinnlichkeit, schaute, wie die Schneeflocken im gaukelnden Flug ganz langsam vom Himmel zur Erde fielen und sich wie Daunen aufeinander legten, so wie ich es als Kind erlebte. - In all den folgenden Jahren hatte ich das Glück, im Winter in die Berge fahren zu können, immer und immer wieder habe ich dieses Glücksgefühl erleben dürfen. Manchmal konnte ich nicht anders, ich musste meine Freude hinausschreien. - Nichtwissend welche Ursache dies hatte, forderten mich Skifreunde später auf: »Alex, lass mal wieder deinen Urschrei los!«

Je älter ich wurde, um so mehr drängte es mich, die Stätten meiner Kindheit noch einmal wiederzusehen. So ergab es sich, dass ich 1984 mit meiner Schwester Gabriele und mit meinem Vater die Orte unserer Vorfahren aufsuchte. Während mir meine erste Begegnung mit Schnee, Skiern und Bergen nur juchzende Freude entlockte, war die Reise nach Schlegel überschattet von einer ängstlichen, melancholischen Freude und Spannung. - Was war echt von dem unendlich langen Film meiner Erinnerungen, den ich so nahtlos und unvergesslich in meinem Kopf hatte? Wie würde ich reagieren, wenn alles ganz anders wäre und meine Vorstellungen aus der Kindheit von den vielen Örtlichkeiten sich überhaupt nicht bestätigten? - Mein Vater trat die Reise nach außen vollkommen emotionslos an, so schien es - aber was mochte in ihm vorgehen? Eine unsagbare Spannung baute sich in mir auf. Es war Spätsommer1984. Wir passierten das Riesengebirge, und ich sah die »Schniekoppe, die ale Gake,« wie sie im »Bergkrach« von Paul Keller genannt wurde, den Tante Eva uns Kindern unzählige Male zu unserem größten Vergnügen vorlesen musste. Wir fuhren dann nach Glatz, nicht mehr weit von Schlegel entfernt, und die Spannung wuchs und wuchs. Von Glatz hatte ich nur wenig Erinnerungen. Ich konnte mich an die Festung erinnern, ansonsten war Glatz für mich ein Ort, in dem ich als Kind nur war, wenn ich, ob meiner Kinderkrankheiten einen Arzt aufsuchen musste, der mich meistens quälte. Dann war da noch das Trauma vom Fluchtbeginn, das ich euch ausführlich schilderte.

Von Glatz aus fuhren wir nach Schlegel, und da sah ich schon von weitem die Schlegeler Kohlengrube. Das Panorama, genau wie ich es im Gedächtnis hatte, der Förderturm, die Halden und die Gebäude, nichts war mir fremd, - ein erster freundlicher Gruß. Nun fuhren wir durch das Grubengelände und vor mir lag Schlegel; das Herz wäre mir fast stehen geblieben. Das Panorama war so vertraut, als hätte ich es gestern erst verlassen. »Kuk mal da« »und kuk mal dort« und »kuck mal,« rief ich ständig aufgelöst. - Das Grubengelände, dann die Straße zum Dorf hinunter. Mein Gott, die war ja wirklich so lang, wie ich sie von meiner rasanten Seifenkistenfahrt mit meinem liebsten Freund, dem Beck Werner, und der Stahl Helga in Erinnerung hatte. Dann fuhren wir die Straße hinunter zur Kreuzung im Oberdorf. Nichts in meinem Film war falsch, völlig aus dem Häuschen, aufgeregt und freudig stellte ich das fest. Es war ja unglaublich, dass ich diese weite Fahrt mit meinem »Opel«, der Seifenkiste, damals gemacht hatte. - Und da im Hintergrund - mein Kirchelberg, das Türmchen der Kapelle ragte aus dem Wald und dahinter der Moltke-Aussichtsturm. Der Blick auf die Wälder, nichts schien sich von weitem verändert zu haben. Dann bogen wir auf der Kreuzung links in das Dorf hinein. Da war zunächst zur Linken der Ölberg mit seinen Heiligenfiguren und dahinter die »Villa buck dich« wo Tante Hella gewohnt hatte. - Zur Rechten die erste Begegnung mit unserer geliebten »Baache«. Hier am steilen Ufer haben wir als Kinder oft gestanden und respektvoll zugeschaut, wenn die Bache Hochwasser führte und das schmutzige Wasser tosend an uns vorbei rauschte. Entlang der Baache, dem Jahrwasser, wie es richtig hieß, war der Weg zum Pfarrhäuschen, wo man versucht hatte, meine Unbedarftheit auszutreiben.

Das Dorf selbst wirkte düster und ungepflegt, doch war's mir, als leuchtete um jedes Haus ein freundlicher Schein des Wiedersehens. Nichts war falsch an meinen Erinnerungen; dies stellte ich fortlaufend fest, und ein entspanntes, großes Glücksgefühl kam in mir auf. Mit pochendem Herzen an der Kirche und an der Brauerei

vorbei, war unser Ziel zunächst natürlich die Reichelgasse im Mitteldorf, der Weg zu unserem Hof. - Das Herz schlug mir fast zum Hals heraus. - Da war sie, die Auffahrt zur Reichelgasse. Alles grüßte mich, als wollte es sagen: Wo warst du solange? Zur Linken der Reichelgasse das Zenkerhaus und zur Rechten das Haus mit den großen Linden davor, hinter denen ich mich immer versteckt hatte, wenn ich etwas ausgefressen hatte, damit mein Vater mich nicht sah, wenn er die Straße heraufkam von der Jagd.
Die Bäume, die Natursteinmauer, die rumpelige Auffahrt - alles, alles grüßte mich. Ich erkannte winzige Einzelheiten wieder und mein Vater sagte, das wäre doch gar nicht möglich, dass ich noch so viel wüsste. - Und dann bogen wir hinauf in die Reichelgasse, und da war es, das »Welzelhibala«, auf dem wir im Winter bei glitzerndem Schnee im Mondenschein Schlitten gefahren waren, daneben der Welzelpatehof und ach, da zur Rechten das Häuschen, in dem mein liebster Freund, der »Beck Werner«, gewohnt hatte, selbst der sympathische schiefe Lattenzaun stand da wie eh und je. Alles war mir so vertraut. Es war schier unglaublich, und meine große Unruhe wich zunehmend einem freudigen Wiedersehen. - Das Ginzelhaus am Ende der Reichelgasse, wo wir unseren Schabernack mit den Wespennestern getrieben hatten, war aber abgerissen. Nun, so etwas war keine große Enttäuschung, da meine anfängliche Skepsis ja eh sehr groß war. - Als wir auf dem Querweg »uba rem« in Schleichfahrt angekommen waren, bogen wir rechts ab, und da stand er - unser Hof. -
Wir stiegen aus dem Auto und standen zunächst wie versteinert wortlos auf dem Weg »uba rem« und blick-

ten auf unser Hofgelände. Wir hatten alle einen Kloß im Hals, was wohl auch der Grund unseres langen Schweigens war, mein Vater, meine Schwester Gabriele und ich. Jeder von uns hatte seine eigenen Gedanken, und die Reaktionen waren naturgemäß unterschiedlich. - Mein Vater stand da und schaute, gestützt auf seinen Stock, ruhig und ernst. Was mochte in ihm vorgehen? - Verbal hat er es nie zum Ausdruck gebracht. Seinen Gesichtsausdruck betrachtet war es auch überflüssig.
Ich weiß nicht, wie lange es gedauert hat, dass wir so dastanden, aber plötzlich kam eine ältere, dickliche und schwerfällig gehende Frau von dem Hofgelände auf uns zu. Bevor sie uns begrüßte, stellte sie sich vor uns hin, wies mit dem Finger zunächst auf meinen Vater und sagte fragend: »Vater?« und dann auf mich: »Alex?« und dann auf meine Schwester zeigend: »Gabriele?« Dann ließ sie den Finger sinken und sagte fragend an alle gerichtet: »Renate?«
Wir erwachten aus unseren Träumen und waren erstaunt, dass eine Person uns hier mit Namen begrüßte - nach 40 Jahren! Es handelte sich um die Frau, die zusammen mit einigen anderen Polen 1945 unseren Hof in Besitz nahm. Sie sprach fast kein Deutsch, forderte uns freundlichst und reichlich gestikulierend auf, ihr zu folgen und lud uns zu sich ein in - ihr - unser - Haus. Im Grunde war alles sehr traurig. Ich hatte ständig damit zu kämpfen, nicht das heulende Elend zu bekommen.
Nachdem ich mich innerlich etwas beruhigt hatte, wurde ich neugierig. Gewiss, es hatte sich nichts positiv verändert, aber es war doch alles wiederzuerkennen. Mit großer Geschwindigkeit liefen zu allem, was ich wie-

dersah, die dazugehörenden Kindheitserinnerungen vor meinem geistigen Auge ab, mit sehr viel Sentimentalität, aber auch Freude über den Wahrheitsgehalt meiner Erinnerungen.

Wir saßen in unserer ehemaligen Küche, und ich schaute aus dem Fenster, sah das Panorama, viele vertraute Bilder. Da war die Welzeltilke zur Linken, und ich sah im Geiste, wie Onkel Rother die Wiese herauf kam, am Alkehäusel vorbei. Im Hintergrund blickte ich auf den Kirchelberg, - es war alles so, wie ich es in Erinnerung hatte. Die Felder und Wälder hatten die mir so vertrauten Konturen, und oben sah ich das Türmchen der Bergkapelle und den Moltkeaussichtsturm - Dass die Kapelle nur noch eine Ruine war, wie ich etwas später feststellte, enttäuschte mich keineswegs.

Hier am Fenster der Küche hatte meine Mutter gestanden, um ängstlich unsere Skiabfahrten vom Kirchelberge zu verfolgen. - Dann durfte ich in die obere Etage unseres ehemaligen Hauses. Die großen Floren aus rotem Sandstein lagen noch im Flur, da der Eingang zur Speisekammer und die gleiche Treppe, die nach oben führte. Oben hatte sich an der Zimmereinteilung nichts geändert. Das Schlafzimmer meiner Eltern und daneben das Zimmer von Oma und mir. In der Ecke stand sogar noch der Schrank, auf dem meine Mutter immer den Pfefferkuchen für Weihnachten gehortet hatte, und die Geschichte mit den »Grempalan« (Krümel) kam mir wieder in den Sinn. Und dann der Treppenaufgang zum Kornboden. Ob wohl die von uns Kindern so heißgeliebte »Schwoabaleier«, das antike leierkastenähnliche Grammophon, noch auf seinem Platz auf dem Balken neben dem Schornstein stand? - Mit Herzklopfen stieg ich empor, doch trotz emsigen Suchens war nichts mehr zu finden. In Anbetracht meiner anfängliche Skepsis war ich aber glücklich, so vieles wiederzuerkennen und zu finden.

Ich schaute aus dem kleinen Giebelfenster auf dem Kornboden, wo sich ein Getreideaufzug befunden hatte und sah den Welzelhof, die Welzeltilke, Spielwiese und Abhang, Ort unzähliger fröhlicher Schlitten- und Skiabfahrten. - Plötzlich erinnerte ich mich, wie ich als kleiner Junge oft wochenlang wegen einer Kinderkrankheit an das Zimmer gebunden gewesen war, und wenn ich dann das Bett verlassen durfte, stundenlang sehnsüchtig und verträumt, mich von der schneebedeckten, winterlichen Landschaft verzaubern ließ.

Dann stand ich im Hof und ging gegenüber in die große Scheune aus Holz. Da war der Platz, von dem aus ich die bizarren Gestalten der Kugelblitze beobachtet hatte und da der Eingang zur Scheune. Sie war leer geräumt, doch die Örtlichkeiten waren unverändert.

Dann aber lief ich allein hinaus auf unsere ehemaligen Felder. Von unserem wunderschönen Blumengarten mit der weinberankten Sommerlaube war nichts mehr zu sehen, außer einem großen Baum, der traurig dreinblickte, als wollte er sich für alles entschuldigen. Zur Linken waren noch Reste des schönen und schiefen Lattenzaunes zu erkennen, der früher unseren Gemüsegarten umgrenzt hatte. Alles was ich wiedersah, begrüßte mich, als wollte es sagen: »Wie schön, dass wir uns noch einmal wiedersehen, bevor wir vergehen.«

Der Weg bis »uba rem«, rechts an der Scheune vorbei, war grün; man sah, dass er nicht viel befahren war. Dann lief ich hinauf auf dem Weg parallel zu unseren Feldern in Richtung Wolfskoppe, jenem Weg, den ich als Kind so oft gelaufen war, wo ich mit meiner Seifenkiste, dem »Opel«, hinuntergefahren bin, nachdem mich mein Vater als Anhängsel hinter dem Mistwagen hinaufgeschleppt hatte. - Ich habe euch geschildert, wie detailliert ich als Kind die Natur beobachtete, und jetzt hatte ich den Beweis dafür, nichts war mir fremd. Zur Linken die Felder, auf denen wir die Kartoffelfeuer gemacht hatten und die Baumgruppen am Wegesrand, in deren Schatten ich oft versonnen zugeschaut hatte, wenn mein Vater mit seinem Ochsen-Pferdegespann die Feldarbeit verrichtete. Da im Hintergrund der dunkle Wald der Wolfskoppe, den ich mit den Erwachsenen durchstreift hatte, um Pilze zu suchen.

Draußen, am Ende unserer ehemaligen Felder angekommen, setzte ich mich eine Weile an den Wegesrand und betrachtete das so vertraute Dorfpanorama mit dem Kirchelberg im Hintergrund. Es war der Moment gekommen, an dem ich meine Tränen nicht mehr aufhalten konnte. - Das war das Land meiner Vorfahren. - Vor mir standen zwei kleine Polenkinder; sie schauten mich mit großen Augen an, als schienen sie an meiner Traurigkeit teilzuhaben.

Langsam erholte ich mich wieder, lief zurück zum Wege oberhalb unseres ehemaligen Hofes und dann links ab in Richtung Niederdorf am Welzelhof vorbei. Gegenüber grüßten mich die großen Linden mit dem Kreuz in der Mitte, vertraulich und freundlich, dann vorbei an den vielen kleinen anmutigen Gehöften, und nun war ich riesig gespannt; denn es war der Weg zur Schloskiwiese, den ich als Kind so oft gelaufen war. Ich erreichte die kleine Kapelle, ich sah hinter dem vergitterten Fenster die Heiligenfiguren genau so wie vor 40 Jahren und dahinter das Niggelgrabmal aus rotem Sandstein. - Und da war sie, die leicht abhängige Schloskiwiese, auf der ich als Kind die vielen Keilaka, die Himmelsschlüsselchen, gepflückt hatte, sie waren für mich der Inbegriff des Frühlings, deren Duft noch heute einhergeht mit Erinnerungen an jene unbeschwerte Frühlingszeit.

Ich lief zurück bis zu unserem Hof und dann die Welzeltilke hinunter, auf deren schneebedeckten Hängen wir uns im Winter getummelt hatten. Ich wanderte hinunter zur »Baache«. Kurz davor grüßte der alte Birnbaum, ganz krüppelig schon, als wollte er sagen: »Jetzt wird's Zeit, dass wir uns wiedersehen, sonst bin ich nicht mehr.« Indem wir ihn mutwillig mit unseren Schlitten gerammt hatten, bewahrte er uns so manches Mal vor dem kalten Nass des Baches. Da stand das Groschhäusel angrenzend an die Welzeltilke mit dem großen Birnbaum davor, vertraut und so konform mit dem Film in meinem Gedächtnis aus jener Zeit der Kindertage vor so vielen Jahren.

»Uba rem« führte uns der Weg weiter in Richtung Brauerei und Kirche. Wir kamen am Brauerteich vorbei. Dass er nicht mehr so war, wie ich ihn verlassen hatte, stimmte mich keineswegs traurig, im Gegenteil, ich freute mich, seine Konturen noch deutlich zu erkennen. Er war ausgetrocknet und in ihm standen bereits kleine Bäume, doch war der Wall, der ihn umgab, noch gut zu erkennen und auch der große Schieber in einer Ecke, der dazu gedient hatte, zum Abfischen das Wasser abzulassen und an dessen Auslass wir unzählige Goldfische erbeuteten. -

Wir liefen dann zur Brauerei. Vieles hatte sich verändert, aber auch vieles erinnerte an vergangene Zeit. Das Gebäude war mir noch so vertraut und auch die Brauergasse mit der evangelischen Kirche. Da waren noch einige Teile des schmiedeeisernen Zaunes, der früher den Wohnteil der Brauerei umgab. Reste des Balkons zur Brauergasse waren noch zu erkennen, von dem man sich erzählte, dass mein Vater oft unter ihm gestanden hat, um meiner Mutter Ständchen zu bringen. Zur Hauptstraßenseite sah man noch deutlich das Loch, aus dem der Treber herausbefördert wurde.

Es gab insgesamt noch viele Begegnungen, die ich gar nicht alle schildern kann, drum möchte ich nun zum Schluss gelangen und noch zwei Begebenheiten erzählen, die mich sehr beeindruckten: Wir gelangten weiterhin »uba rem« schließlich bis zur Straße, die zur Kirche führte, zunächst am neuen und dann am alten Friedhof vorbei. Die allsonntäglichen Kirchgänge waren mir besonders in Erinnerung, im Sommer wie im Winter: Das Ritual des Kirchganges mit seinen anschließenden Besuchen in der Brauerei oder der Gang im Winter durch den glitzernden Schnee, der bei starkem Frost nach jedem Schritt gequietscht hatte.

Ich trat in die Kirche und wieder erlebte ich, dass der Film meiner Erinnerungen keine Fälschung war. Ich schaute auf die Empore und sah mich dort zwischen dem Chor sitzen, neben den schnupftabakaustauschenden Männern und erinnerte mich voller Stolz an die Stimme meiner Mutter. -

Die Bänke, die Kanzel und der Altar waren so wie früher, und gerade aus meiner Chorperspektive hatte ich immer viel Zeit alles genau zu beobachten. - Es ließ mich nicht unberührt. - Ich musste daran denken, was dieser schreckliche Krieg angerichtet hatte. Eine jahrhunderte alte Kultur war zerstört worden.

Und dann gingen wir auf den angrenzenden alten Friedhof, der zwar schon arg verwildert, aber gerade noch einigermaßen erhalten war, denn schon kurze Zeit später hatte man alle Grabsteine herausgerissen und damit einen Weg zur Kirche gepflastert. Wir entdeckten viele ganz alte Gräber mit gut erhaltenen Grabsteinen mit leserlichen Aufschriften, als da waren vor allem das Grabmal meines Urgroßvaters Franz Thienelt mit seiner Ehefrau Pauline und dann der Grabstein von Onkel Willi, der 1928 mit seinem Motorrad tödlich verunglückt war.

Zu guter Letzt fuhren wir auf den Kirchelberg. Wir gelangten auf dem Fohlerweg bis zu einem kleinen Abstellplatz für unser Auto, am Anfang des Kreuzweges, der zur Kapelle führte. Auf dem Rückweg fuhren wir übrigens in Neusorge am Wittighäuschen vorbei, es präsentierte sich mir wie alles andere, so wie ich es im Gedächtnis hatte.

Es war eine angespannte freudige Aufgeregtheit, überzogen mit einem Hauch von Melancholie, die mich bei allen Exkursionen begleitete. Der Kirchelberg war mir als Kind natürlich besonders ans Herz gewachsen. Schließlich war hier der Ursprung meiner Begeisterung für Ski und Schnee. Viele Erlebnisse dieser Märchenkulisse haben sich mir für immer eingeprägt. -

Mein Vater sagte fast nichts. Ernst und versonnen blickte er in die Landschaft. Was mochte in ihm vorgehen? Er blieb bei dem Auto, während wir den Kreuzweg erklom-

men. In Serpentinen stiegen wir von einer Station zur anderen. Der klägliche Zustand des Kreuzweges trübte auch hier nicht meine Freude über die Erkenntnis, dass nichts falsch war im Film meiner Erinnerungen.
Alle Bilder der Kreuzwegstationen waren von dem bekannten, aus Schlegel stammenden Kunstmaler Hausschild gemalt (siehe Schlegeler Chronik). Sie waren zum größten Teil umgefallen, und nur noch schemenhaft ließen sich die Kunstwerke erkennen. - Das Buschwerk, über das man früher hatte noch hinwegsehen können, war zu Bäumen herangewachsen, die nur hin und wieder den Blick in das Tal freigaben auf das mir so vertraute Dorfpanorama mit der Wolfskoppe im Hintergrund. Bei der nächsten Serpentine schaute ich durch eine Lichtung - und was sah ich da?
Der Atem stockte mir, und weich wurden mir die Knie. Tatsächlich, da fuhr sie, die Eulengebirgsbahn aus Richtung Mittelsteine kommend, - unglaublich, ja tatsächlich, - die Trasse existierte also noch. Auch hier wieder die Wahnsinnsfreude über das mir noch so vertraute Bild. Die »Eule«, wie sie die Schlegeler liebevoll genannt hatten, um die sich so viele allerliebste Geschichten rankten, wie ich's euch anfangs schon erzählte. Dass der Güterzug nicht mehr von einer Dampflock gezogen wurde, tat auch hier meiner Freude keinen Abbruch.
Wir stapften weiter empor und was wir dann sahen, waren nur noch die Reste der Schlegeler Bergkapelle, jenes einst so kostbare Kleinod und Stolz der Schlegeler Gemeinde, - nur noch eine Ruine, aus der der Hauch vergangener Zeiten entströmte. Hier, wo der Einsiedler das Kirchlein bewachte, in der an besonderen Feiertagen so festlich musiziert wurde. Und wieder erklang mir

im Geiste die wunderschöne Stimme meiner Mutter. Ich stolperte in die Ruine hinein, schaute auf das noch gerade erhaltene Türmchen, dessen Zwiebeldach aus der Ferne den vertrauten Blick ausmachte und das im Winter stets mit einem Zuckerhut aus Schnee verziert gewesen war. An den zum größten Teil bereits eingefallenen Wänden waren noch Reste der Freskenmalerei der berühmten Schlegeler Künstler zu erkennen. Ich sammelte zum Andenken einige Teile der zerfallenen Kirchenbänke. Als ich sie zu Hause unserem lieben Onkel Hans zeigte, nahm er sie zärtlich in die Hand und sagte: »Oh wie schön, die grüne Farbe stammt sicher noch vom »Rolle - Maler.«

Zum Abschluss unserer Kirchelbergbesteigung bot sich uns noch ein schöner und ein weniger schöner Anblick: Der aus rotem Sandstein erbaute Aussichtsturm war vollständig erhalten, die Lukasbaude aber war restlos zerstört. Die Tatsache, dass alle Örtlichkeiten mit meinem Märchenfilm übereinstimmten, machte mich aber insgesamt glücklich.

Ein wenig verweilten wir noch versonnen und begannen dann den Abstieg bis zu unserem parkenden Auto. - Schon von weitem sah ich meinen Vater, mit beiden Händen auf den Stock gestützt, still und traurig in das Tal blicken. - Er schniefte hin und wieder, seine Unterlippe zuckte, doch sah ich keine Träne. - Als er uns bemerkte, drehte er sich langsam um und sagte: »Lot ons ok wieder häm fohrn« (lasst uns doch wieder »nach Hause« fahren).

Dem Ende dieser Begegnung mit den Stätten meiner Kindheit folgte das Ende meines steten Heimwehs. - Ich habe nur noch alles in lieber Erinnerung.

Und von der Empore der Schlegeler St. Katharina - Kirche erklingt das »Ave Maria«, die wunderschöne Stimme meiner lieben Mutter und begleitet all meine Erinnerungen, von den Himmelsschlüsselchen auf der Schloskiwiese zu Schlegel in der Grafschaft Glatz bis zu den Strandastern im ostfriesischen Wattenmeer.

***